역사 드라마로 읽는 성경

역사 드라마로 읽는 성경 신약 편 2부

지은이 | 류모세
초판 발행 | 2012년 11월 27일
8쇄 발행 | 2021. 8. 18.
등록번호 | 제3-203호
등록된 곳 | 서울특별시 용산구 서빙고동 95번지
발행처 | 사단법인 두란노서원
영업부 | 2078-3333 FAX 080-749-3705
출판부 | 2078-3477

책 값은 뒤표지에 있습니다.
ISBN 978-89-531-1837-9 03230

편집부에서 독자의 의견을 기다립니다.
tpress@duranno.com http://www.Duranno.com

두란노서원은 바울 사도가 3차 전도여행 때 에베소에서 성령 받은 제자들을 따로 세워 하나님의 말씀으로 양육하던 장소입니다. 사도행전 19장 8-20절의 정신에 따라 첫째 목회자를 돕는 사역과 평신도를 훈련시키는 사역, 둘째 세계선교(TIM)와 문서선교(단행본 · 잡지) 사역, 셋째 예수문화 및 경배와 찬양 사역, 그리고 가정 · 상담 사역 등을 감당하고 있습니다. 1980년 12월 22일에 창립된 두란노서원은 주님 오실 때까지 이 사역들을 계속할 것입니다.

역사 드라마로 읽는 성경

류모세 지음

신약 편 2부 주전 4-주후 30년

헤롯 대왕의 죽음부터 예수 그리스도의 죽으심까지

역사가 뚫린다,
성경이 보인다

두란노

차 례

추천의 글 8

Part 4

세상의 평화 팍스 로마나와 진정한 평화 예수 그리스도

주전 4~주후 28년

Chapter 4-1

유대와 로마에서 벌어진 시끌벅적한 통치 예수님 탄생 직전의 역사 18

Chapter 4-2

하나님의 히든 카드 예수 그리스도 예수님의 탄생과 사생애 42

Chapter 4-3

낳고 낳고 졸고 졸고… 예수님의 족보 54

Chapter 4-4

마리아와 엘리사벳은 어떤 관계일까?
바르길 픽스너가 제시한 마리아 관련 전승 62

Chapter 4-5

예수님은 언제 탄생했을까? 예수님의 탄생일과 인구조사 68

Chapter 4-6

베일에 가려진 예수님 사생애의 비밀을 여는 열쇠
베들레헴, 나사렛 그리고 세포리스(히브리식 명칭은 찌포리) 82

Part 5

동상이몽의 메시아 대망 사상과 예수님의 공생애 1년

주후 28년

Chapter 5-1

공생애 사역 전 예수님의 물밑 작업
성전 청결 사건 이전 워밍업의 시간들 94

Chapter 5-2

런닝맨 예수님, 사역 현장을 누비시다
성전 청결 사건으로 시작된 본격적인 공생애 사역 106

Chapter 5-3

손대면 톡하고 터질 듯한 메시아 대망 사상
메시아 대망 사상과 하나님 나라의 도래 122

Chapter 5-4

예수님 시대의 사색 당파 싸움(?)
바리새파, 사두개파, 에세네파, 열심당 132

Chapter 5-5

성전 청결 사건의 비하인드 스토리 대제사장직을 둘러싼 이권 싸움 156

Part 6

치유와 권능 그리고 예수님의 공생애 2년

주후 28년 or 29년

Chapter 6-1

눈이 번쩍 귀가 쫑긋, 치유자 예수님

유대와 갈릴리에서의 치유 사역 178

Chapter 6-2

확신에서 회의로! 의심하는 세례 요한

세례 요한의 메시아 192

Part 7

서슬 퍼런 공안 정국과 예수님의 공생애 3년

주후 30년

Chapter 7-1

동에 번쩍, 서에 번쩍 열혈 청년 예수님의 사역

갈릴리, 유대, 베레아 사역 212

Chapter 7-2
맹인과 맹인 사이
벳새다 맹인과 여리고 맹인 242

Chapter 7-3
무리의 메시아, 제자의 메시아
유대에서의 고난, 죽음 그리고 부활 252

Chapter 7-4
십자가의 고난, 숨 막히는 하나님의 시나리오
예수님의 공생애 3년 유월절 268

Chapter 7-5
인류의 운명을 바꾼 고난 주간 드라마
예수님이 보내신 마지막 일주일 282

Chapter 7-6
본디오 빌라도는 굿맨(선한 사람)인가?
역사에서 만나는 빌라도 308

Chapter 7-7
에세네파의 배경에서 살펴본 예수님의 사역
예수님과 에세네파 316

참고문헌 330

추천의 글

류모세 선교사가 이스라엘에서 인도해 온 명강의 '현장체험 성경일독학교'가 《역사 드라마로 읽는 성경》이라는 멋진 책으로 나왔다. 이 책은 근동 역사, 성서 지리, 성서 고고학을 통으로 묶어 그야말로 역사 드라마처럼 읽는 성경 이야기다. 어렵기만 했던 성경이 이제부터 역사와 지리를 넘나드는 익사이팅한 탐험처럼 읽힐 것이다.

고명진 | 수원중앙침례교회 담임목사

성경을 일독할 때《역사 드라마로 읽는 성경》처럼 현장감 있게 도움을 줄 수 있는 참고서적은 드물다. 성경을 근동 역사, 지리, 고고학을 통해 자상하게 한 걸음씩 인도해 주어 성경 말씀이 눈앞에서 4차원적으로 살아나는 것처럼 느껴질 것이다.

김상복 | 횃불트리니티신대원대학교 총장, 할렐루야교회 원로목사

‘성경’은 인류 구원을 향한 원대한 계획이 계시된 ‘영적’인 책이지만 ‘역사적’인 책이기도 하다. 성경이 어려운 이유 중 하나는 역사, 지리, 문화적 배경 지식은 무시한 채 영적이거나 자의적으로만 해석하려는 데 있다. 이 책은 성경을 박진감 넘치고 입체적으로 읽을 수 있는 멋진 열쇠를 선물할 것이다. 이 책을 통해 성경에 대한 이해와 친근감이 크게 업그레이드되길 바란다.

김유수 | 월광교회 담임목사

최근 성경일독을 위한 여러 종류의 책이 출간되었다. 그중에 눈에 번쩍 띄는 책이 류모세 선교사의《역사 드라마로 읽는 성경》이다. 이 책은 류모세 선교사가 이스라엘에서 연구하고 체험한 근동 역사, 지리, 고고학에 대한 지식을 바탕으로 좀처럼 읽기 어려운 성경을 통으로 묶어 역사 소설처럼 누구라도 재미있게 읽을 수 있도록 만들었다. 그러기에 신자, 불신자를 불문하고 관심을 끌 만한 책이라고 생각한다. 독자 여러분이 이 책을 통해 박진감 넘치는 은혜의 현장 속으로 들어가 주님을 만나는 체험을 하길 축원한다.

문봉주 |《성경의 맥을 잡아라》 저자

류모세 선교사의 《역사 드라마로 읽는 성경》은 성경의 땅 이스라엘에서의 삶과 경험, 그리고 묵상이 없으면 도저히 태어날 수 없는 그야말로 새로운 차원의 성경일독 안내서다. 이 책을 읽는 독자들은 류모세 선교사의 안내를 통해 스펙터클한 성경의 역사와 현장 속으로 들어가는 흥분과 감격을 느끼게 될 것이다.

이동원 | 지구촌교회 원로목사

빈말이 아니고, 정말 좋은 책이다. 나도 많이 배워야겠다. 《어? 성경이 읽어지네!》가 초등학교 수준이라면, 이 책은 디테일한 정보가 더 많은, 지성인들의 입맛에 딱 맞는 책이다. 《어? 성경이 읽어지네!》를 읽고 나서 그 다음 단계로 이 책을 읽으면 너무너무 잘 연결이 되고 유익할 것이다. 이런 좋은 책이 자꾸 나오는 것을 보니 진리로 승부하는 강한 계절이 도래할 것 같다.

이애실 | 생터성경사역원 대표

류모세 선교사의 신간 《역사 드라마로 읽는 성경》은 말씀에 대한 깊은 사랑과 선교에 대한 뜨거운 열정이 함께 만나 이루어진 작품이다. 끊임없는 연구와 신선한 통찰력으로 완성된 이 책은 성경 연구와 통독의 새로운 역사를 펼치기에 부족함이 없을 것이다.

이재훈 | 온누리교회 담임목사

유진 피터슨의 《메시지》는 성경을 '시장(市場)의 언어'로 풀어낸 역작이다. 이어령 전 문화부 장관도 《빵만으로는 살 수 없다》에서 시장의 언어를 강조했다. 성경을 '우리만의 리그'에만 머물게 할 수 없다. 세상과 공감하며 소통하게 해야 한다. 류모세 선교사의 《역사 드라마로 읽는 성경》의 키워드도 소통과 공감이다. 이 책은 '세상과 소통하는 성경 이야기'라고 할 수 있다. 딱딱한 구약성경을 말랑하며 흥미진진한 역사 스토리로 풀어낸 저자의 내공이 돋보인다.

이태형 | 〈국민일보〉 부국장, 《더 있다》 저자

성경을 읽을 때는 하나님의 마음을 잘 읽어야 한다. 하나님 말씀의 목적과 의도가 무엇인지 잘 깨달아야 그 말씀의 핵심을 알 수 있다. 그러기 위해 성경의 역사적 배경과 지리, 문화와 풍습은 하나님의 말씀을 제대로 알 수 있는 귀한 도구다. 이번 책을 통하여 우리 모두가 하나님께서 왜 우리에게 그런 말씀을 하셨는지를 알아 가는 귀한 기회가 되길 소망한다.

홍민기 | 호산나교회 담임목사, 브리지임팩트사역원 대표

주전 4~
주후 28년

Part 4

세상의 평화 팍스 로마나와 진정한 평화 예수 그리스도

《역사 드라마로 읽는 성경》 신약 편 2부에서는 헤롯 대왕의 죽음(주전 4년)부터 예수 그리스도의 죽으심까지(주후 30년)의 시기를 다루려고 한다. 성경에서는 정확히 신약성경의 사복음서에 해당한다. 크리스천들에게 가장 친숙한 성경인 사복음서는 예수님의 탄생부터 죽으심까지, 예수님의 생애를 전반적으로 다루고 있다. 하지만 친숙한 것과는 별개로 예수님의 생애를 연대기적으로 이해하고 있는 성도는 그리 많지 않다. 이것은 사복음서의 기술이 일반적인 역사적 기술과는 거리가 멀기 때문이다.

공관복음(마태복음, 마가복음, 누가복음)은 예수님의 갈릴리 사역에 초점을 맞추면서 예루살렘 방문은 공생애 중 마지막 해에 있었던 십자가 처형과 부활 사건만 기록하고 있다. 반면, 요한복음에는 유대인들의 절기(유월절과 초막절 등)에 맞춰 예수님이 예루살렘을 방문한 기록이 종종 등장한다. 이처럼 사복음서는 예수님을 하나님의 아들로 선포하는 증언적 성격을 띠고 있기 때문에 기존의 역사서와 같은 연대기적 서술과 지리적 배경에 대한 정확한 설명에는 그다지 관심을 기울이지 않고 있다. 이것이 아마도 많은 성도들이 사복음서를 좋아하고 또 많이 읽었음에도 불구하고 예수님의 생애에 대한 연대기적 이해가 모호하고 불명확한 이유가 아닐까 싶다.

《역사 드라마로 읽는 성경》 신약 편 2부에서는 기존의 역사적 관점에 따라 예수님의 생애를 탄생부터 죽으심까지 연대기 순으로 재구성해 보고자 한다. 그런데 예수님의 생애를 연대기적으로 재구성하는 일은 성경학자들 사이에서도 일치된 의견이 없을 만큼 복잡하고 난해한 문제다. 그럼에도 이런 시도를 하는 것은 예수님의 생애에 대한 연대기적인 접근만이 사복음서에 대한 입체적이고 종합적인 이해에 이르는 지름길이라 확신하기 때문이다.

학자들마다 의견이 분분한 이 주제를 다룸에 있어서 나는 이 분야에서 최고 권위자인 A. T. 로버트슨의 저서 《복음서 대조서》를 참고했음을 미리 밝혀 둔다. 예수님의 생애와 함께 나는 지금까지 그랬던 것처럼 이 시기의 중요한 역사적 배경이 되는 헤롯의 세 아들(헤롯 아켈라우스, 헤롯 안티파스, 헤롯 빌립)과 로마 황제(옥타비아누스, 티베리우스), 그리고 로마에서 파견된 총독들에 대한 이야기도 함께 다루면서 최대한 흥미진진하게 기술하고자 한다.

예수님의 생애는 다음 네 시기로 나누어 살펴보는 것이 이해에 도움이 될 것이다.

1. 예수님의 탄생과 사생애(주전 4~주후 28년)
2. 예수님의 공생애 1년(주후 28년)
3. 예수님의 공생애 2년(주후 28년 or 29년)
4. 예수님의 공생애 3년과 죽으심(주후 30년)

Chapter 4-1

유대와 로마에서 벌어진 **시끌벅적**한 **통치**

_예수님 탄생 직전의 역사

크게 4개의 시기로 나누어 살펴볼 예수님의 생애 중 첫 번째 시기는 헤롯 대왕이 죽은 주전 4년부터 예수님이 공생애 사역을 본격적으로 시작하는 주후 28년까지다. 먼저 이 시기 동안 유대 땅과 로마 제국에서 벌어진 역사적인 배경을 살펴본 후 성경의 스토리를 따라가 보도록 하자.

로마에서는:
팍스 로마나 시대의 개막

이 시기 동안 로마의 역사는 한마디로 '팍스 로마나'(로마의 평화)란 말로 표현된다. 주전 1세기 대부분의 시간은 로마가 공화정에서 제정으로 넘어가는 마지막 진통기로서 카이사르-폼페이우스, 옥타비아누스-안토니우스 간에 벌어진 내전으로 인해 로마가 정복한 지중해 세계는 극도의 혼미 속에 빠져 있었다. 하지만 옥타비아누스가 안토니우스를 제압하면서(주전 31년 악티움 해전) 로마는 1인 황제가 다스리는 제정으로 넘어갔고, 이때부터 주후 2세기까지 200여 년의 시간을 역사가들은 '로마에 의한 평화'라는 뜻으로 팍스 로마나(Pax Romana)의 시기라 부른다. 여기서는 우리가 다룰 시기에 해당하는 두 명의 황제, 즉 옥타비아누스와 티베리우스에 대해 기술하고자 한다.

팍스 로마나 시대를 이끈 로마의 황제들

율리우스~클라우디우스 왕조

옥타비아누스(주전 31~주후 14년)

티베리우스(주후 14~37년)

가이우스(주후 37~41년)

클라우디우스(주후 41~54년)

네로(주후 54~68년)

플라비우스 왕조

베스파시아누스(주후 69~79년)

티투스(주후 79~81년)

도미티아누스(주후 81~96년)

오현제

네르바(주후 96~98년)

트라야누스(주후 98~117년)

하드리아누스(주후 117~138년)

안토니누스 피우스(주후 138~161년)

마르쿠스 아우렐리우스(주후 161~180년)

옥타비아누스
_주전 31 ~ 주후 14년

안토니우스-클레오파트라 연합군을 격파한 악티움 해전의 승리(주전 31년) 이후 옥타비아누스는 자타가 공인하는 지중해 세계의 제1인자가 되었다. 주전 44년 봄, 암살당한 카이사르의 유언장이 공개되면서 하루아침에 역사 무대에 등장한 18세의 애송이도 어느덧 33세의 성인이 되었다. 그 14년 동안 늘 '애송이'로 놀림 받던 옥타비아누

옥타비아누스 황제

스는 카이사르가 물려준 후계자의 지위를 확고히 다져 나갔고 결국 실력으로 그 자리를 쟁취할 수 있었다. 실로 모든 게 미지수였던 18세의 젊은이를 자신의 후계자로 선택한 카이사르의 혜안과 식견이 빛을 발하는 순간이었다.

로마로 개선한 옥타비아누스는 수도를 3일 동안 열광시킨 화려한 개선식의 주인공이 되었다. 로마 시민들이 목이 터져라 열광한 데는 옥타비아누스가 거둔 승리를 축하한 것도 있지만, 그보다 마침내 지긋지긋한 내전(주전 49~31년)이 끝난 데서 오는 기쁨과 안도감이 컸다. 물론 옥타비아누스 자신도 이런 시민들의 심정을 누구보다 잘 알고 있었다. 그 시대가 간절히 원하는 코드는 한마디로 '평화'였다. 로마의 최고 권력자가 된 옥타비아누스는 자신의 통치 코드로 '팍스'(평화)를 내걸었다. 마침내 로마에 의한 평화, 즉 '팍스 로마나'의 시대가 열린 것이다. 팍스를 외친 옥타비아누스는 결코 카이사르와 같은 천재적 인물은 아니었지만, 운 좋게도 생전에 카이사르에게는 없던 두 가지를 가지고 본격적인 통치를 시작할 수 있었다.

첫째, 공화정을 지지하던 수구 세력들이 수십 년에 걸친 내전을 통해 깨끗이 정리되었다는 점이다. 이것은 수구적인 공화주의자들의 손에 의해 암

살된 카이사르와 달리 옥타비아누스에게는 잠재적인 내부의 적이 모두 제거된 것을 의미했다.

둘째, 아그립바와 마이케나스와 같은 동년배의 유능한 협력자가 그의 좌우에서 보좌했다. 모두 30대 초반이던 이 세 사람을 통해 '팍스 로마나'의 금자탑은 그 기초가 든든히 세워지게 된다. 이것은 천재적인 카이사르가 혼자서 북치고 장구를 치다가 암살자의 손에 죽은 것과 좋은 대조가 된다.

카이사르는 대국 로마가 나아가야 할 청사진으로서 일인 황제가 통치하는 '제국'(Empire)의 모델을 줄기차게 제시했다. 물론 그것이 암살의 결정적인 계기가 되었지만 말이다. 하지만 반대파들이 모두 제거되면서 상황은 종료되었다. 로마로 금의환향한 옥타비아누스를 통해 카이사르가 꿈꾸던 화려한 제국 시대가 열리리라는 것을 의심하는 사람은 당시에 아무도 없었다. 수십 년간 지속된 내란을 어느 정도 수습했다고 확신한 옥타비아누스는 주전 27년 1월 13일 원로원을 가득 메운 노령의 의원들 앞에서 역사적인 선포를 했다. 그런데 그것은 놀랍게도 자신의 황제 취임 선언이 아니었다. 오히려 그 반대, 즉 자신이 누리고 있는 모든 권력을 포기하고 권력을 원로원과 로마 시민의 손에 돌려주겠다는 그야말로 초대형 '깜짝 선언'이었던 것이다.

의사당 안은 순간 얼어붙은 듯 조용해졌다. 저마다 자신의 귀를 의심하며 그저 서로의 얼굴을 넋이 나간 표정으로 바라볼 뿐이었다. 그리고 누가 먼저랄 것도 없이 의사당 곳곳에서 환호성이 터져 나왔다. 아무도 예상치 못한 옥타비아누스의 공화정 복귀 선언에 나이 지긋한 원로원 의원들은 자기도 모르게 어린아이로 돌아간 것이다. 옥타비아누스에 심취한 원로원 의원들은 공화정 복귀 선언이 있은 지 3일 후 옥타비아누스에게 '아우구스투스'(존엄자란 뜻, 성경에서는 '아구스도', 눅 2:1)란 칭호를 하사하기로 결의했다. 이로써 권력을 포기한 옥타비아누스는 '권력'보다 훨씬 가치 있는 '권위'를 얻게 되었다.

하지만 모든 권력을 포기한다고 선언한 옥타비아누스가 결코 포기하지 않은 권리가 하나 있었으니, 바로 '임페라토르'라는 직위였다. 그것은 '종신 군 통수권'으로서 여기에는 자신의 후계자에게 대대로 물려줄 수 있는 세습권까지 포함되었다. 옥타비아누스가 공화정 복귀 선언을 한 주전 27년 당시 '임페라토르'가 사실상 '황제'를 의미한다는 것을 깨달은 로마인은 거의 없었다. 이로써 35세의 옥타비아누스는 로마인들이 극도의 알레르기 반응을 일으키는 '제정'이 아니라 '원수정'이라는 전혀 새로운 통치 형태를 창안해 냈다. 후세의 역사가들이 본다면 결국 '제정'이든 '원수정'이든 말장난에 불과하고 그게 그거였지만, 동시대 로마인들은 옥타비아누스의 정치적 술수에 완전히 속았다고밖에 볼 수 없었다. 이로써 옥타비아누스는 상상력과 창의력의 대가인 카이사르조차 칭찬했을 것으로 여겨지는 희대의 정치 드라마를 연출한 것이다.

옥타비아누스는 분명 알렉산더 대왕이나 카이사르와 같이 압도적이고 천재적인 두뇌의 소유자는 아니었다. 하지만 분명한 것은 그 시대의 로마가 간절히 원하던 인물은 바로 옥타비아누스와 같은 인물이었다는 점이다. 원로원으로부터 아우구스투스라는 최고의 존칭을 부여받은 주전 27년부터 77세를 일기로 죽는 주후 14년까지 옥타비아누스의 통치기는 팍스 로마나란 말이 전혀 부끄럽지 않을 만큼 평화로웠다. 옥타비아누스가 죽기 며칠 전 나폴리 만을 유람할 때 일어난 에피소드는 그의 기나긴 통치기의 업적을 잘 표현해 준다.

이집트의 알렉산드리아에서 방금 도착한 상선의 승객과 선원들이 근처의 배 위에서 쉬고 있는 늙은 황제(옥타비아누스)를 알아보았다. 이들은 마치 합창이라도 하듯 입을 모아 황제를 향해 외쳤다.

"모두가 당신 덕택입니다. 우리의 생활이 이루어지는 것도.

모두가 당신 덕택입니다. 우리가 안전하게 여행할 수 있는 것도.

모두가 당신 덕택입니다. 우리가 자유롭고 평화롭게 살아갈 수 있는 것도."

갑작스런 찬사를 들은 노령의 옥타비아누스는 진심으로 행복해했고, 며칠 후 평생을 해로한 아내 리비아의 품에 안겨 조용히 눈을 감았다.

티베리우스

_주후 14~37년

옥타비아누스의 뒤를 이어 황제가 된 사람은 티베리우스였다. 티베리우스는 옥타비아누스의 피가 한 방울도 섞이지 않은 인물인데, 그가 옥타비아누스의 뒤를 이어 로마 제국의 두 번째 황제로 등극하게 된 데는 재미난 에피소드가 전해진다. 옥타비아누스가 아직 아우구스투스가 되기 한참 전, 그의 나이 24세 때 옥타비아누스에게 운명의 첫

사랑이 찾아왔다. 상대는 유부녀로 세 살짜리 아들(티베리우스)과 태중에 둘째 아이를 임신하고 있던 19세의 리비아란 여인이었다. 당시 옥타비아누스는 정략결혼의 상대였던 스크리보니아(정적이던 섹스투스의 누이)와 이혼했기 때문에 법적으로 싱글로 돌아온 상태였다. 물론 둘 사이에서 율리아라는 딸이 태어났지만 이혼과 함께 딸도 아내에게 보냈기 때문에 그야말로 화려한 돌싱이었다.

티베리우스 황제

24세의 젊은이는 자신에게 찾아온 운명적인 첫사랑을 과감하게 시험하기로 했다. 리비아의 남편인 클라우디우스 네로를 찾아가 직접 담판을 벌인 것인데, 이때 현대인들의 시각으로 볼 때 무척 우스꽝스런 일이 벌어진다. 클라우디우스 네로가 자신의 아내를 옥타비아누스에게 순순히 양보하기로 결정한 것이다. 주전 38년 1월에 치러진 옥타비아누스와 리비아의 결혼식은 전 남편이 신부의 들러리로 서는 무척이나 이색적인 결혼식이었다. 결혼식을 올린 지 석 달 후 리비아는 전 남편의 둘째 아들(드루수스)을 출산했다.

두 사람의 결혼은 결혼식만 색다른 게 아니라 그 이후도 색달랐다. 로마의 상류층에서 여자가 재혼하면 전 남편의 소생을

데려가지 않는 게 보통인데, 옥타비아누스는 전 남편의 두 자녀(티베리우스와 드루수스)를 모두 거두었다. 아마도 옥타비아누스는 어머니가 재혼하면서 외할머니 슬하에서 자랄 수밖에 없었던 자신의 어린 시절을 떠올리며 온정을 베푼 게 아닌가 싶다. 아무튼 24세의 남편과 19세의 아내는 보기 드물게 '검은 머리가 파뿌리가 될 때까지' 평생 해로하게 되는데, 진짜 문제는 그때부터 시작된다. 이전 결혼을 통해서는 자녀를 쑥쑥 낳던 두 사람이 막상 둘 사이에서는 한 명의 자녀도 얻지 못했기 때문이다.

리비아에게서 자식을 기대할 수 없게 되자 옥타비아누스는 전처소생인 딸 율리아에게 관심을 가졌다. 그래도 후계자만큼은 자신의 피가 한 방울이라도 섞인 자녀 중에서 골라야 한다는 고정관념 때문일 수도 있고, '혈통지상주의'를 지켜야 혹시라도 그의 사후에 발생할 내란의 빌미를 없앨 수 있기 때문일 수도 있다. 어쨌든 옥타비아누스는 자신에게서 소망이 사라지자 유일한 혈육인 율리아를 통해 후계자를 얻겠다는 집착에 빠졌다. 율리아는 아버지가 주도한 두 번의 정략결혼을 통해 3남 2녀의 자식을 얻었지만, 3명의 아들들이 차례로 죽고 만다.

옥타비아누스가 딸 율리아의 세 번째 정략결혼 상대로 선택한 사람은 바로 리비아가 데려온 티베리우스였다. 이 결혼에 앞서 옥타비아누스는 티베리우스를 자신의 양자로 삼았고, 당시 유부남이던 티베리우스는 아내와 강제로 이혼해야 했다. 하지만 티베리우스는 전처(빕사니아)를 잊지 못했고 천방지축에 교양과는 완전히 담을 쌓은 율리아에게 전혀 정을 붙이지 못했다. 두 사람의 각방 생활은 로마의 저잣거리에도 소문이 났고, 율리아는 결국 바람을 피우다가 아버지로부터 종신귀향형을 선고 받게 된다.

이런 우여곡절 끝에 로마의 2대 황제로 등극한 인물이 티베리우스다. 옥타비아누스의 의붓자식에서, 사위로, 다시 양자로 신분이 변화된 티베리우스는 55세의 나이에 황제로 즉위할 즈음에는 명석한 군 지휘관이었지만 원한이 많고 침울한 성격의 소유자였다고 한다. 티베리우스는 옥타비아누스의 능력에는 못 미치지만 꽤나 능력 있는 지도자로 평가 받는다. 그는 행정의 효율을 높이기 위해 속주 총독들의 임기를 늘리고 국가 재정을 견실하게 운용했다. 이러한 업적들에도 불구하고 최고의 인기 황제였던 옥타비아누스의 뒤를 이은 탓인지 티베리우스에 대한 원로원과 로마 시민들의 평가는 인색하기만 했다. 친화력이 부족한 성격에 늘 침울했던 티베리우스는 권력의 거추장스러운 것을 싫어했는데, 급기야 주후 27년부터는 수도 로마를 비우고 카프리 섬에 은둔하며 황제의 근위대장인 세자누스를 2인자로 내세워 원격통치를 했다. 하지만 주후 31년에 자신을 암살하려던 세자누스를 처형했고, 이후로 원로원과의 사이가 더욱 멀어졌다. 주후 37년 티베리우스가 사망하자 로마 시민들은 '침울과 은둔의 대명사'인 황제의 죽음에 열렬한 환호를 보냈다고 한다.

유대 땅에서는:
왕국의 분할 통치

주전 4년, 마침내 헤롯 대왕이 유대인의 왕으로서 34년간의 철권통치를 마감하고 여리고에서 죽었다. 이때부터 헤롯 아켈라우스를 중심으로 한 헤롯의 세 아들의 통치기로 넘어가는데, 이 부분은 사복음서를 읽을 때 가장 중요한 역사적 배경이 된다.

헤롯은 모두 6차례에 걸쳐 유언장을 고쳐 썼는데 마지막 유언장은 헤롯이 죽기 5일 전에 씌어졌기 때문에 아직 로마 황제 옥타비아누스의 승인을 받지 못한 상태였다. 이것이 헤롯이 죽은 후 자식들 간에 갈등의 빌미를 제공하게 된다. 다섯 번째 유언장에서 헤롯은 유대 왕국을 통째로 막내아들인 헤롯 안티파스에게 물려준다고 밝혔다. 하지만 마지막(여섯 번째) 유언장에서 헤롯은 마음을 고쳐먹고 왕위를 헤롯 아켈라우스에게 주고, 헤롯 안티파스와 헤롯 빌립은 각각 분봉왕으로 삼는다고 적었다.

아직 로마 황제의 승인을 받지 못한 유언장을 남기고 헤롯이 급사하자 헤롯 아켈라우스와 헤롯 안티파스는 유언장에 대해 이의를 제기하기 위해 로마로 향했다. 두 사람이 유대 땅을 비운 동안에는 헤롯 빌립이 통치를 맡았다. 헤롯 아켈라우스는 여섯 번째 유언장이야말로 헤롯이 임종 직전에 고쳐 쓴 것이므로 최종적인 진의가 담겨 있다고 주장했다. 하지만 헤롯 안티파스는 마지막 유서를 고쳐 쓸 당시 헤롯의 정신 상태가 정상이 아니었기 때문에 무효라고 주장했다. 양측이 옥타비아누스 앞에서 설전을 벌이고 있을 때 유대 지역에서 대표단이 찾아와 유대 땅을 헤롯의 아들들에게 주지 말고 차라리 로마가 직접 통치해 달라고 요구했다. 많은 논의 끝에 옥타비아누스는 절충안을 제시했는데 그 요지는 다음과 같았다.

첫째, 헤롯 아켈라우스를 왕으로 임명하는 것은 그의 자질이 입증된 이후로 미루며 당분간 삼형제가 모두 분봉왕의 자격으로 유대 땅을 통치한다.

둘째, 삼형제의 통치 영역 분담은 헤롯의 뜻을 그대로 따른다.

한편, 헤롯의 두 아들이 로마에서 자신의 입장을 주장하고 있을 때 유대 땅에서는 헤롯의 통치에 대항하는 수차례의 반역이 일어났다. 그중 가장 심각한 것은 갈릴리에서 발생했다. 이 반란의 주동자는 유다였는데, 그의 아버지인 히스기야는 43년 전 헤롯에게 잡혀 사형된 인물이었다(주전 47년).

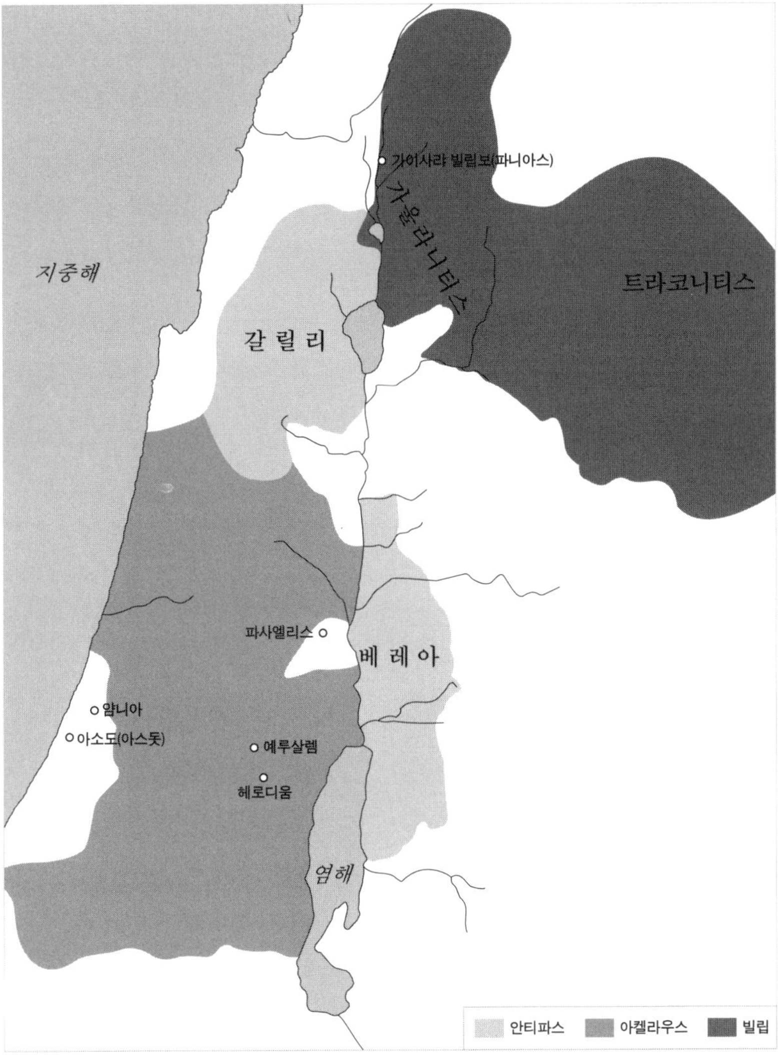

헤롯의 세 아들이 통치하는 유대

유다는 갈릴리의 수도인 세포리스의 왕궁을 급습해 무기고를 장악했고, 시리아 총독인 바루스가 2개 군단을 이끌고 와서 진압할 때까지 갈릴리 전역을 휩쓸고 다녔다.

헤롯 아켈라우스

_주전 4~주후 6년

헤롯 아켈라우스는 헤롯 대왕과 사마리아 여인 말타케 사이에서 태어났는데 헤롯 아켈라우스는 장남이었고 헤롯 안티파스는 막내였다. 비록 통치 능력을 입증할 때까지 왕이라는 칭호를 사용하는 것이 유보되었지만, 헤롯 아켈라우스가 분배 받은 영토는 수도 예루살렘을 포함한 유대 지역과 그 남북에 있는 사마리아와 이두매 지역이었다. 사실상 유대 땅의 노른자위 지역을 할당 받은 헤롯 아켈라우스의 통치는 그 출발부터 삐걱거렸다. 헤롯의 유언장을 놓고 시비를 가리기 위해 헤롯 아켈라우스가 로마로 출발한 때는 유월절이었는데, 이때 성전에 모인 유대인들이 폭동을 일으켰다. 헤롯 아켈라우스는 기병대와 함께 기동타격대를 보내 과잉진압을 했고 이로 인해 3,000명의 순례자들이 죽었다.

그가 로마에 머무는 동안 오순절에 예루살렘에서 다시 폭동이 일어났는데, 이 폭동은 유대와 갈릴리, 베레아 지방으로 확산되었다. 로마에서 돌아오자마자 헤롯 아켈라우스는 대제사장 요아살이 반란군과 연루되었다는 죄목으로 그를 파직했다. 그리고 요아살(보에투스의 아들) 대신 그의 형제인 엘르아살을 대제사장으로 임명했다. 그러나 얼마 후 다시 예수(쎄의 아들)를 대제사장으로 임명했다. 이 무렵 헤롯 아켈라우스는 갑바도기아 왕국의 공주인 글라피라와 결혼함으로써 유대인들의 반감을 샀다. 글라피라는 마리암네의 아들로 헤롯에게 처형당한 알렉산더(헤롯 아켈라우스에게는 이복형제)의 미망인이었다. 유대 율법은 죽은 형제가 자식이 없을 경우를 제외하고 죽은 형제의 미망인과 결혼하는 것을 허락하지 않았다. 그런데 알렉산더와 글라피라 사이에는 자녀가 있었기 때문에 유대인들은 이 결혼을 결코 지지할 수 없었다.

헤롯 아켈라우스는 유대인과 사마리아인을 가혹하게 대했는데, 그의 잔인한 성격은 마태복음의 기록에서도 엿볼 수 있다. 요셉은 헤롯 대왕이 죽고 헤롯 아켈라우스(성경에서는 아켈라오)가 유대 지역의 통치자가 되었다는 소식을 듣고 베들레헴에 정착하려는 마음을 접고 갈릴리 나사렛으로 향했다.

> "그러나 아켈라오가 그의 아버지 헤롯을 이어 유대의 임금 됨을 듣고 거기로 가기를 무서워하더니 꿈에 지시하심을 받아 갈릴리 지방으로 떠나가"(마 2:22).

계속된 억압 통치로 인해 유대인과 사마리아인들로 구성된 사절단이 옥타비아누스에게로 향했는데, 이들은 황제 앞에서 헤롯 아켈라우스의 잔인함과 포악함을 고발했다. 결국 주후 6년 헤롯 아켈라우스는 폐위되었는데, 서로 적대관계에 있던 유대인과 사마리아인이 공동의 사절단을 구성한 것을 볼 때 헤롯 아켈라우스의 폭정이 극에 달했음을 알 수 있다. 폐위된 헤롯 아켈라우스는 골(Gaul) 지방의 비엔나로 추방되었고, 그의 영토는 로마 제국에 편입되어 훗날 헤롯의 손자인 헤롯 아그립바가 통치할 때까지(주후 37~44년) 황제가 파견하는 로마 총독들의 직접 통치를 받게 된다.

헤롯 안티파스

_주전 4~주후 39년

헤롯 안티파스는 헤롯 아켈라우스의 친동생으로 갈릴리와 베레아 지역의 분봉왕이 되었다. 세례 요한과 예수님의 사역이 집중적으로 이루어진 곳은 바로 헤롯 안티파스의 영토였다. 로마에서 돌아오자마자 헤롯 안티파스는 유다의 반란으로 인해 흉흉해진 민심을 수습하고 파괴된 세포리스를 재건해(주후 8~10년) 자신이 통치하는 갈릴리 지역의 수도로 삼았다. 마리아의 남편 요셉은 세포리스에서 남동쪽으로 6.5km 떨어진 나사렛에 살면서 세포리스 재건 사업에 목수로서 참여했을 가능성이 높다(마 13:55; 막 6:3).

헤롯 안티파스는 갈릴리 호수 서쪽에 새로운 도시를 건설하고 당시 황제인 티베리우스의 이름을 따서 티베리아스(성경에서는 디베랴, 요 6:1)로 명명했다(주후 22년). 갈릴리 바다를 디베랴 바다로 부르게 된 것도 이때부터였다. 신도시 티베리아스는 공동묘지의 터 위에 건설되었기 때문에 신앙심이 깊은 유대인들은 이 도시를 부정하게 여겨 출입을 삼갔다. 티베리아스가 건설되면서 갈릴리 지역의 수도는 세포리스에서 이곳으로 옮겨졌고 단시간 내에 유력한 이방인들의 도시로 성장했다.

헤롯 안티파스는 재임 초기에 나바테안 왕국의 아레타스 4세(주전 9~주후 40년)의 딸과 결혼해 20년 이상 살았으나 그의 형수인 헤로디아를 만나면서 결혼생활에 파탄을 맞게 된다. 헤로디아는 이복 형인 아리스토불루스의 딸로서 당시에 삼촌인 헤롯 빌립과 결혼한 사이였다. 헤로디아의 남편인 헤롯 빌립은 다음에 다루게 될 분봉왕 헤롯 빌립과는 다른 인물인데, 헤롯 대왕이 대제사장인 보에투스의 딸(마리암네 2세)과의 사이에서 낳은 아들이었다. 헤롯 대왕은 본래 그를 왕위 계승자로 지명했으나 어머니가 역모를 알고도 고하지 않았다는 죄목으로 왕후의 직위에서 쫓겨나자 왕위 계승 리스트에서 그의 이름이 제외되는 불운을 겪었다. 헤로디아와 결혼할 당시 그는 일개 서민으로 살고 있었다.

헤롯 안티파스는 로마로 여행하던 중 헤롯 빌립과 함께 유숙하다가 그의 아내인 헤로디아를 보고 첫눈에 반하고 만다. 헤롯 안티파스는 곧 헤로디아에게 청혼했고, 헤로디아는 그가 나바테안 공주와 이혼하는 것을 조건으로 청혼에 승낙했다. 헤로디아는 권력욕이 많은 여인이었는데, 일개 야인에 불과한 현재의 남편보다는 분봉왕인 헤롯 안티파스를 선택하는 것이 자신의 인생에 훨씬 유리하다고 판단한 것이다.

헤롯 안티파스의 조강지처인 나바테안 공주는 둘 사이의 스캔들을 눈치채고 아버지 아레타스 4세에게 피신했는데, 아레타스 4세는 이를 개인적

헤롯의 가계도

인 모욕으로 여겨 헤롯 안티파스에게 보복할 날만을 손꼽아 기다렸다. 헤롯 안티파스와 헤로디아의 결혼은 헤롯 아켈라우스와 글라피라의 결혼처럼 유대 백성의 비위를 건드렸고, 이 사건을 직접적으로 비난한 세례 요한은 결국 헤롯 안티파스에 의해 마케루스 요새에 투옥되고 만다. 그리고 얼마 후 헤롯 안티파스는 헤로디아의 딸 살로메의 계략으로 인해 세례 요한을 처형한다.

헤롯 안티파스는 예수님의 공생애 사역과도 세 차례 연루되는데 각각의 기록이 사복음서에 등장한다.

첫 번째는, 헤롯 안티파스가 예수님의 사역에 대한 소문을 듣고 자신이 죽인 세례 요한이 다시 살아난 것으로 결론 짓는 부분이다(마 14:1, 2; 막 6:14-16; 눅 9:7-9).

두 번째는, 예수님이 마지막으로 예루살렘을 향해 여행할 때 바리새인들이 찾아와 헤롯 안티파스가 죽이려고 하니 속히 떠나야 한다고 귀띔해 주는 부분이다(눅 13:31-33).

세 번째는, 헤롯 안티파스가 예수님의 재판에 관여하는 부분이다(눅 23:6-12).

한편, 나바테안 왕국의 아레타스 4세는 오래 기다린 끝에 기회를 포착하고 베레아 지역을 침공함으로써 헤롯 안티파스 군대를 박살냈다(주후 36년). 이를 통해 아레타스 4세는 딸이 당한 수모를 앙갚음한 것이다. 유대인들은 이것을 헤롯 안티파스가 세례 요한을 처형한 것에 대해 하나님이 징계하신 것으로 해석했다. 티베리우스 황제는 시리아 총독인 비텔리우스에게 헤롯 안티파스를 도와 아레타스 4세를 치라고 명령했다. 비텔리우스는 2개

군단과 함께 나바테안 왕국의 수도 페트라를 치기 위해 출정했다(주후 37년). 하지만 그의 군대가 유월절 축제에 참여하기 위해 예루살렘에 도착한 지 4일 후 티베리우스 황제가 죽으면서 아레타스 4세에 대한 원정은 무기한 연기되었다.

헤롯 안티파스는 조강지처를 버리고 헤로디아와 결혼함으로써 나바테안 왕국의 침공을 받았지만, 이것은 그가 파멸로 향하는 준비 단계에 불과했다. 최종적인 파멸은 그리 멀지 않아 찾아왔다. 주후 37년 티베리우스 황제가 죽고 로마에서는 가이우스가 3대 황제로 등극했다. 가이우스의 등극과 함께 일찍부터 로마에 조기 유학을 가서 가이우스와 함께 자란 헤롯 아그립바(헤로디아의 동생)는 친구가 황제가 된 덕을 톡톡히 보게 된다. 황제는 자신의 친구인 헤롯 아그립바에게 왕이라는 직함과 함께 갈릴리 북쪽에 있는 칼키스 지역을 하사했다.

헤로디아는 동생의 갑작스런 출세를 시기했고, 남편을 자극해 황제에게 가서 분봉왕이 아닌 왕의 직함을 얻어 오라고 들들 볶아댔다. 결국 헤롯 안티파스는 가이우스 황제에게 향했지만 헤롯 아그립바의 모함으로 인해 그나마 가지고 있던 분봉왕의 직위에서도 쫓겨나 골 지방으로 추방되고 만다. 이렇듯 헤롯 안티파스는 부인을 잘못 만나 인생이 완전히 파탄지경에 이른 대표적인 케이스였다.

헤롯 빌립
_주전 4~주후 34년

분봉왕이 된 헤롯 빌립은 헤롯 대왕과 예루살렘 출신의 클레오파트라 사이에서 태어났다. 누가는 헤롯 빌립의 영토를 '이두래(이투레아)와 드라고닛(트라코니티스) 지방'으로 묘사했지만(눅 3:1) 요세푸스는 이외에도 그가 아우라니티스, 가울라니티스, 바타네아, 파니아스까지 통치했다고 상세하게 기술하고 있다. 헤롯 빌립이 다스린 지역의 백성들은 주로 시리아인과 그리스인, 즉 이방인들이 수를 이루었기 때문에 그는 주화에 로마 황제의 초상뿐 아니라 자신의 초상을 새겨 넣은 최초이자 유일한 헤롯 가계의 통치자가 되었다. 유대인들은 동전에 사람의 형상을 새기는 것을 십계명의 제2계명(출 20:4)을 어기는 것으로 여겼기 때문에 이것은 철권을 휘두른 헤롯 대왕도 감히 엄두를 내지 못한 일이었다.

헤롯 빌립은 두 도시를 건축했는데 모두 성경과 관련된 중요한 곳이다.

첫 번째 도시는 기존의 도시인 파니아스를 재건하고 확장해 로마 황제를 기념하는 뜻에서 가이사랴라고 했는데, 헤롯 대왕이 지중해변에 건설한 가이사랴와 구분하기 위해 자신의 이름인 빌립을 추가해 가이사랴 빌립보라고 개명했다. 헤롯 빌립은 이곳을 자신이 통치하는 영토의 수도로 삼았다. 성경에서는 베드로의 신앙고백과 함께 교회에 대한 계시의 말씀이 주어진 곳으로 등장한다(마 16:13-20; 막 8:27-30).

두 번째 도시는 갈릴리 해변 북쪽에 벳새다를 재건하고 확장했는데, 헤롯 빌립은 이곳을 옥타비아누스의 딸인 율리아를 기념해 율리아스라고 이름 지었다. 예수님은 이곳에서 소경을 치유했고(막 8:22-26), 근처에 있는 벳새다 광야에서 오병이어 기적을 행하셨다(눅 9:12-17).

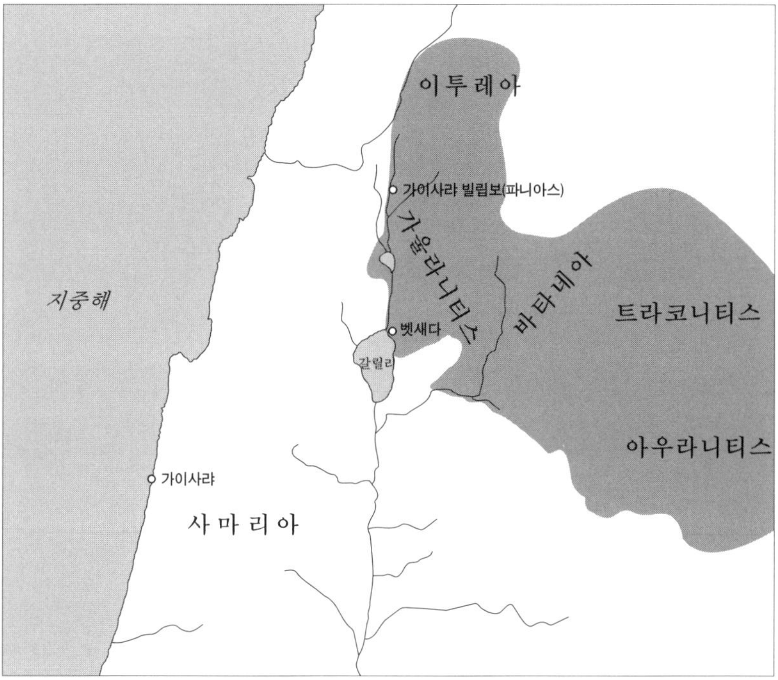

헤롯 빌립의 영토와 그가 건설한 도시들

헤롯 빌립은 그의 형제들과 달리 온순하고 관대한 통치자로서 유대 역사가인 요세푸스로부터 유일하게 칭찬을 받은 인물이다. 요세푸스에 따르면, 헤롯 빌립은 휴대용 재판석을 가지고 정기적으로 자신의 영토를 순회하면서 억울한 사람들의 목소리에 귀를 기울였다고 한다. 헤롯 빌립은 자신의 질녀인 살로메와 결혼했는데, 그녀는 헤로디아의 딸로서 세례 요한의 목을 베도록 계략을 꾸민 장본인이었다. 주후 34년에 벳새다에서 죽은 헤롯 빌립은 살로메와의 사이에서 자녀가 없었기 때문에 티베리우스 황제는 그의 영토를 시리아 속주에 합병시켰다.

헤롯 아켈라우스 영토에 파견된 로마 총독들

초기 총독들

코포니우스(주후 6~9년)

마르쿠스 암비불루스(주후 9~12년)

안니우스 루푸스(주후 12~15년)

발레리우스 그라투스(주후 15~26년)

본디오 빌라도(주후 26~36년)

마르켈루스(수후 37년)

마룰루스(주후 37~41년)

주후 6년 헤롯 아켈라우스가 옥타비아누스에 의해 폐위되고 추방당하자 그가 통치하던 유대, 사마리아, 이두매 지역은 로마 총독이 직접 통치하는 속주가 되었다. 로마가 파견하는 속주 총독은 대개 원로원 출신의 제1계급에 속하지만, 유대와 같은 소규모의 영지는 로마 사회에서 제2계급에 속하는 기사 계급에서 임명되었다. 또한 속주 총독의 경우 군단 병력이 제공되지만 유대 속주의 총독은 구원 보병대 수준의 병력만 통솔했던 것으로 보인다. 만약 폭동과 같은 비상사태가 발생할 경우 북쪽에 있는 시리아 속주의 총독이 자신에게 딸린 군단 병력을 시의적절하게 파견할 수 있었다. 이로 인해 유대 총독은 자신의 상관인 시리아 총독의 영향에서 벗어날 수 없었다.

헤롯 아켈라우스가 폐위될 당시 시리아 총독은 술피시우스 구레뇨(P. Sulpicius Quirinius, 눅 2:2)였다. 그는 헤롯 아켈라우스의 재산을 정리하는 일과 새롭게 로마 제국의 속주가 된 유대 지역에 할당할 세금의 액수를 정하기 위한 목적으로 인구 조사를 실시했다. 이것이 바로 갈릴리 출신의 유다를 중심으로 대규모 폭동을 낳고, 소위 말하는 열심당(Zealot) 운동을 초래한 사건이 되었다.

폭동이 진압되고 인구 조사가 완료된 후 유대 속주의 총독으로 파견된 최초의 인물은 코포니우스다. 그를 시작으로 주후 41년 헤롯 아그립바가 유대인의 왕으로 등장하기까지 7명의 총독이 유대 지역에 파견되었다.

주후 44년 헤롯 아그립바가 죽고 유대 지역에 다시 로마 총독들이 파견되었는데, 이들과 구별하기 위해 헤롯 아그립바 등장 이전의 총독들은 '초기 총독들', 이후의 총독들은 '후기 총독들'이라고 부른다. 유대 총독의 관저는 헤롯 대왕이 지중해 해변에 건설한 가이사랴에 있었고, 유월절과 같이 예루살렘에 대규모 인파가 몰릴 경우에만 폭동을 조기에 진압할 목적으로 예루살렘 성전 북쪽에 있는 안토니우스 요새로 거처를 옮기곤 했다.

옥타비아누스가 임명한 초기 총독 3명은 모두 임기가 3년으로서 무척 짧았는데, 티베리우스 황제가 즉위하면서(주후 14년) 유대 총독의 임기는 갑자기 늘어났다. 티베리우스가 파견한 최초의 총독인 발레리우스 그라투스(주후 15~26년)는 무려 11년, 그 뒤를 이은 본디오 빌라도(주후 26~36년)는 10년간 총독으로 유대 속주를 통치했다. 유대 역사가인 요세푸스는 티베리우스 황제가 등장하면서 3배 이상 늘어난 유대 총독의 임기와 관련된 재미난 일화를 소개하고 있다.

재임 기간의 대부분을 카프리 섬에 은둔한 탓에 '테러블'(침울한) 티베리우스로 불린 그는 3년에 한 번씩 유대 총독을 갈아치우던 옥타비아누스와 달리 웬만해서는 새로운 총독을 임명하지 않았다. 이를 두고 신하들은 거듭 불평을 해왔는데, 티베리우스는 신하들의 불평에 대해 재미난 비유를 들어 자신이 속주 총독의 임기를 늘린 이유를 설명했다. 티베리우스가 말한 비유의 내용은 이러했다.

길거리에 부상자가 누워 있는데 그 부상자 위로 곤충들이 들러붙어서 피를 빨아먹고 있었다. 하루는 불쌍한 부상자의 모습을 보고 길을 지나던 인정 많은 나그네가 부상자의 몸에 붙어 있는 수많은 곤충들을 모두 쫓아내 주었다. 그러자 부상자는 오히려 인정 많은 나그네에게 역정을 내며 불평했다.

"이 곤충들은 이미 제 피를 충분히 빨아먹고 배가 불렀기 때문에 그냥 제 몸에 붙어 있는 것에 불과합니다. 이제 더 이상 제게 어떤 고통도 주지 않지요. 그런데 당신이 그들을 쫓아냈기 때문에 굶주린 새로운 곤충들이 곧 제 피를 빨아먹으려고 달려들 것입니다. 그렇다면 저는 더 이상 버틸 힘이 없습니다."

이 일화는 언뜻 정치에 염증을 느낀 나머지 통치에 무관심한 것으로 오해를 받는 티베리우스가 실제로는 제국의 속주민들에게까지 깊은 애정과

관심을 가진 황제였음을 보여 준다. 로마가 파견한 총독은 선정을 베풀기보다는 속주에 파견된 짧은 기간 동안 한몫 단단히 챙기는 데만 혈안이 되었는데, 이런 로마 총독들의 속주민 수탈은 당시 로마의 기록을 통해서도 확인된다.

Chapter 4-2

하나님의
히든 카드
예수 그리스도

_예수님의 탄생과 사생애

제1부:
서언

이 부분은 예수님의 생애를 본격적으로 기술하기 전에 일종의 프롤로그 성격을 띠는 서언이다.

누가의 소개 눅 1:1-4

누가 시대에 다소 세련된 저자들은 고전적 문체로 씌어진 고급 그리스어로 자신의 책을 소개하곤 했다. 예수님의 생애를 소개하는 누가의 서론 역시 이 점에서 당시의 관습을 따르고 있다. 누가는 여기서 저술 작업의 든든한 후원자인 데오빌로에게 바치는 헌사와 함께 저술의 목적을 분명하게 밝히고 있다.

성육신하시기 이전의 예수 그리스도 요 1:1-18

요한이 소개하는 '말씀'은 당시 그리스 철학자들이 '우주를 구성하고 있는 절대적인 힘'이란 의미로 사용하던 '로고스'를 가리킨다. 요한은 예수님을 태초에 계신 말씀으로 선포하면서 예수님이 하나님의 모든 계시의 구현임을 선포하고 있다.

예수님의 족보 마 1:1-17; 눅 3:23-38

사복음서 기자 중 마태와 누가는 예수님의 족보를 소개함으로써 서언

부분의 하이라이트를 장식하고 있다.

제2부:
세례 요한과 예수님의 탄생

세례 요한 수태고지 눅 1:5-25

누가는 자신의 복음서를 예수님의 선구자 역할을 하게 될 세례 요한의 탄생 스토리로 시작하고 있다. 세례 요한은 아비야 반열에 속한 제사장인 사가랴와 아론의 자손인 엘리사벳 사이에서 태어났다. 사가랴와 엘리사벳은 나이가 많았는데, 이 말은 두 사람이 육십이 넘었음을 시사하고 있다(m.Aboth 5:21).

누가가 두 사람을 묘사하기 위해 사용한 표현은 구약에서 노아(창 6:9), 아브라함(창 17:1), 욥(욥 1:1) 등을 연상시키는데, 둘 사이에 아이가 없는 것에 대한 당시의 전통적인 견해를 반박하기 위해 사용된 것으로 보인다.

> "이 두 사람이 하나님 앞에 의인이니 주의 모든 계명과 규례대로 흠이 없이 행하더라"(눅 1:6).

하나님의 신적인 개입으로 세례 요한을 잉태하는 과정은 마치 아브라함과 사라 사이에서 태어난 이삭을 생각나게 한다.

천사는 성전에서 분향하고 있던 사가랴에게 나타나 놀라운 계시의 말씀을 전한다.

"사가랴여 무서워하지 말라 너의 간구함이 들린지라 네 아내 엘리사벳이 네게 아들을 낳아 주리니 그 이름을 요한이라 하라"(눅 1:13).

하지만 사가랴는 자신과 아내가 모두 나이 많아 늙었다는 이유로 천사의 계시를 믿지 못했고 이로 인해 벙어리 훈련을 받게 된다.

예수 수태고지 눅 1:26-56: 마리아 편

엘리사벳이 세례 요한을 잉태한 지 6개월이 지난 후 천사 가브리엘은 갈릴리 나사렛에 살던 마리아에게 찾아가 놀라운 소식을 전한다.

"보라 네가 잉태하여 아들을 낳으리니 그 이름을 예수라 하라"(눅 1:31).

당시 다윗의 자손인 요셉과 정혼한 사이였던 마리아는 이 소식을 듣고 놀랐지만 곧 하나님의 뜻에 순종한다.

"주의 여종이오니 말씀대로 내게 이루어지이다"(눅 1:38).

천사가 떠난 후 마리아는 자기보다 먼저 아기를 잉태한 친족 엘리사벳을 만나러 유대 산중에 있는 한 동네로 갔다. 초대 교회 전승에 의하면, 엘리사벳이 살던 동네는 예루살렘 남서쪽에 있는 엔케렘으로 알려져 있다. 갈릴리 나사렛에서 유대 지역의 엔케렘까지는 최소 3, 4일 정도 걸리는 거리지만 요셉과 정혼한 상황에서 아이를 잉태하게 된 마리아는 갑작스레

마리아 방문 기념 교회

세례 요한 탄생 기념 교회

닥친 문제를 상담할 사람이 필요했을 것이다. 엘리사벳은 성령으로 잉태한 마리아를 축복했고, 여기서 위로를 받은 마리아의 입에서는 찬송시가 흘러나온다. 친족 엘리사벳의 집에 석 달을 체류한 후 마리아는 나사렛에 있는 집으로 돌아온다.

예수 수태고지 마 1:18–23: 요셉 편

세례 요한의 탄생과 달리 예수의 탄생 소식은 부모인 요셉과 마리아에게 각각 전해진다. 예수 수태고지의 마리아 편은 누가복음에, 요셉 편은 마태복음에 기록되어 있다. 요셉은 자신과 정혼한 마리아가 임신했다는 소식을 듣고 조용히 파혼하고자 했다. 하지만 천사가 나타나 마리아의 잉태와 관련된 놀라운 비밀을 요셉에게 알려 준다.

"다윗의 자손 요셉아 네 아내 마리아 데려오기를 무서워하지 말라 그에게 잉태된 자는 성령으로 된 것이라 아들을 낳으리니 이름을 예수라 하라 이는 그가 자기 백성을 그들의 죄에서 구원할 자이심이라"(마 1:20-21).

잠에서 깨어난 요셉은 천사의 계시대로 아내를 데려왔지만 아들을 낳기까지 동침하지 않았다.

세례 요한의 탄생 눅 1:57-80

때가 되자 엘리사벳은 아들을 낳게 되고 이를 축하하기 위해 이웃과 친족들이 모인다. 아이를 낳은 지 8일째 되는 날 할례식에서 아이의 이름을 짓는 의식이 행해졌다. 친족들은 부친의 이름을 따라 사가랴로 하기 원했지만 그 부모는 요한으로 짓기 원했다. 특히 사가랴가 서판을 가져다가 아이의 이름을 천사의 계시대로 '요한'이라고 적었을 때 사가랴의 벙어리 훈련이 끝나고 갑자기 입이 열리고 혀가 풀리며 하나님을 찬송했다.

"찬송하리로다 주 이스라엘의 하나님이여 그 백성을 돌보사 속량하시며 우리를 위하여 구원의 뿔을 그 종 다윗의 집에 일으키셨으니"(눅 1:68-69).

예수의 탄생 마 1:24-25; 눅 2:1-7

로마에서는 가이사 아구스도(카이사르 옥타비아누스)가 황제로 통치하고 있고, 유대 땅에서는 헤롯 대왕이 유대인의 왕으로 통치할 때 예수님이 베들레헴에서 탄생한다. 당시 갈릴리 나사렛에 살고 있던 요셉과 마리아는 가이사 아구스도가 내린 호적 명령에 따라 본적지인 베들레헴으로 갔고 그곳에서 아기 예수가 탄생하게 된다.

천사들의 찬양과 목자들의 경배 눅 2:8-20

예수 탄생 소식을 처음으로 들은 이는 베들레헴에서 밤새 양 떼를 돌보던 목자들이었다.

> "무서워하지 말라 보라 내가 온 백성에게 미칠 큰 기쁨의 좋은 소식을 너희에게 전하노라 오늘 다윗의 동네에 너희를 위하여 구주가 나셨으니 곧 그리스도 주시니라"(눅 2:10-11).

유대 문헌에 따르면(t.Shek. 7:4) 다른 지역과 달리 베들레헴의 양들은 성전에 희생제물로 바칠 특별한 목적으로 키워졌다고 한다. 베들레헴에서 키운 양들이 희생제물을 위한 것이었다면 이 양들을 치는 목자들 역시 여느 목자들과는 다른 사람들이었을 것이다. 흔히 베들레헴의 목자들을 밤에도 양을 칠 수밖에 없는 가난한 사람이라고 해석하지만 이들은 아마도 하나님께 드릴 양을 치는 성별된 목자들일 가능성이 높다.

제3부:
예수님의 사생애

아기 예수의 할례 눅 2:21

요셉과 마리아는 난 지 8일 만에 아기 예수의 할례를 행했다.

초태생 속전과 산모의 정결례를 위해 성전을 방문한 마리아 눅 2:22-38

율법에 따르면(레 12:1-5) 아들을 낳은 산모는 33일 후에, 딸을 낳은 산모는 66일 후에 산혈이 깨끗해진다. 마리아는 아들을 낳았기 때문에 예수를 낳은 지 33일 후에 예루살렘 성전에 갔을 것이다.

> "모세의 법대로 정결예식의 날이 차매 아기를 데리고 예루살렘에 올라가니"(눅 2:22).

요셉과 마리아가 성전에 올라간 이유는 두 가지였다.

첫째, 초태생 속전을 드리기 위함이었다. 율법에 따르면(레 27:6) 생후 1개월에서 5세까지의 남아를 위해서는 은 5세겔을 바쳐야 했기 때문에 요셉과 마리아는 생후 33일인 아기 예수를 위해 은 5세겔을 바쳤을 것이다.

> "이는 주의 율법에 쓴 바 첫 태에 처음 난 남자마다 주의 거룩한 자라 하리라 한 대로 아기를 주께 드리고"(눅 2:23).

둘째, 산모의 정결례를 드리기 위함이었다. 산모의 정결례는 번제로 양을, 속죄제로 비둘기를 바쳤다. 하지만 가난한 사람은 번제로 드려야 할 양을 비둘기로 대체할 수 있었다. 마리아가 비둘기 두 마리(한 마리는 번제, 한 마리는 속죄제)로 산모의 정결례를 드린 것을 볼 때 가난한 자를 위한 규례를 따른 것임을 알 수 있다.

> "또 주의 율법에 말씀하신 대로 산비둘기 한 쌍이나 혹은 어린 집

비둘기 둘로 제사하려 함이더라"(눅 2:24).

요셉과 마리아가 산모의 정결례와 초태생 속전을 마치고 나올 때 두 사람(시므온과 안나)으로부터 놀라운 축복을 받는다.

동방 박사들의 경배 마 2:1–12

누가와 마태는 아기 예수께 경배하러 온 두 그룹을 소개하고 있는데, 하나는 베들레헴의 목자들(누가)이고 다른 하나는 동방 박사들(마태)이다. 흔히 아기 예수가 베들레헴 구유에서 났을 때 두 그룹의 경배단이 동시에 방문한 것으로 알고 있지만, 여기에는 상당한 시간 차가 존재한다. 그 이유는 이러하다. 동방 박사들의 경배 이후 헤롯은 유대인의 왕이 태어났다는 소식을 듣고 아기 예수를 죽이려 했고, 천사의 계시를 받은 요셉과 마리아는 아기 예수를 데리고 급히 이집트로 피신했다.

만약 동방 박사들이 아기 예수가 탄생하자마자 도착했다면 누가가 기록한 아기 예수의 할례 그리고 마리아의 초태생 속전과 정결례를 위한 성전 방문에 모순이 발생한다. 베들레헴 목자들의 방문이 아기 예수 탄생 직후에 있었던 반면, 동방 박사들의 방문은 최소한 요셉과 마리아가 산모의 정결례를 마친 33일 후에 일어나야 마태와 누가의 스토리에 모순이 없게 된다. 학자들은 헤롯 대왕이 두 살 미만의 아이들을 학살한 점에 주목하면서 동방 박사들의 방문은 생후 33일에서 2년 사이에 있었던 것으로 추정한다.

아기 예수의 이집트 피난과 베들레헴의 유아 살해 마 2:13–18

동방 박사들이 떠난 후 요셉과 마리아는 천사의 계시를 받고 이집트로 피신하게 된다. 당시 이집트에는 상당한 규모의 유대인 공동체가 있었는데, 인구 100만에 육박하는 알렉산드리아에는 전체 인구의 1/3이 유대인이었다고 한다. 요셉과 마리아는 헤롯의 영토를 가장 쉽게 벗어날 수 있는 아스겔론 길을 택해 이집트로 들어갔을 것이다.

동방 박사들에게 속은 줄 알게 된 헤롯은 베들레헴에서 두 살 아래의 남자 아이들을 모두 살해하는 만행을 저질렀다. 베들레헴이 작은 마을이었음을 고려할 때 희생된 아이의 수는 20명 내외였을 것으로 추정된다. 어쨌든 이 아이들은 예수 때문에 희생당한 최초의 순교자가 되었다.

아기 예수의 나사렛 귀향 마 2:19–23; 눅 2:39–40

천사의 계시를 통해 헤롯의 죽음을 알게 된 요셉과 마리아는 아기 예수를 데리고 베들레헴으로 돌아가려고 했다. 요셉과 마리아는 성령의 잉태로 태어난 아기 예수를 양육할 수 있는 장소로 예루살렘 성전이 가까운 베들레헴을 점찍은 듯하다. 하지만 헤롯 아켈라우스가 헤롯의 뒤를 이어 유대 지역의 통치자가 되었다는 소식을 듣고 요셉 일행은 멀리 갈릴리 나사렛으로 이주하게 된다. 이로써 예수님은 나사렛에서 사생애의 대부분의 시간을 보내게 된다.

> "아기가 자라며 강하여지고 지혜가 충만하며 하나님의 은혜가 그의 위에 있더라"(눅 2:40).

소년 예수의 예루살렘 방문 눅 2:41–50

열두 살 된 소년 예수가 유월절을 맞아 부모와 함께 예루살렘 성전을 방

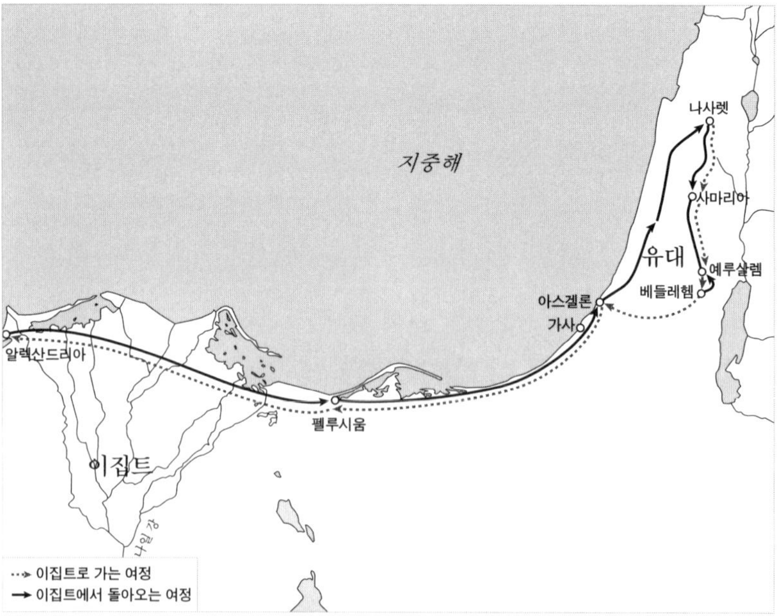

예수님의 탄생과 사생애 기간 동안의 여정

문하는 스토리는 예수님의 사생애와 관련된 유일한 기록으로 누가복음에만 기록되어 있다. 이 사건은 아마도 13세 성인식을 앞두고 예루살렘 성전을 방문한 요셉과 마리아가 아들 예수를 잃어버렸다가 다시 찾게 되는 에피소드를 다루고 있는 것으로 보인다. 성인기로 넘어가는 소년 예수는 유월절을 맞아 성전을 방문하면서 육신의 아버지를 벗어나 하늘 아버지의 음성에 더욱 민감해졌을 것이다.

> "어찌하여 나를 찾으셨나이까 내가 내 아버지 집에 있어야 될 줄을 알지 못하셨나이까"(눅 2:49).

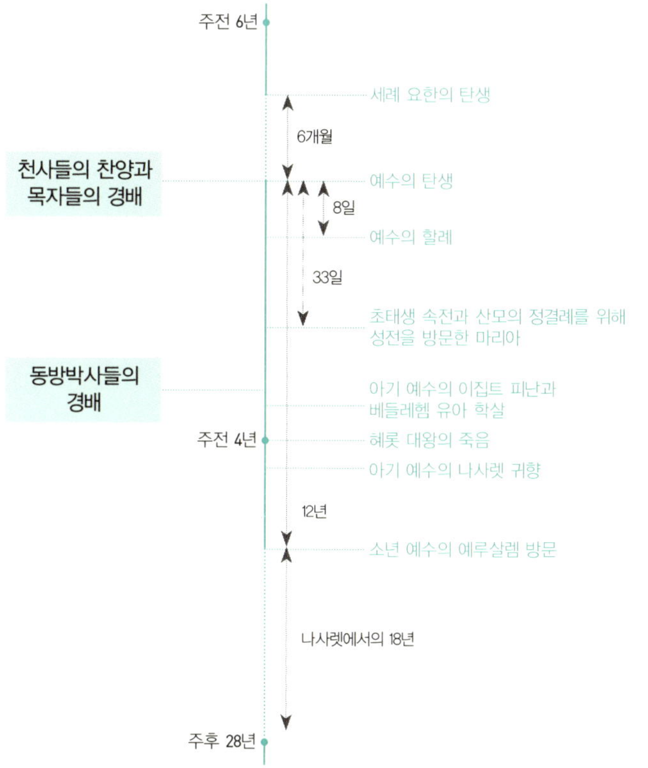

예수님의 탄생과 사생애

나사렛에서의 18년 눅 2:51-52

성인식을 무사히 마친 소년 예수는 나사렛으로 돌아와 본격적인 공생애 사역을 시작할 때까지 18년의 시간을 보내게 된다.

> "예수는 지혜와 키가 자라가며 하나님과 사람에게 더욱 사랑스러워 가시더라"(눅 2:52).

Chapter 4-3

낳고 낳고 **졸고** 졸고…

_예수님의 족보

현대의 성경 독자들은 신약성경의 첫 번째 책인 마태복음 1장에 등장하는 수많은 이름들을 보면서 굉장히 따분함을 느낀다. 마태복음 1장의 '예수님의 족보'와 관련된 유명한 농담이 있다. '낳고, 낳고, 낳고…' 하다가 '졸고, 졸고, 자고…' 한다는 것이다. 초신자들이 큰맘 먹고 성경을 읽을 때 구약성경보다 좀 더 쉬운 신약성경부터 읽기 시작하는데, 첫 번째 책인 마태복음 1장부터 인내심을 테스트하니, 쉬 책장이 넘어가지 못한다.

하지만 마태가 자신의 복음서를 족보로 시작한 것은 현대인들의 상상, 그 이상의 의미가 있다. 혈통과 가문을 중요시하는 유대인들에게 한 가문의 뿌리를 보여 주는 족보는 무척이나 중요했다. 고대 유대인들의 속담 중에 "네 눈의 족보를 가볍게 여기지 말라. 우리의 족보가 아브라함과 이삭과 야곱에게서 온 것이라면 그것은 곧 하나님으로부터 온 것이다"라는 말이 있는데, 이것은 족보를 소중히 여기던 고대 유대인들의 가치관을 잘 보여 준다.

성서 시대 이스라엘 사회는 가족 공동체로 이루어졌기 때문에 그 사람의 정체성과 사람 됨됨이는 그 사람이 속한 가족이나 가문을 통해 판단되곤 했다. 구약성경의 첫 번째 책인 창세기에도 여러 개의 족보가 나오고(창 4:16-22; 5:1-32; 10:1-32; 11:10-32, 36:1-43; 46:8-27) 역대상의 족보는 특별히 긴 것으로 유명하다(대상 1-9장).

유대인들에게 족보는 특별히 바벨론 포로기를 지나면서 더욱 중요하게 여겨졌다. 바벨론 포로기 동안 많은 유대인들이 이방인과 결혼했는데 이것은 매우 수치스런 일이었고, 자신들의 가문이 순수하다는 것을 입증하기 위한 목적으로 자연스럽게 족보가 강조되었던 것이다. 포로기 이후의 족보는 특별히 제사장과 관련해서 중요하게 여겨졌다(스 2:61-63; 느 7:63-65). 결혼할 때도 족보는 상대방 가문의 내력을 알기 위한 목적으로 중요하게 활용되었다. 마태가 자신의 복음서를 예수님의 족보로 시작한 것은 마태복음의 주된 독자가 될 유대인들을 염두에 둔 포석이었을 것이다. 즉 예수님은 어떤 분이시고 앞으로 어떤 사역을 하게 될 것인가를 유대인 독자들에게 가장 강력하게 소개하는 방식이 바로 족보였던 것이다.

예수님의 족보는 누가복음에도 등장하는데 두 곳의 족보를 비교 분석해 본 성도들은 서로 일치하지 않는 예수님의 족보로 인해 많은 궁금증을 갖게 된다. 물론 그런 세밀한 부분까지 관심을 갖고 말씀을 진지하게 묵상하는 성도들에게만 해당되는 이야기일 테지만 말이다.

마태와 누가가 제시한 족보의 차이점

마태복음과 누가복음에 기록된 예수님의 족보는 다음 두 가지 점에서 중요한 차이점이 있다.

첫째, 족보를 기록한 '목적'이 다르다.

마태복음은 예수님이 아브라함의 자손이며 다윗의 자손이라는 점을 부각시키려는 목적으로 족보를 사용했다. 반면에 누가복음은 하늘로부터 예수님을 향해 "너는 내 사랑하는 아들이라"는 소리가 있은 후에 곧바로 족보를 기록함으로써 예수님이 하나님의 아들이며 동시에 아담의 아들이라는 점을 부각시키고 있다.

둘째, 족보를 기록한 '방식'이 다르다.

고대의 인물에서 최근 인물로 내려오는 방식으로 기록된 마태복음의 족보는 구약의 족보 관례와 일치한다. 하지만 누가복음의 족보는 역순으로 거슬러 올라가는데 이것은 그리스-로마 족보의 기록 방식과 동일하다. 이러한 기록 방식의 차이는 아무래도 마태복음은 유대인 독자를, 누가복음은 이방인 독자를 대상으로 씌어진 책이라는 데 그 이유가 있을 것이다.

마태복음과 누가복음에 나타난 예수님의 족보에 대한 개괄적인 차이점만 살펴본다면 이 정도로 충분하지만, 각각의 이름을 도표로 만들어서 분석할 정도로 열정이 많은 성도들이라면 두 족보에 나타나는 차이점들이 몇 개 더 보일 것이다.

14라는 숫자에 꿰어 맞춘 마태복음의 족보

첫째, 마태가 기록한 족보는 의도적으로 14대로 꿰어 맞추려는 의지가 강해 보인다.

모든 역사 기록에는 기록자의 의도, 즉 사관이 강하게 반영될 수밖에 없는데 고대 세계에서 족보의 기록 역시 그러했다. 마태가 제시한 예수님의 족보는 굳이 14라는 숫자에 꿰어 맞추려는 마태의 의도를 다분히 보여 준다. 마태는 예수님을 아브라함과 다윗의 자손으로 소개하면서(1:1) 언뜻 지루해 보이는 족보 리스트를 나열하고 있다(1:2-16). 그리고 17절에서 예수님의 족보를 요약 정리하면서 예수님의 족보를 크게 세 부분으로 나누고 각각의 부분이 14대라고 강조하고 있다.

> "그런즉 모든 대 수가 아브라함부터 다윗까지 열네 대요 다윗부터 바벨론으로 사로잡혀 갈 때까지 열네 대요 바벨론으로 사로잡혀 간 후부터 그리스도까지 열네 대더라"(마 1:17).

하지만 각각의 대수를 세어 본 꼼꼼한 성도들이라면 이것이 사실과 다름을 알게 된다. 아브라함부터 그리스도까지는 모두 41대의 인물이 등장하는데, 세 부분으로 나뉜 각 부분이 14대라고 하면 42대(14×3=42)가 등장해야 맞을 것이다. 그런데 분명 1대가 부족하다. 마태는 예수님의 족보를 14대라는 숫자에 맞추기 위해 현대인들이 볼 때는 약간의 편법(?)을 사용하고 있는 것이다. 첫 번째 부분(아브라함-다윗)은 14대, 두 번째 부분(솔로몬-요시야)은 13대, 세 번째 부분(여고냐-그리스도)은 14대가 된다. 사실 이것은 아브라함부터 그리스도까지의 대수를 따로 정리해 가면서 살피지 않으면 쉽게 발견할 수 없다. 여기서 마태는 두 번째 부분과 세 번째 부분에서 여고냐를 중복해서 계수하여 모두 14대로 맞추고 있다.

그러면 마태는 예수님의 족보를 의도적으로 조작한 것일까? 이런 질문이 현대의 성경 독자들에게는 합리적으로 보일 수 있지만, 고대인들 특히 고대의 유대인들에게는 전혀 엉뚱한 질문이 된다. 고대인들은 족보를 기록할 때 목록에서 일부를 생략하기도 하고, 또는 특별한 목적 가운데 족보의 대수를 몇 개의 부분으로 나누는 것이 일반적이었다. 신구약 중간기 유대 문헌인 제2바룩서에서도 족보를 14대로 정리하는 것을 볼 수 있다.

많은 성서학자들은 마태가 예수님의 족보와 관련해서 굳이 드러내고자 한 14라는 숫자에 더 관심을 가져왔다. 무려 세 번이나 반복되는 14의 의미가 얼마나 강했던지 베들레헴에 있는 예수 탄생 기념 교회에 가면 예수님이 탄생하셨다고 여겨지는 동굴에 14각형의 별을 새겨 넣었다. 그러면 마태가 그토록 집착한 '14'란 숫자는 무엇을 의미할까? 그것은 바로 '다윗'의 히브리어적 표기인 '다비드'(דוד)가 가지고 있는 숫자적 상징과 관련이 있다. 영어와 달리 히브리어와 그리스어 알파벳은 각 글자가 숫자의 기능도 겸하는데, 단어가 갖는 숫자의 값을 세어서 거기에 의미를 부여하는 유대적 관습을 전문 용어로 '기마트리아'라고 한다. '다비드'는 히브리어에서 세 개의 자음으로 구성되어 있는데, 각각의 자음이 갖고 있는 숫자적 의미를 합산하면 14가 된다.

달렛(ד, 4) + 바브(ו, 6) + 달렛(ד, 4) = 14

이처럼 14라는 숫자는 곧 다윗을 의미하는 강력한 상징이 되는데, 이러한 상징은 마태복음의 독자인 유대인들에게 보편적으로 통용되는 것이었다. 마태는 유대인들에게 특별한 의미가 있는 족보를 통해 자신의 복음서를 시작하고 있으며, 아울러 유대인들에게 통용되던 '다윗=14'라는 공식을 세

예수 탄생 기념 교회에 있는 14각형의 별

번 반복함으로써 예수님이 다윗의 후손으로 나신 분(메시아)임을 강력하게 선포하고 있는 것이다.

두 족보에 나타나는 그 외의 차이점들

사실 마태와 누가가 제시한 예수님의 족보를 비교해 보면 이외에도 많은 차이점을 발견할 수 있다. 마태의 족보에서 특히 세 번째 부분의 인물들은 잘 알려져 있지 않으며, 심지어 요셉의 아버지 이름은 두 족보에서 다르게 등장한다(마태는 야곱, 누가는 헬리). 누가는 마태가 기록하지 않은 아담에서 아브라함까지의 족보를 기록하고 있으며, 다윗에서 예수님 사이의 족보에 마태와는 아주 다르고 긴 명단을 제시하고 있다. 이 부분에서 두 족보가 일치하는 인물은 스룹바벨과 스알디엘, 두 사람밖에 없다.

마태와 누가가 제시한 예수님의 족보에 나타나는 현저한 차이를 두고 마태는 요셉의 가계를 따라서 족보를 제시했고, 누가는 마리아의 가계를 따라서 족보를 제시했다는 이론이 제기되었지만 그다지 개연성이 없어 보인다. 두 족보의 차이점을 설명하려고 초대 교회 때부터 교부들이 다양한 학설을 제시했는데, 그중에서 가장 이견이 적은 이론은 마태가 공식적인 왕위 계승의 족보를, 누가는 단순히 육신적인 가계도를 기록했다는 주장이다. 왕위 계승은 반드시 아버지에서 아들로 이어질 필요가 없고 그 가문 안에서 이루어지기만 하면 되는데, 마태의 주된 관심사 역시 예수가 다윗의 혈통에 따른 정통성 있는 유대인의 왕임을 드러내는 것이기에 어느 정도

개연성이 있는 설명이다. 이런 설명에도 불구하고 두 족보의 차이점에 대한 설명과 조화의 문제는 여전히 미해결의 난제임을 겸손히 인정해야 할 것이다.

Chapter 4-4

마리아와 엘리사벳은 어떤 **관계**일까?

_바르길 픽스너가 제시한 마리아 관련 전승

"보라 네 친족 엘리사벳도 늙어서 아들을 배었느니라 본래 임신 하지 못한다고 알려진 이가 이미 여섯 달이 되었나니"(눅 1:36).

천사 가브리엘은 나사렛에 사는 마리아에게 성령으로 잉태된 사실을 전해 주면서 '친족 엘리사벳'에게 일어난 사건을 언급하고 있다. 마리아와 엘리사벳이 서로 친척 관계임을 알려 주는 이 말씀을 가지고 예수님의 육신의 어머니인 마리아와 관련된 초대 교회 전승을 추적해 보는 것도 무척 흥미 있는 일이라 생각된다. 이 스토리는 수십 년 동안 성지 이스라엘에 살면서 초대 교회 전승을 수집해 온 신학자 바르길 픽스너의 책 《With Jesus in Jerusalem》에서 참고한 것임을 미리 밝혀 둔다.

마리아는 주전 25년경 예루살렘 북동쪽에 있는 베데스다 연못 근처에서 태어났다. 지금도 성지 순례로 이스라엘을 찾는 사람들이 빼놓지 않고 방문하는 곳이 베데스다 연못인데, 그 옆에는 마리아가 태어난 장소로 여겨지는 곳에 웅장한 기념교회가 세워져 있다. 바로 십자군 시대에 세워진 성 안나 교회다. 초대 교회 전승에 의하면, 안나는 마리아의 어머니로서 제사장 가문에서 태어났으며 엔케렘에 사는 엘리사벳의 큰언니였다고 한다. 이 전승이 맞다면 마리아에게 엘리사벳은 작은이모가 되는 것이다.

바르길 픽스너가 제시하는 이후의 스토리는 더욱 흥미롭다. 마리아의 아버지인 요아킴은 다윗 왕가의 왕족 출신으로서 큰 양 떼를 소유한 부자였다. 요아킴과 안나 사이에는 자녀가 없었는데, 이 문제로 크게 근심하던 요아킴은 양 떼를 이끌고 유대 광야로 들어가 오랜 기간 그곳에서 은둔 생활을 했다. 광야에서 기도에 전념하던 요아킴은 아내에게 자녀가 태어날 것이라는 천사의 계시를 듣고 아내에게 돌아왔는데 그 때 태어난 아기가 마리아였다고 한다. 지금도 유대 광야에는 요아킴의 은둔 생활과 이로 인해 태어난 마리아를 기념하기 위해 비잔틴 시대에 세워진 성 조지 수도원을 볼 수 있다.

성 안나 교회

한나와 엘가나 부부에게서 태어난 사무엘처럼 안나와 요아킴은 딸 마리아를 하나님의 선물로 여겨 마리아가 4세 되는 해에 성전에 바쳤다고 한다. 마리아는 그곳에서 제사장들을 섬기고 그 대가로 철저한 율법 교육을 받았다. 13세가 된 후에는 성전에서 나와 성전 근처에 살면서 성전 내 각종 휘장들을 만드는 바느질로 봉사했다. 성전 내에 있는 각종 휘장들은 1년에 한 번씩 교체했는데, 새로운 휘장을 만드는 일에 경건한 여인들이 봉사했고 마리아도 이 봉사에 참여한 것이다.

이렇게 일생 동안 경건하게 살아온 마리아는 결혼할 나이가 될 즈음 하나님 앞에 서원을 드리게 된다. 그 서원은 다름 아닌 성적인 금욕 생활을 통해 순결을 지키겠다고 하는 평생 순결 서약이다. 요아킴은 마리아의 순결 서약을 굳이 반대하지 않았고, 딸의 순결 서약을 지켜 줄 남편을 다윗 가문에서 찾았다. 그 사람이 바로 요셉인데, 신학자 바르길 픽스너는 요셉과 관련된 재미난 전승을 추가적으로 전하고 있다.

성 조지 수도원

요셉은 마리아와 결혼할 당시 이전 부인과의 사이에서 4명의 아들(야고보, 유다, 요셉, 시므온)을 둔 홀아비였고, 첫째 부인과 사별한 후 마리아와 재혼을 했다는 것이다. 요아킴이 요셉에게 제시한 결혼 조건은 마리아가 하나님께 한 성적인 순결 서약을 요셉이 결혼 후에도 지켜 주는 것이었다고 한다. 초대 교회 당시부터 예수님의 육신의 형제들이 예수님의 형이냐 아니면 동생이냐를 놓고 많은 논쟁이 있었다. 바르길 픽스너가 제시하는 전승은 예수님의 형제들을 예수님의 형으로 주장하고 있다. 예수님의 형제들을 형으로 주장하는 사람들은 성경 말씀을 통해 나름의 설득력 있는 논리를 편다.

첫째, 예수님이 12세 때 성전을 방문하는 사건(눅 2:41-50)을 마지막으로 요셉은 더 이상 복음서에 등장하지 않는다. 예수님의 공생애 사역 때도, 그리고 십자가 처형의 순간에도 요셉은 복음서에서 전혀 자취를 찾아볼 수 없는데, 그것은 아마도 요셉이 일찍 죽었기 때문일 것으로 본다. 요셉과 마리아가 결혼할 당시 마리아가 십대 후반인 반면 홀아비였던 요셉은 이미 나이가 많았고, 예수님이 공생애 사역을 시작하기 한참 전에 요셉이 죽었다는 것이다.

둘째, 예수님은 십자가를 지고 골고다 언덕으로 향하면서 어머니 마리아를 돌보는 책임을 요한에게 맡긴다(요 19:27). 만약 예수님의 다른 형제들이 모두 마리아의 소생이라면 성서 시대 문화에서는 이것은 도저히 상상할 수 없는 일이다. 멀쩡히 자식들이 있는데 남에게 어머니의 봉양을 맡긴다는 것은 말도 안 된다는 것이다. 물론 여기에는 예수님이 처형당하는 순간까지 예수님의 형제들이 믿지 않았기 때문에 요한에게 맡겼다는 주장도 제기되지만, 이와 더불어 예수님의 형제들이 모두 마리아의 소생이 아니기 때문이라는 주장도 동시에 제기될 수 있다.

바르길 픽스너가 제시한 마리아와 관련된 초대 교회 전승은《역사 드라마로 읽는 성경》의 관점에서 충분히 다뤄 볼 만한 내용이라 생각된다. 물론 확실한 것은 없고 논쟁이 뜨거운 부분이기도 하지만 예수님의 생애와 관련된 역사성 측면에서 충분히 알아 둘 내용이라고 생각된다.

Chapter 4-5

예수님은 언제 **탄생**했을까?

_예수님의 탄생일과 인구조사

전 세계적으로 예수님의 탄생을 기준으로 인류 역사를 구분하는 주전(BC), 주후(AD)의 서기력이 보편적으로 사용되고 있다. 예수님 탄생 전을 의미하는 '주전'은 Before Christ를 줄여서 BC로, 탄생 이후는 '주님의 시대'를 뜻하는 라틴어인 Anno Domini를 줄여서 AD로 표현한 것이다. 물론 모든 나라에서 이러한 서기력을 사용하는 것은 아니다. 이슬람교도들은 이슬람교 탄생의 교주인 무함마드가 메카에서 메디나로 이주한 해인 주후 622년을 원년으로 계산한 이슬람력을 사용한다. 또 재미있는 것은 예수님이 탄생하신 이스라엘에서는 서기력을 사용하지 않는다는 사실이다. 현대 이스라엘 국가에서 유대인들은 예수님의 탄생이 아닌 천지창조의 시점을 기준으로 계산한 유대력을 사용한다. 유대력으로 2012년은 5772년이다.

예수님이 탄생하신 해를 기원으로 삼는 서기력이 보편적으로 사용되면서 많은 사람들은 예수님의 탄생이 당연히 기원 원년에 일어난 것이라 여긴다. 하지만 실제로는 그렇지 않다. 오늘날 사용하는 서기력은 로마의 수도원장인 디오니시우스 엑시구스(Dionysius Exiguus)에 의해 만들어진 것이다. 그가 서기력을 만든 것은 525년인데, 당시 교황이던 요한 1세(523~526년)의 요청으로 부활절의 정확한 계산법을 산출하던 중에 나온 것이다.

그 당시 로마 제국에서는 기독교를 가장 심하게 박해한 디오클레티아누스 황제(284~305년)의 즉위 원년을 기원으로 사용하고 있었다. 하지만 디오니시우스는 '대박해자의 이름을 영속시키지 않고 우리 주 그리스도의 탄생으로부터 햇수를 세기 위해' 서기력의 기원을 시작한다고 말했다. 디오니시우스는 로마 제국 건국 후 753년이 지난 시점을 예수님이 탄생하신 서기 1년으로 잡았다(로마 제국 건국일은 주전 753년 4월 21일임). 그런데 디오니시우스는 여기서 몇 가지 실수를 하게 된다. 먼저 주전 1년과 주후 1년 사이에 기원 원년을 집어넣어야 하는데 이를 생략한 것이다. 그리고 카이사르 옥타비아누스의 통치 기간 중 4년을 누락시키는 실수를 거듭 범하고 만다. 이로 인해 예수님의 탄생은 기원 원년이 아니고 그보다 몇 년 전의 사건이 된 것이다. 그 뒤로 예수 탄생 연도에 대한 이의가 꾸준히 제기되었지만 지금까지 수정되지 않고 그대로 사용되고 있다. 인간 세상에서 관행의 힘이 얼마나 무서운가를 보여 주는 대목이다.

예수님 탄생의 정확한 연도와 날짜는 알 수 없지만, 현대의 성서학자들은 성경과 역사, 천문학에서 얻은 지식들을 종합해 예수님이 탄생하신 해를 주전 4~6년 사이로 보고 있다.

예수님의 탄생일을 추정하면…

> "헤롯 왕 때에 예수께서 유대 베들레헴에서 나시매 동방으로부터 박사들이 예루살렘에 이르러 말하되"(마 2:1).

사복음서 가운데 예수님의 탄생과 관련된 이야기를 기록한 책은 마태복음과 누가복음뿐이다. 마태는 예수님의 탄생이 헤롯 왕의 통치기에 있었던 사건이라고 분명히 말하고 있다. 즉 헤롯 왕이 죽기 전에 예수님이 탄생해야 성경 스토리와 실제 역사가 일치하기 때문이다. 그러면 여기서 헤롯 왕이 언제 죽었는가의 문제가 대두된다. 헤롯 왕의 죽음과 관련된 힌트는 요세푸스가 기록한《유대인 고대사》에 나온다.

요세푸스는 헤롯이 죽기 직전에 일어난 작은 소요 사건을 기록하고 있다. 헤롯이 죽음을 앞두고 마지막을 보내고 있을 때였다. 이때 율법 해석의 최고 권위자인 유다와 맛다디야는 헤롯의 질병이 회복 불능임을 알고 젊은 청년들을 선동하기 시작했다.

"헤롯이 세운 불법 건축물들을 끌어내리도록 합시다."

두 사람이 문제 삼은 것은 헤롯이 성전 입구에 세운 거대한 금독수리상이었다. 유대 율법(출 20:4)에서는 어떤 생물의 모양이라도 그 형상을 만드는 것을 금하고 있기 때문이다. 때마침 헤롯이 죽었다는 소문이 들려오자 유다와 맛다디야에 의해 선동된 젊은이들이 백주대낮에 성전으로 달려가 금독수리상을 끌어내려 도끼로 박살내 버렸다. 물론 이 일을 실행한 40명의 젊은이들과 선동자인 유다와 맛다디야는 체포되었다. 헤롯은 두 명의 선동자를 산 채로 화형시켰는데, 요세푸스 기록에 의하면 그날 밤에 월식이 있었다고 한다. 많은 성서학자들은 이 스토리가 헤롯이 죽은 해를 계산하는 결정적인 기록이라 여긴다.

천문학적으로 이 월식은 주전 4년 3월 13일에 있었던 것으로 밝혀졌다. 헤롯은 이들을 화형에 처하고 며칠 후에 죽었다. 헤롯이 죽은 후에 곧바로 찾아온 유월절에 유대인들은 억울하게 희생된 유다와 맛다디야를 기리며 성전에 모여 농성을 벌였다. 주전 4년의 유월절은 4월 12일이므로 헤롯의 죽음은 역사적으로 볼 때 주전 4년 3월 13일에서 4월 12일 사이의 어느 날이 된다. 이를 통해 예수님의 탄생은 최소한 헤롯이 죽은 주전 4년보다는 앞서야 한다.

동방박사가
본 별은 무엇인가?

> "유대인의 왕으로 나신 이가 어디 계시냐 우리가 동방에서 그의 별을 보고 그에게 경배하러 왔노라 하니"(마 2:2).

헤롯 왕이 죽기 전에 예수님이 탄생했다는 사실 외에도 성경은 예수님의 탄생 연도에 대한 또 다른 중요한 정보를 제공하고 있다. 바로 동방 박사들이 보았다고 하는 별의 존재다. 밤하늘에 밝게 빛나는 메시아의 별은 상당히 매력적인 주제로서 많은 화가들의 예술혼을 자극해 아기 예수가 누워 있는 베들레헴의 구유를 밝은 혜성이 비추고 있는 모습으로 묘사하곤 했다.

흔히 '베들레헴의 별' 또는 '메시아의 별'로 불리는 이 특별한 별에 대한 이야기는 수세기 동안 사람들의 상상력을 자극해 왔다. 전문가에서 문외한에 이르기까지 이 주제를 나름대로 해석한 책만 해도 상당하다. 성경은 이 별의 움직임이 아주 특별했다고 기록하고 있기 때문에 이런 우주적 현상에 대해서는 전문가인 천문학자들의 연구를 추적하는 것이 도움이 될 듯 싶다.

하늘에 갑자기 밝은 빛을 뿜는 별이 나타났다고 하면 천문학적으로 '혜성'(comet)이나 '신성'(nova)쯤에 해당한다. '혜성과 메시아의 별의 연관성'에 대한 최초의 문헌을 남긴 인물은 주후 200년경 알렉산드리아에서 활동하던 기독교 교부 오리겐(Origens)이다.

"내 생각으로는 동방 박사들에게 나타났던 별은 이따금씩 하늘에서 볼 수 있는 불꽃 현상으로서 그리스 사람들이 그 생긴 모양에 따라 혜성이라든가 불기둥 또는 별무리, 별똥별, 별 그릇 등의 이름을 붙인 그런 종류가 아니었을까 싶다."

메시아의 별 연구에 대한 과학적 접근은 독일의 수학자이자 천문학자인 요하네스 케플러(1571~1630년)를 통해 시작되었다. 1603년 크리스마스를 며칠 앞둔 12월 17일, 케플러는 프라하 성에서 두 행성이 접근하는 모습을 밤새 망원경으로 관찰하고 있었다. 두 개 이상의 행성이 서로 일치하는 것을 '합'(合)이라고 하는데 가끔 두 개의 행성이 완전히 일치해서 훨씬 밝은 하나의 커다란 별처럼 보인다. 그런데 바로 그날 저녁 토성과 목성이 물고기자리에서 만나고 있었던 것이다.

케플러는 유대 랍비인 이삭 아브라바넬(1437~1508년)의 저술 중에서 이 별자리와 관련된 언급을 문득 떠올렸다. 그것은 "유대 점성가들이 토성과 목성이 물고기자리에서 만날 때 메시아가 출현한다고 믿었다"는 내용이다. 모든 자료를 철저히 분석하는 완벽주의자였던 케플러는 천문학적 계산을 통해 이전에도 두 행성이 합을 이룬 시기가 있었는데, 그 해가 바로 주전 7년임을 밝혀냈다. 자신의 이름을 따서 '케플러의 법칙'까지 발견한 세기의 천재인 케플러는 말년에 신비주의에 빠졌는데, 이로 인해 메시아의 별과 관련된 그의 연구는 오랫동안 배척당해 왔다.

사람들의 기억 속에서 잊혀진 케플러의 발견을 역사의 다락방에서 다시 들춰낸 사람은 독일학자인 슈나벨이다. 슈나벨은 1925년 이라크의 시파르(현 바그다드 남서쪽의 아부 하바)에 있던 고대 쐐기문자를 해독하는 데 성공했다. 그런데 그 기록은 주전 7년에 목성과 토성이 5개월 동안 물고기자리에서 일치했던 사건을 정확히 말하고 있었다. 주전 7년에 목성과 토성은 천재 천문학자인 케플러가 단지 천문학적 계산에 의해 발견했듯이 실제로 물고기자리에서 세 번씩이나 만났다. 이 현상은 특별히 지중해 지역에서 더욱 명료하게 볼 수 있었다고 한다.

1858년 파리에서 관측된 혜성. 베들레헴의 별도 이와 같았을 것이다.

그러면 동방 박사들은 왜 굳이 동방(아마도 페르시아 지역)에서도 잘 보이는 천체 현상을 놓고 이스라엘로 기나긴 여행을 떠났을까? 고대 바벨론 점성술에서 물고기자리는 '서양'(지중해 연안 국가들)을, 유대 전통에서는 '이스라엘의 메시아'를 상징했다. 물고기자리는 황도(黃道) 12궁 중 마지막에 위치하고 있지만 실질적으로는 제1궁에 해당한다. 그런 점에서 고대인들이 이 별자리의 의미를 '구시대의 종말과 새 시대의 시작'을 알리는 상징으로 이해한 것도 충분히 납득된다.

게다가 목성은 모든 민족에서 행운의 별인 동시에 왕을 가리키고, 유대 전통에서 토성은 이스라엘을 지켜 주는 별이었다. 목성이 이스라엘의 별인 토성과 '서양'(동시에 '메시아')을 상징하는 물고기자리에서 만났다는 사실은 고대 점성가(천문학자)들의 심장을 뛰게 하는 대단한 사건이었음에 틀림없다. 이것은 절대 전능한 위대한 왕의 출현을 예고하는 사건이기 때문이다. 점성학에 밝은 동방의 박사들은 이 별을 직접 보기 위해 멀리 베들레헴까지 찾아왔을 것이다.

주전 7년에 있었던 목성과 토성의 합 현상과 함께 주전 5년에 나타난 혜성에 대한 기록도 있다. 중국의 마단림(馬端臨)이 저술한《문헌통고》(文獻通考)에는 주전 5년에 유독 긴 꼬리를 단 혜성이 나타나 중국 동쪽에서 무려 70일간 보였다는 기록이 있다.

이런 천문학적 기록을 통해 성서학자들은 주전 7년에 있었던 목성과 토성의 합 현상은 메시아 탄생에 대한 전조를, 주전 5년에 나타난 혜성의 긴 꼬리는 동방 박사들이 본 메시아의 별로 추정하고 있다.

가이사 아구스도와
인구조사

> "그때에 가이사 아구스도가 영을 내려 천하로 다 호적하라 하였으니"(눅 2:1).

마태복음과 함께 누가복음에도 예수님의 탄생 시기와 관련된 중요한 정보가 있다. 예수님 탄생 당시에 로마에는 가이사 아구스도(카이사르 옥타비아누스)가 황제로 있었고, 시리아 총독으로 구레뇨가 통치하고 있었다는 것이다. 아울러 예수님 탄생 시기에 로마 전역에서 인구조사(센서스, 국세조사)가 있었다고 말하고 있다.

하지만 예수님의 탄생과 관련된 누가의 기록은 역사적으로 논란이 집중된 부분이기도 하다. 작가 시오노 나나미는 자신의 책《로마인 이야기》에서 옥타비아누스 황제 통치기에 있었던 인구조사를 다루면서 누가의 기록을 논리적으로 비판하고 있다. 시오노 나나미에 따르면, 옥타비아누스 통치기에는 로마 전역에서 세 번의 인구조사가 실시되었다고 한다.

첫 번째는 옥타비아누스 자신과 아그립바가 집정관이던 해(주전 28년).

두 번째는 가이우스 켄솔리누스와 가이우스 아시니우스가 집정관이던 해(주전 8년).

세 번째는 섹스투스 폼페이우스와 섹스투스 아풀레이우스가 집정관이던 해(주후 14년).

시오노 나나미의 비판은 서기 원년을 전후로 해서는 국세조사가 행해진 적이 없고 자신의 이런 소박한 의문에 대해 아직까지 납득할 만한 해답을 준 사람이 아무도 없었다는 것이다. 사실 시오노 나나미의 질문은 예수님의 탄생이 서기 원년에 일어난 사건으로 이해한 데서 비롯된 질문이므

옥타비아누스의 비문. 그의 인구조사 명령으로 마리아와 요셉이 베들레헴에 갔다.

로 초점이 약간 어긋난 감이 있다. 예수님의 탄생은 서기 원년이 아니라 최소한 헤롯이 죽은 주전 4년보다 몇 년 앞선 사건임을 이미 언급한 바 있다. 또한 시오노 나나미가 언급한 세 번의 국세조사는 로마 시민을 대상으로 한 것이기 때문에 로마 시민이 아닌 요셉에게는 해당 사항이 없다. 그러므로 누가가 언급한 국세조사는 주전 28년, 주전 8년, 주후 14년의 사건과는 무관함을 알 수 있다.

역사적으로 세금 부과를 목적으로 한 인구조사는 예수님의 탄생 전후로 행해진 적이 없다는 것이 밝혀졌다. 누가의 언급과 관련된 난제를 해결하기 위해 성서학자들은 세금 부과를 목적으로 한 인구조사 외에 새롭게 등극한 옥타비아누스 황제에 대한 충성 맹세의 성격을 띤 인구조사에서 새로운 해결책을 찾고 있다. 주후 5세기 교회 역사가인 오로시우스는 "옥타비아누스는 로마 제국 각 지역의 남자들을 대상으로 인구조사를 했다. 이 당시에 예수님이 탄생했다"고 기록하고 있다. 1세기 당시 유대인 역사가인 요세푸스도 같은 사건을 가리키는 듯한 기록을 남기고 있다.

"모든 유대인들이 옥타비아누스 황제에게 호의를 나타내기 위해 모였을 때 바리새인 중 6,000명이 맹세를 거절했다."

옥타비아누스 황제가 등극한 이후 각 지역에서 일어난 충성 맹세 성격의 인구조사로 범위를 넓히면 역사적 사실과 크게 충돌되지 않음을 알 수 있다.

시리아 총독 구레뇨와 인구조사

"이 호적은 구레뇨가 수리아 총독이 되었을 때에 처음 한 것이라"
(눅 2:2).

예수님의 탄생과 관련된 누가의 기록 중에는 또 하나의 논란거리가 있다. 예수님의 탄생 전에 있었던 인구조사는 구레뇨가 시리아(수리아) 총독으로 재직시에 처음 있었던 사건이라는 기록이다. 이 말씀 역시 로마 역사에 조금이라도 관심이 있는 사람이라면 집중적으로 공격하는 부분이다.

구레뇨(Quirinius)는 역사적으로 주후 6~9년에 시리아 총독으로 재직한 인물이다. 주후 6년에 시리아 총독으로 부임한 구레뇨는 같은 해에 유대 총독으로 부임한 코포니우스와 함께 인구조사를 했다. 이것이 사실이라면 누가복음과 마태복음의 기록 사이에서 상당한 모순이 발생한다. 마태복음에서는 예수님의 탄생이 헤롯이 죽은 주전 4년 이전이고, 누가복음에서는 주후 6년 이후이기 때문에 둘 사이에는 무려 10년의 차가 생기게 된다. 이런 이유로 성경의 역사성을 공격하는 반기독교 사이트에서는 이 부분을 집중적으로 공격한다. 예수의 어머니인 마리아가 아기 예수를 10년 동안 뱃속에 넣고 다녔다는 식으로 조롱한다.

그러면 성서학자들은 예수님의 탄생 기록에서 가장 논란이 많은 시리아 총독 구레뇨와 관련된 부분을 어떻게 변증하고 있을까? 이것은 크게 두 가지로 나뉘는데, 첫째는 구레뇨가 시리아 총독으로 두 번 왔다고 보는 견해와 둘째는 본문의 해석을 달리하는 견해가 그것이다.

1. 구레뇨가 시리아 총독으로 두 번 왔다고 보는 견해

램지(W. M. Ramsay) 교수는 자신의 책《그리스도는 베들레헴에서 태어났는가?》에서 주후 20년에 씌어진 파피루스를 연구하며 로마의 정기적인 인구조사가 14년마다 이집트에서 있었다는 견해를 밝혔다. 그는 주후 6년에 호구 조사를 한 공식 기록이 있으며, 따라서 그보다 14년 전인 주전 8년경에도 인구조사가 있었을 것으로 추정했다. 인구조사가 대개 1년(길면 2년) 정도 걸리는 점을 감안하면 이 인구조사가 예수님 탄생 때 시행되었을 가능성도 전혀 배제할 수 없다고 주장한다.

램지 교수는 아울러 구레뇨가 주후 6년뿐 아니라 주전 10~7년 사이에도 시리아 총독으로 있었다고 주장한다. 그는 구레뇨가 이때 시리아와 길리기아에서 군사적인 목적을 위해 로마 황제의 특별 사절로 활동했다고 말한다.

아울러 램지 교수는 구레뇨와 관련된 인구조사가 유대 지방에서 두 번 있었다고 주장한다. 첫 번째 조사가 주전 6~4년경에 있었고, 두 번째 조사는 주후 6년에 있었다는 것이다. 램지 교수는 누가복음 2장 2절의 "구레뇨가 수리아 총독이 되었을 때에 처음 한 것"에서 굳이 처음을 삽입한 것에 주목했다. 그리고 램지 교수는 두 번째 조사에 대한 기록을 같은 누가의 작품인 사도행전 5장 37절에서 찾고 있다.

> "그 후 호적할 때에 갈릴리의 유다가 일어나 백성을 꾀어 따르게 하다가 그도 망한즉 따르던 모든 사람들이 흩어졌느니라"(행 5:37).

이 기록은 주후 6년에 있었던 인구조사 때 민란이 발생했다는 요세푸스의 기록과도 일치한다.

2. 본문의 해석을 달리하는 견해

우리말성경은 누가복음 2장 2절 말씀을 이렇게 해석하고 있다.

"이 호적은 구레뇨가 수리아 총독이 되었을 때에 처음 한 것이라" (눅 2:2).

성서학자들은 이 중에서 '첫 번'이라는 말의 그리스어 원어인 '프로토스'(πρῶτος)에 주목했다. 이 말은 '첫 번째'라는 뜻 외에도 '…보다 앞서'라는 뜻으로도 사용되기 때문이다. '프로토스'가 '…보다 앞서'의 뜻으로 사용된 예는 요한복음 1장 15절, 1장 30절에서도 찾아볼 수 있다. 성서학자들은 '프로토스'를 '…보다 앞서'로 해석할 경우 누가복음 2장 2절 말씀은 이렇게 번역해야 맞다고 주장한다.

"이 호적은 구레뇨가 수리아 총독이 되기 전에 있었던 것이라."

만약 이 견해를 따른다면 예수님의 탄생과 관련된 심각한 모순은 자연스럽게 해결된다.

이처럼 다양한 견해들이 있기 때문에 함부로 누가복음 2장 2절 말씀을 근거로 성경의 역사성을 공격하는 것은 위험하다고 할 수 있다. 두 가지 견해 중 나는 첫 번째 견해를 더 지지하는 편이다. 왜냐하면 누가는 자신의 복음서 서문에서 자신이 실제로 조사한 자료를 근거로 해서 복음의 확실성을 알리기 위해 누가복음을 기록했다고 밝히고 있기 때문이다. 또한 누가복음의 독자인 데오빌로는 로마의 고위 관리로 여겨지는데, 누가가 그저 두루뭉술하게 예수님이 구레뇨 총독 부임 전에 탄생했다고 표현했을 것으로는 여겨지지 않는다.

Chapter 4-6

베일에 가려진 예수님 사생애의 비밀을 여는 **열쇠**

_베들레헴, 나사렛 그리고 세포리스(히브리식 명칭은 찌포리)

예수님이 태어나신 베들레헴과 자라신 나사렛은 상당히 멀리 떨어져 있다. 지역적으로도 갈릴리(나사렛)와 유대(베들레헴)로서 걸어서 4, 5일 정도 걸리는 거리에 있다. '천하로 호적하라'는 옥타비아누스 황제의 명령을 수행하기 위해 나사렛에 살던 요셉은 만삭이 된 마리아와 함께 베들레헴으로 갔는데, 이것은 요셉의 본적지가 베들레헴이었기 때문이다. 현대인은 자유롭게 이사를 다녀서 자기가 태어난 고향에서 사는 일이 오히려 드물지만, 성서 시대에는 본적지에서 벗어나 다른 지역으로 이주하는 것이 드물었다. 특별한 경우가 아니라면 본적지와 현주소가 똑같던 것이 성서 시대의 사회상이었다. 이들에게 고향은 조상 때부터 살던 곳이고 후손들이 계속 살아가야 할 삶의 터전이었다.

하지만 요셉과 마리아의 경우 본적지인 베들레헴과 현주소인 나사렛은 상당히 먼 거리인데, 성서 시대의 상황을 고려할 때 이것은 흔치 않은 경우다. 이는 분명 주전 103년 마카비 왕조의 아리스토불루스가 오랫동안 이교도 지역으로 버림받던 갈릴리 지역을 재정복하고 후계자인 알렉산더 얀네우스 때 본격적으로 이루어진 갈릴리 지역의 유대화 물결과 관련이 있을 것이다. 주전 732년 앗시리아의 디글랏빌레셀 3세의 침략으로 600년 이상 이교도의 땅으로 버려진 갈릴리 지역의 유대화 작업을 위해 유대 지역에서 종교적 열심이 많은 유대인들이 갈릴리 지역으로 이주해 갔는데, 그 무리 중에 요셉의 부모가 끼어 있었을 것이다. 이것이 아마도 요셉의 현주소와 본적지가 다른 이유에 대한 역사적 배경이라고 본다.

'이방의 갈릴리'로 천대받던 갈릴리 지역에는 이후 종교적이고 민족적인 유대인들이 대거 이주해 오면서 나사렛, 나인, 가나, 가버나움, 벳새다, 고라신, 막달라와 같은 유대인 도시들이 세워졌다. 작은 촌락 수준의 유대인 도시들은 주변의 거대한 그리스식 도시들인 세포리스, 히푸스, 스키토폴리스의 틈에서도 지속적으로 발전해 나갔는데 예수님이 사역하신 갈릴리의 도시들은 공교롭게도 모두 이방인들이 사는 그리스식 도시가 아닌 유대인들의 도시였다.

이 중에서도 나사렛에서 북동쪽으로 6.5km 지점에 있는 세포리스는 특

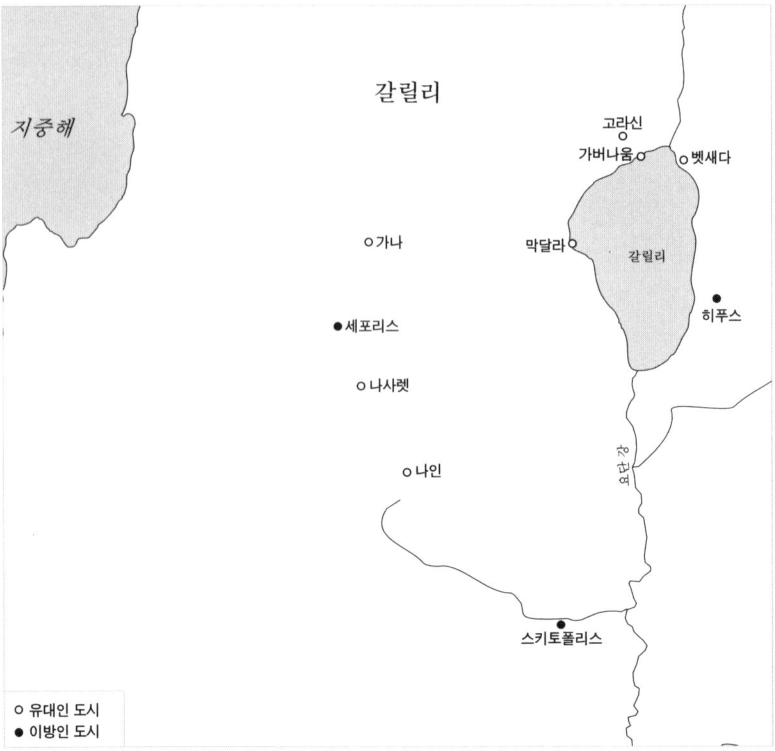

예수님 탄생 당시 갈릴리 지역의 상황

별히 주목할 만하다. 세포리스는 오랫동안 갈릴리 지역의 수도 역할을 한 대도시였는데, 이곳의 유대인들은 헤롯 대왕이 죽자(주전 4년) 로마에 대항하는 대규모 봉기를 일으켰다가 로마 장군 가이우스에 의해 진압되고 도시 전체가 불에 타는 참극을 겪었다. 이후 헤롯 대왕의 뒤를 이어 갈릴리 지역을 통치하게 된 헤롯 안티파스는 세포리스를 4,500석 규모의 반원형 극장, 목욕탕, 왕궁 등을 갖춘 로마식 이교도의 도시로 재건하는 대규모 공사를 벌였다.

이것은 고작 24가구가 살던 인구 150~200명 내외의 시골 마을인 나사렛의 목수(정확히 말하면 건축가) 요셉으로서는 일종의 '세포리스 특수'를 누릴 수 있는 기회였을 것이다. 공생애 사역을 시작하기 전에 소년 예수도 분명 아버지를 도와 세포리스 특수 기간에 건축가로서 미력하나마 힘을 보태지 않았을까 싶다. 조그만 촌락인 나사렛 출신의 예수에게는 근방에 있는 대도시 세포리스와 관련된 스토리가 베일 속에 가려진 사생애에 대한 비밀을 풀어 주는 작은 열쇠가 된다고 하겠다.

"때가 차매"

신약성경의 서신서 중 대부분을 기록한 사도 바울은 갈라디아서의 한 구절에서 예수님의 탄생을 너무도 극적인 표현으로 기술하고 있다.

> "때가 차매 하나님이 그 아들을 보내사 여자에게서 나게 하시고 율법 아래에 나게 하신 것은"(갈 4:4).

주후 1세기경 유대 민족과 그 주변을 둘러싼 그리스-로마 세계(the Greco~Roman World)를 살펴본다면 이 말이 주는 극적인 의미를 이해할 수 있다. 이를 살펴보기 위해 먼저 예수님의 탄생에 대한 누가의 서술에서 시작해 보자.

"그때에 가이사 아구스도가 영을 내려 천하로 다 호적하라 하였으니"(눅 2:1).

옥타비아누스(가이사 아구스도) 황제는 수십 년에 걸친 내란을 종식시키고 범 지중해 세계에 로마의 평화를 선물로 안겨 준 인물이다. 그가 내린 칙령의 결과로 저 먼 아시아 변방에 있던 작은 왕국의 베들레헴이라는 마을에서 아기 예수가 탄생했다. 옥타비아누스의 생애와 예수님의 생애는 상당 기간 겹치지만, 옥타비아누스는 분명 그의 생전에 예수님의 이름조차 들어 본 적이 없었을 것이다. 예수님이 겨우 10대의 문턱에 들어섰을 때 위대한 황제는 숨을 거두었다. 하지만 옥타비아누스가 이룩한 놀라운 업적들은 예수님과 이후 제자들이 활동하는 데 더할 나위 없는 최고의 환경을 마련해 주었다. 물론 옥타비아누스 자신은 전혀 의도하지 않은 것이었지만 말이다.

예수님의 탄생과 성장 과정은 다른 많은 위인들과 비교할 때 세상의 이목을 집중시킬 만한 특별함이 없다. 그는 제국의 변방, 거기서도 그다지 중요하지 않은 촌락에서 자랐고 생의 대부분을 그 지경에서 벗어나 본 적도 거의 없다. 당시의 위대한 인물들은 대부분 로마로 조기 유학을 떠났는데, 이를 볼 때 나사렛 예수는 우리 식으로 표현하자면 '개천에서 용 난'(?) 인물로 비유할 수 있을 것이다. 예수님은 세상의 관심을 얻고자 특별한 노력을 하지도 않았고 주로 이스라엘 땅에 사는 유대인들에게만 집중했다. 그것도 겨우 생의 마지막 3, 4년 정도만 공인으로서 활동했을 뿐이다. 그러면 어떻게 예수님은 세계적으로 주목 받는 인물이 되었고, 또 그가 주창한 복음은 어떻게 그토록 신속하게 퍼져 나갈 수 있었을까? 이것이 "때가 차매"로 시작하는 사도 바울의 기술과 함께 살펴보려고 하는 주제다.

로마를 중심으로 한 서방의 문명 세계는 정치적으로나 종교적으로 이전과는 비교할 수 없을 만큼 복음을 받아들이기 좋은 환경이었다. 문명 세계의 대부분은 정치적으로 연합되어 있었고 고대로부터 내려오던 전통 종교들은 이미 그 권위를 상실해 가고 있었다. 악의 세력으로부터 해방되고 내세에서 복락을 얻기 원하는 수많은 사람들은 대중을 상대로 한 신비주의적 사교에 빠져들었고, 이런 가운데 결코 적지 않은 무리가 유대교의 하나님에게 상당한 매력을 느끼고 있었다.

여기에는 주후 1세기 당시에는 이미 상당히 진척된 유대인들의 디아스포라 현상과 주전 3세기에 번역된 70인역 성경(그리스어로 번역된 구약성경)의 광범위한 보급이 중요한 역할을 했다. 로마 제국 안에 그리스도의 복음이 울려 퍼지기 시작했을 때 많은 경건한 이방인들은 이 복음이야말로 신비주의 사교들이 제공한다던 구원뿐만 아니라 자신들이 추구하는 고상한 윤리규범까지 동시에 포함하고 있음을 알았다. 예수 그리스도의 복음이 제시하는 윤리적 규범은 당시 유행하던 스토아 철학의 그것보다 오히려 월등하고 뛰어났기 때문이다.

단원평가문제

01 다음 중 예수님이 탄생하셨을 당시 로마 제국의 황제는 누구였는가?
(1) 옥타비아누스 (2) 티베리우스
(3) 가이우스 (4) 클라우디우스

02 다음 중 갈릴리와 베레아 지역을 분배받은 분봉왕은 누구인가?
(1) 헤롯 대왕
(2) 헤롯 빌립
(3) 헤롯 아켈라우스
(4) 헤롯 안티파스

03 다음 중 유대 땅에 파견된 최초의 총독은 누구인가?
(1) 본디오 빌라도 (2) 코포니우스
(3) 마르켈루스 (4) 마룰루스

04 다음 중 헤롯 빌립이 건설한 도시는 어디인가?
(1) 사마리아 (2) 가이사랴
(3) 벳새다 (4) 가버나움

05 다음 중 티베리우스 황제가 최초로 파견한 유대 총독은 누구인가?
(1) 발레리우스 그라투스
(2) 본디오 빌라도
(3) 안니우스 루푸스
(4) 코포니우스

06 다음 중 초대교회 전승에서 세례 요한의 탄생지로 여겨지는 곳은 어디인가?
(1) 베들레헴
(2) 엔케렘
(3) 나사렛
(4) 가버나움

07 초태생 속전을 위해 마리아가 성전을 방문한 때는 출산 후 며칠째인가?
(1) 8일
(2) 33일
(3) 66일
(4) 100일

정답
01. 1, 02. 4, 03. 2, 04. 3, 05. 1, 06. 2,

08 예수님이 이집트로 피신할 당시 가장 커다란 유대인 공동체가 있었던 도시는?
(1) 알렉산드리아 (2) 펠루시움
(3) 카이로 (4) 멤피스

09 갈릴리 지역의 도시들 중 이방인이 다수를 차지한 곳은 어디인가?
(1) 가나 (2) 나사렛
(3) 나인 (4) 스키토폴리스

10 다음 중 헤롯 아켈라우스의 어머니는 누구인가?
(1) 클레오파트라 (2) 마리암네 2세
(3) 말타케 (4) 마리암네

07. 2, 08. 1, 09. 4, 10. 3

주후 28년

Part 5

동상이몽의 메시아 대망 사상과 예수님의 공생애 1년

이번 장에서 다루고자 하는 시기는 예수님의 공생애 사역 중 첫해다. 누가는 예수님의 공생애 사역 직전에 세례 요한의 사역부터 기록하면서 그와 관련된 역사적 배경을 이렇게 설명하고 있다.

> "디베료 황제가 통치한 지 열다섯 해 곧 본디오 빌라도가 유대의 총독으로, 헤롯이 갈릴리의 분봉 왕으로, 그 동생 빌립이 이두래와 드라고닛 지방의 분봉 왕으로, 루사니아가 아빌레네의 분봉 왕으로, 안나스와 가야바가 대제사장으로 있을 때에 하나님의 말씀이 빈 들에서 사가랴의 아들 요한에게 임한지라"(눅 3:1-2).

누가는 역사가답게 세례 요한의 사역부터 시작되는 예수님의 공생애 사역을 기록하면서 6중 연대표를 제시하고 있다. 누가가 제시한 6중 연대표에 등장하는 인물 중 루사니아를 제외한 나머지 인물들의 통치기는 각각 다음과 같이 알려져 있다.

티베리우스(주후 14~37년)

본디오 빌라도(주후 26~36년)

헤롯 안티파스(주전 4~주후 39년)

헤롯 빌립(주전 4~주후 34년)

안나스(주후 6~15년)

가야바(주후 18~37년)

이 연대표를 통해 추정해 볼 때 세례 요한의 사역은 대략 주후 27년 9월에서 28년 10월 사이에 시작된 것으로 보인다. 예수님의 사역 역시 세례 요한에게 세례를 받으면서 약간의 시간차를 두고 시작된다. 예수님의 공생애 사역은 유월절을 분기점으로 살펴보는 것이 이해에 도움이 된다. 예수님은 아마도 주후 28년 유월절 직전에 예루살렘을 방문하셔서 성전을 청결하게 하는 사건을 통해 본격적인 공생애 사역을 펼치신 것으로 보인다. 이 시기 예수님의 사역을 성전 청결 사건 전후로 크게 두 시기로 나누어 살펴보고자 한다. 아울러 각각의 시기는 유대 지역과 갈릴리 지역에서의 사역으로 구분하려고 한다.

1. 성전 청결 사건 이전 워밍업의 시간들
2. 성전 청결 사건으로 시작된 본격적인 공생애 사역

Chapter 5-1

공생애 사역 전 예수님의 물밑 작업

_성전 청결 사건 이전 워밍업의 시간들

유대 사역:
세례 요한의 사역과 메시지

세례 요한의 사역 시작 마 3:1-12; 막 1:1-8; 눅 3:1-18

복음서 기자들은 모두 세례 요한의 사역을 시작으로 예수님의 공생애 사역을 기록하고 있다. 세례 요한은 죄 사함을 얻게 하는 회개의 세례를 베풀었는데, 그가 처음에 세례를 베푼 곳은 요단강 건너편 베다니(벧아라바)였고, 예수님이 사역을 시작하신 이후에는 북쪽으로 올라가 애논과 살렘 근처에서 사역했다.

> "이 일은 요한이 세례 베풀던 곳 요단 강 건너편 베다니에서 일어난 일이니라"(요 1:28).

> "요한도 살렘 가까운 애논에서 세례를 베푸니 거기 물이 많음이라 그러므로 사람들이 와서 세례를 받더라"(요 3:23).

세례 요한에게 세례 받으신 예수님

마 3:13-17; 막 1:9-11; 눅 3:21-22; 요 1:19-28

세례가 죄 씻음을 받기 위한 회개의 상징이라고 할 때 예수님이 세례를 받으신 일은 우리를 당혹스럽게 한다. 예수님은 죄가 없기 때문에 세례를 받으실 필요가 없었다. 복음서 기자들은 자칫 당혹스럽게 보일 수 있는 예수님의 세례 사건을 기록하면서 세례 자체보다 세례를 받을 때 일어난 사건을 강조함으로써 오히려 예수님의 메시아 되심을 증거하는 기회로 삼고 있다.

첫째, 예수님이 세례를 받고 올라오실 때 하늘이 열리고 성령이 비둘기처럼 그 위에 임했다. 에스겔(겔 1:1)과 스데반(행 7:56)도 하늘이 열리는 장면을 체험했다. 또한 유대인들은 말라기 선지자의 사역을 끝으로 성령의 활동이 중단되었다가 마지막 때에 메시아 시대가 도래하면서 성령의 강력한 활동이 시작된다고 믿었다. 이런 믿음을 가지고 있던 동시대 유대인들에게 성령이 예수님께 임한 사건은 메시아 시대의 개막을 알리는 일종의 신호탄과 같은 것이었다.

둘째, 하늘에서 하나님의 음성이 들렸다. 당시 유대인들은 하늘의 음성은 예언에 맞먹는다고 여겼다. 말라기 선지자 이후 예언이 그친 시대에 예수님에게 임한 하늘의 음성은 당시 유대인들에게 실로 의미심장한 사건이었다. 더욱 의미 있었던 것은 음성의 내용이었다. "이는 내 사랑하는 아들이요 내 기뻐하는 자라." 이 말씀은 메시아적 예언인 시편 2장 7절과 이사야서 42장 1-4절 말씀을 결합한 것으로 예수님을 메시아로 선포하는 강력한 말씀이다.

유대인들도 세례가 필요해(?)

복음서 기자들은 세례 요한을 메시아의 선구자로 제시하면서 이사야 선지자의 예언을 적용하고 있다.

> "외치는 자의 소리여 이르되 너희는 광야에서 여호와의 길을 예비하라 사막에서 우리 하나님의 대로를 평탄하게 하라"(사 40:3).

복음서 기자들 가운데 세례 요한에 대해 가장 자세하게 기록한 사람은 누가다. 누가에 따르면 천사가 사가랴에게 나타나 세례 요한의 출생을 이렇게 예고했다.

> "그가 또 엘리야의 심령과 능력으로 주 앞에 먼저 와서 아버지의 마음을 자식에게, 거스르는 자를 의인의 슬기에 돌아오게 하고 주를 위하여 세운 백성을 준비하리라"(눅 1:17).

이 말씀은 말라기 4장 5-6절 말씀을 거의 그대로 인용하고 있다. 누가는 세례 요한을 메시아의 선구자로 기대된 엘리야로 소개하고 있다. 유대인들은 말라기서에 약속된 엘리야가 이스라엘의 구원이 가까이 이르렀을 때 돌아온다고 믿었는데, 유대 문헌에는 메시아가 오시기 하루 전에, 또는 사흘 전에 엘리야가 나타날 것이라는 기록이 있다. 유대인들은 유월절 만찬에서 일정한 시점이 되면 문을 열어 놓는다. 이것은 엘리야를 맞아들이기 위한 상징적인 의식인데, 식탁 중 빈 의자 하나를 마련해 놓고 엘리야의 잔에 포도주를 가득 부어 놓기도 한다. 유대인들은 선지자들 가운데 엘리야를 가장 위대한 사람으로 존경하는데 예수님도 똑같은 견해를 밝히신 바 있다(마 11:9).

세례 요한의 특별한 사명은 죄 사함을 얻게 하는 회개의 세례를 베푸는 것이었다. 세례 요한이 요단강에서 세례를 베풀었을 때 구약성경에

익숙한 자들은 새로운 시대에 대한 선지자들의 예언을 떠올렸을 것이다.

> "그 날에 죄와 더러움을 씻는 샘이 다윗의 족속과 예루살렘 주민을 위하여 열리리라"(슥 13:1).

> "내가 너희를 여러 나라 가운데에서 인도하여 내고 여러 민족 가운데에서 모아 데리고 고국 땅에 들어가서 맑은 물을 너희에게 뿌려서 너희로 정결하게 하되 곧 너희 모든 더러운 것에서와 모든 우상 숭배에서 너희를 정결하게 할 것이며"(겔 36:24-25).

그럼에도 세례 요한이 베푼 '회개의 세례'는 현대 그리스도인들에게는 익숙한 용어일지 몰라도 사실은 구약성경뿐 아니라 랍비 문헌에도 발견되지 않는 특별한 용어였다. 예수님 당시에 유대인들은 세례를 받지 않았다. 당시에 '세례'는 유대교로 개종한 이방인들이 거쳐야 하는 세 가지 필수 예식(할례, 세례, 성전에서 희생제물 바치기) 가운데 하나였기 때문이다. 유대인들은 태어난 지 8일 만에 할례를 받았고 성전에서 희생제사를 드렸는데, 이방인이 유대교로 개종할 경우 한 가지 더 추가되는 의식이 바로 세례였다. 유대인들은 이방인을 부정하게 여겼기 때문에 그들이 유대교로 개종하려면 과거의 부정한 것을 씻는 의식으로서 세례라는 추가적인 의식을 요구한 것이다. 유대인들은 스스로를 하나님의 백성이라 여겼고, 이미 할례를 받았기 때문에 굳이 세례를 받을 필요가 없다고 생각했다.

그런데 세례 요한이 베푼 회개의 세례는 유대인이나 이방인이나 구별 없이 행해졌다. 세례 요한은 유대인들도 죄를 고백하고 '회개의 세례'를

받도록 요구했는데, 이것은 당시 이스라엘 사회에서는 처음 있는 일이어서 무척 쇼킹했다. 세례 요한에게 있어서 자연적인 탄생, 즉 육신적인 혈통은 그다지 중요하지 않았는데, 그는 유대인들도 세례를 받아야 함을 강조하면서 다음과 같은 유명한 설교를 한 적이 있다.

"그러므로 회개에 합당한 열매를 맺고 속으로 아브라함이 우리 조상이라 말하지 말라 내가 너희에게 이르노니 하나님이 능히 이 돌들로도 아브라함의 자손이 되게 하시리라"(눅 3:8).

여기서 재미있는 것은 '돌'들로도 아브라함의 '자손'이 되게 할 수 있다는 표현인데, 이것은 히브리어 운율에 따른 워드 플레이에 해당한다. 히브리어로 돌은 '아바님'(אבנים), 자손은 '바님'(בנים)인데, 비슷한 운율의 단어로서 언어의 유희를 사용한 것이다. 예수님에 대한 세례 요한의 증거는 한마디로 율법과 선지자의 옛 시대가 끝나고 새 시대의 여명이 밝아 왔음을 선포한 것이었다.

"율법과 선지자는 요한의 때까지요 그 후부터는 하나님 나라의 복음이 전파되어 사람마다 그리로 침입하느니라"(눅 16:16).

세 가지 시험을 받으심 마 4:1-11; 막 1:12-13; 눅 4:1-13

베다니(벧아라바)에서 세례 요한으로부터 세례를 받은 예수님은 성령에 이끌리어 사탄에게 시험을 받으셨다. 흔히 유대 광야의 한 장소에서 예수님이 시험 받으신 것으로 알고 있지만, 세 가지 시험은 각각 다른 장소를 배경으로 하고 있다.

1. 이 돌들이 떡덩이가 되게 하라 - 유대 광야
2. 천하만국과 그 영광을 보여 주며 내게 엎드려 경배하라 - 여리고 시험 산
3. 성전 꼭대기에 세우고 뛰어내리라 - 예루살렘 성전

예수님이 사탄의 시험에 맞서 인용하신 말씀(신 6:13, 16; 8:3)은 모두 이스라엘 백성이 40년간 광야 생활을 할 때 하나님으로부터 주어진 말씀이다. 이는 곧 시험에서 실패한 이스라엘과 시험에서 승리한 예수님을 대조적으로 보여 준다. 예수님은 유대 광야에서 40일간 금식하셨는데 이것은 시내 광야에서 40주야를 금식한 모세를 연상시킨다. 여기서 예수님은 새 모세, 새 율법의 수여자로 그려지는 것이다(마 5:1-2). 이스라엘이 광야에서 방황한 기간 역시 40년인데, 40이라는 숫자가 공통으로 등장한다.

요한이 예수님을 메시아로 증거함 요 1:29-34

광야에서 40일간 시험을 마치신 예수님은 다시 세례 요한에게 가셨는데 자신에게 나아오는 예수님을 향해 세례 요한은 의미 있는 증거를 하고 있다.

"보라 세상 죄를 지고 가는 하나님의 어린 양이로다"(요 1:29).

예수님을 가리켜 '세상 죄를 지고 가는 하나님의 어린 양'으로 표현한 것은 대속죄일에 이스라엘 민족의 죄를 지고 광야로 가서 죽는 아사셀 염소를 연상하게 한다. 이것은 아마도 예수님을 향한 세례 요한의 증거가 대속죄일 즈음에 행해진 것을 암시하는 듯하다. 세례 요한은 예수님이 자신에게 세례를 받고 나오실 때 성령이 비둘기와 같이 예수님 위에 내리는 것을 보고 그가 메시아이심을 확신했다고 고백한다.

초기 제자들을 부르심 요 1:35-51

예수님에 대한 세례 요한의 증거를 듣고 세례 요한을 따르던 두 명의 제자가 예수님께로 간다. 이 두 명의 제자는 요한과 안드레였는데, 안드레는 즉시 자기가 만난 예수님을 자신의 형 시몬(베드로)에게 전했다. 예수님은 다시 빌립을 부르시고 빌립은 자신의 친구인 나다나엘(바돌로매)을 예수님께로 인도한다. 이렇게 해서 5명의 초기 제자들이(요한, 안드레, 베드로, 빌립, 나다나엘) 예수님을 따르게 된다.

여기서 갈릴리 가나 출신(요 21:2)인 나다나엘이 친구 빌립으로부터 나사렛 출신의 메시아에 대해 들었을 때 빈정거린 말을 주목할 필요가 있다.

"나사렛에서 무슨 선한 것이 날 수 있느냐"(요 1:46).

가나는 나사렛에서 불과 북쪽으로 7km 지점에 있는 도시였으나, 인구 150~200명 내외의 조그만 촌락인 나사렛과 달리 인구 만 명 정도의 대도

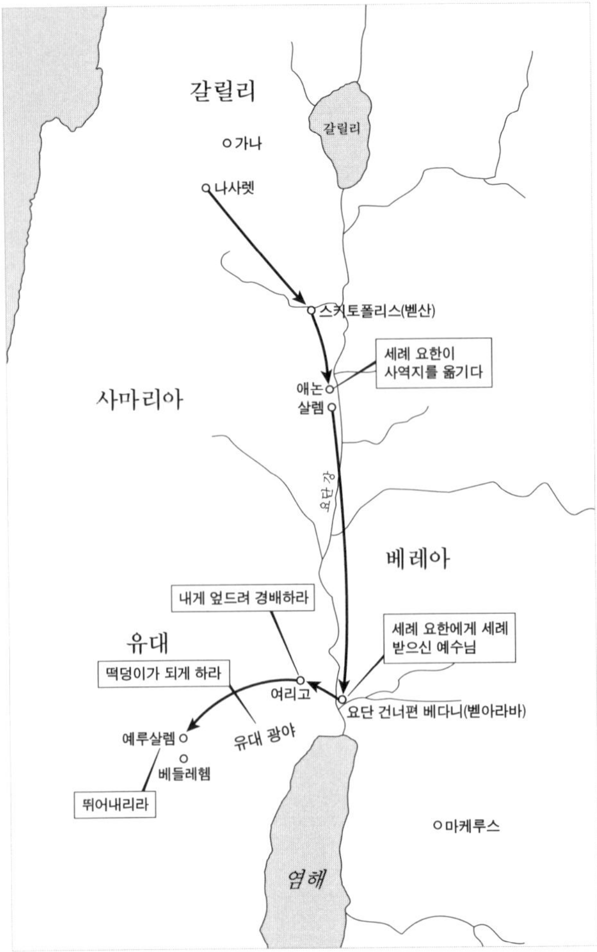

성전 청결 사건 이전의 유대 사역

시였다. 유명한 랍비도 몇 명 배출했고, 회당도 몇 개나 있었다. 유대인 역사가 요세푸스의 역사책에는 갈릴리 지역의 204개 도시 목록이 나오는데 나사렛이 거기에도 등장하지 않는 것을 감안하면 대도시 출신의 나다나엘이 나사렛 출신의 예수님을 향해 빈정거린 것도 이해할 만하다. 한마디로 나사렛은 소위 '깡촌 중의 깡촌'이었던 것이다.

갈릴리 사역:
공생애의 포문을 열다

가나 혼인 잔치 요 2:1–11

베다니에서 다섯 명의 제자를 부르신 예수님은 갈릴리로 올라가 가나 혼인 잔치에 참석하셨다. 마리아와 예수님 그리고 제자들도 초청 받은 이 혼인 잔치에서 예수님은 포도주가 바닥나자 물을 포도주로 바꾸는 기적을 행하셨다. 이 기적은 공생애 사역 중 처음으로 베푼 기적이었다.

가버나움 정탐 요 2:12

가나에서 첫 번째 기적을 행하신 예수님은 집이 있는 나사렛으로 향하지 않고 갈릴리 호수 북쪽에 있는 가버나움으로 가셨다. 요한복음에만 간단히 한 절로 언급된 예수님의 가버나움 정탐은 앞으로 펼치실 공생애 사역의 베이스캠프로서 가버나움을 염두에 두고 며칠간 도시를 두루 시찰하신 것을 보여준다. 이후 이곳은 예수님의 본 동네(hometown, 마 9:1)로 언급되며 예수님의 공생애 사역에서 헤드쿼터(본부)로 자주 등장한다. 엄밀히 말한다면 예수님의 본 동네는 베들레헴이고, 좀 넓혀서 본다고 해도 예수님이 자라신 나사렛이어야 하는데, 예수님의 공생애 사역을 주로 다룬 사복음서에서 우리가 가장 많이 접하는 도시는 베들레헴도, 나사렛도 아닌 가버나움이다. 이곳에서 예수님은 제자들 중 가장 많은 수를 부르셨고, 이곳에 있는 회당에서 안식일에 수차례 강론하셨으며, 또 가버나움에 있는 베

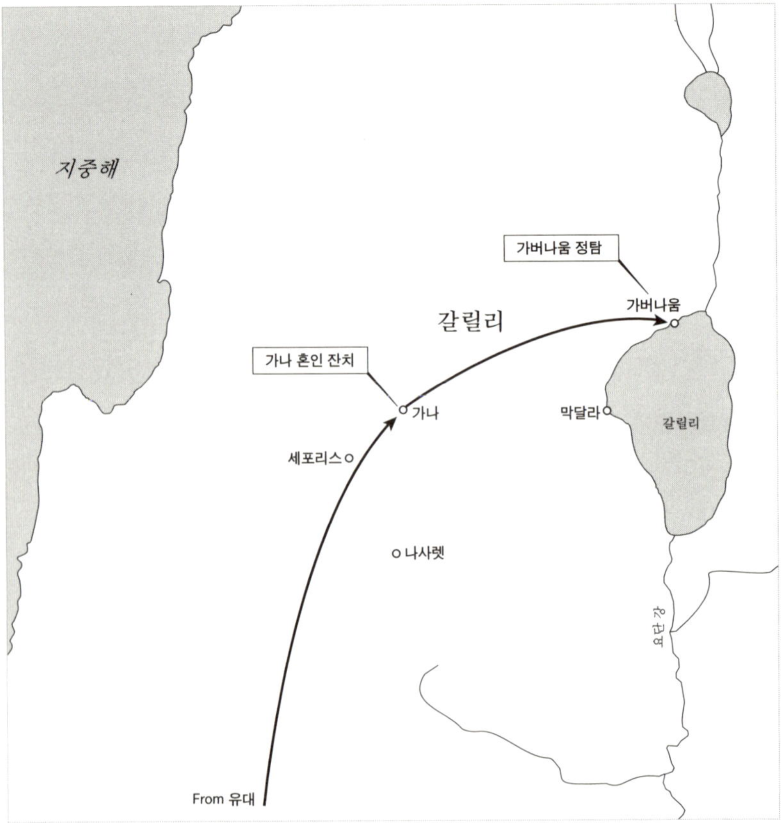

성전 청결 사건 이전의 갈릴리 사역

드로 장모의 집에 유숙하기도 했다.

예수님은 왜 가버나움에 베이스캠프를 차렸을까?

예수님이 특별히 갈릴리 호수 주변에 있는 도시들 가운데 가버나움을 주목하신 이유는 뭘까? 이것은 아마도 당시 이스라엘에서 가장 유명한 국제도로인 해변길이 지나는 길목에 있어서 지정학적으로 교통의 요지였기 때문이 아니었나 싶다. 공생애 사역은 예수님의 생애에서 불과 3년밖에 안 되는 짧은 기간 동안 이루어졌는데, 늘 사람들이 오고가는 교통의 요지에 있는 가버나움에 베이스캠프를 칠 때 보다 효과적인 사역이 가능했을 것이다. 또한 헤롯 안티파스와 헤롯 빌립의 영토는 요단강을 국경으로 나뉜다. 요단강 서쪽에 위치해 헤롯 안티파스의 영토에 속한 가버나움은 국경 도시에 걸맞게 세관이 있었고 세리들이 효과적으로 세금 걷는 것을 돕기 위해 로마가 파견한 백부장이 주둔하고 있었다. 이 가버나움 세관의 세리 중 하나(마태)는 나중에 예수님의 제자로 부르심을 받았고, 백부장은 자신의 종을 고쳐 달라며 예수님께 찾아왔다.

Chapter 5-2

런닝맨 예수님, **사역 현장**을 누비시다

_성전 청결 사건으로
시작된 본격적인 공생애 사역

유대 사역:
예수님의 화려한 데뷔 무대

유월절에 성전을 청결하게 하심 요 2:13-22

가버나움을 며칠간 둘러보신 예수님은 유월절이 가까워 오자 예루살렘으로 향하셨다. 예수님은 성전 안에서 각종 제수용품(소, 양, 비둘기)을 팔고 환전하는 사람들을 보시고 채찍을 만들어 다 내쫓으셨다. 유월절에 성전을 깨끗하게 하신 사건은 공생애 사역 첫 번째 유월절과 마지막 유월절에 두 번 일어났다. 가나에서 처음 행했던 물을 포도주로 변화시키는 기적이 예수님이 주변의 몇몇 지인들에게 자신을 드러내신 사건이었다면, 당시 이스라엘의 수도인 예루살렘에서 그것도 수많은 순례객들로 붐빈 유월절에 성전을 청결하게 하신 사건은 갈릴리 나사렛 출신의 무명 랍비였던 예수님이 센세이션을 일으키며 이스라엘 사회에 자신을 본격적으로 드러내시는 독특한 방식이었던 것이다.

니고데모와 대화하신 예수님 요 2:23-3:21

예수님이 유월절에 성전을 깨끗하게 하며 각종 표적을 행하시는 것을 보고 유대인의 관원 중 한 명인 니고데모가 예수님을 찾아왔다. 예수님은 니고데모와 대화하는 가운데 거듭남과 관련된 놀라운 영적 비밀을 가르치셨다.

"진실로 진실로 네게 이르노니 사람이 거듭나지 아니하면 하나님의 나라를 볼 수 없느니라"(요 3:3).

우리에게 너무도 친숙한 니고데모 이야기에서 우리가 쉽게 간과하고 오해하는 부분이 있어서 잠시 언급할 필요가 있을 듯하다. 니고데모는 밤에 예수님께 찾아와서 이렇게 말했다.

"랍비여 우리가 당신은 하나님께로부터 오신 선생인 줄 아나이다 하나님이 함께하시지 아니하시면 당신이 행하시는 이 표적을 아무도 할 수 없음이니이다"(요 3:2).

니고데모의 말에서 우리는 세 가지를 주목할 필요가 있다.

첫째, 니고데모가 '내가' 대신 '우리가'라는 주어를 사용하고 있다는 점이다. 예수님의 성전 청결 사건과 이후에 행한 몇 가지 표적들은 산헤드린 공회에서 사두개파의 경쟁상대로서 또 다른 한 축을 담당하고 있던 바리새파들의 주목을 끌었던 것으로 보인다. 니고데모는 산헤드린 공회에 속한 일단의 바리새인들의 대표 자격으로 예수님께 찾아온 것으로 보인다.

둘째, 니고데모는 처음부터 예수님을 '랍비'요 '하나님이 보낸 사람'으로 인정했고, 그 판단 근거로서 예수님이 행하신 표적을 언급하고 있다는 점이다. 니고데모는 표적이 주는 물리적인 혜택과 유익에 관심을 갖지 않았다. 니고데모는 예수님이 행하신 표적들을 묵상하면서 그가 바로 하나님이 보내신 사람이라는 결론에 도달했는데, 이것은 대단한 혜안과 통찰이 아닐 수 없다. 니고데모는 이것을 인정하고 예수님을 '랍비'로 부르고 있는데,

이는 니고데모의 겸손을 잘 보여 준다. 예수님은 무명의 랍비였고, 게다가 정식으로 랍비가 되는 교육 과정을 이수한 적도 없다. 반면 니고데모는 당시 유대 사회에서 최고 권력기관인 산헤드린에 속할 만큼 자타가 공인하는 위치에 있었다. 이런 점에서 예수님께 '랍비'라고 부른 것은 니고데모에게 결코 쉬운 일이 아니었다.

셋째, 니고데모가 밤에 예수님을 찾아왔다는 점이다. 흔히 이 점을 '밤=어두움'으로 표현하며 니고데모의 내면이 어두웠다는 식으로 부정적인 해석을 한다. 하지만 굳이 그럴 필요는 없을 듯하다. 니고데모는 당시 최고의 지식층으로서 유대 국가가 당면한 정치적, 경제적, 사회적 고통에서 벗어날 해결책에 대해 심각한 고민을 하고 있었을 것이다. 이것은 예수님이 자신을 찾아온 니고데모를 향해 곧바로 '하나님 나라'를 주제로 대화를 시작한 것에서 알 수 있다. 니고데모가 살던 시대에 이스라엘의 경건한 식자층은 누구나 암울한 조국의 상황을 염려하며 하나님 나라에 대한 갈망이 가장 뜨거웠다. 예수님은 이런 니고데모의 내면을 통찰하셨고, 니고데모도 이런 간단치 않은 주제로 예수님과 깊이 있는 대화를 하기 위해서는 자칫 분주해지기 쉬운 낮보다 밤 시간이 더 좋다고 판단했을 것이다.

예수님을 높이는 세례 요한 요 3:22-36

니고데모가 떠난 후에도 예수님은 한동안 제자들과 함께 유대 지역에 거하면서 세례를 베푸셨다. 이때 세례 요한은 북쪽으로 올라가 살렘 가까운 애논에서 세례를 베풀었는데, 이렇게 해서 세례 요한은 북쪽에서, 예수님은 남쪽에서 동시에 사역을 하게 된다. 세례 요한은 아마도 예수님의 사역을 위해 북쪽으로 사역지를 옮긴 것으로 보이는데, 세례 요한은 약간의 시간차를 두고 비슷한 사역을 시작하신 예수님을 경쟁상대로 여기지 않고 오히려 자신을 낮추고 예수님을 높이는 위대한 고백을 했다.

> "신부를 취하는 자는 신랑이나 서서 신랑의 음성을 듣는 친구가 크게 기뻐하나니 나는 이러한 기쁨으로 충만하였노라 그는 흥하여야 하겠고 나는 쇠하여야 하리라"(요 3:29-30).

여기서 주목해야 할 부분은 세례 요한이 헤롯 안티파스에게 체포되기 전까지 예수님과 세례 요한의 사역이 일정 기간(물론 길어야 6개월 정도이지만) 겹친다는 점이다. 이 기간 동안 예수님은 제자들과 함께 세례를 베푸셨는데, 이것은 세례 요한이 체포되고 갈릴리에서 자신만의 사역을 펼치신 후로는 전혀 하지 않던 사역이다. 즉 예수님이 유대 땅에서 세례 요한처럼 요단강에서 세례를 베푸신 것은 아직 예수님만의 독자적인 사역의 시작이라고 보기 애매하다는 것이다.

세례 요한에게서 보이는 선지자(엘리야와 엘리사)의 아우라

세례 요한이 사역한 장소로 언급된 두 지역은 구약 시대 위대한 선지자인 엘리야와 엘리사를 떠오르게 한다.

1. 여리고 근처 요단강에서의 사역: 이곳은 엘리야가 회오리바람을 타고 승천한 곳(왕하 2:11-12), 그리고 엘리야가 아합을 피해 숨어 있던 그릿 시냇가와도 가깝다(왕상 17:3).

세례 요한의 사역 장소

2. 살렘 근처 애논에서의 사역: 이곳은 엘리사의 고향인 아벨므홀라 근처로 이곳을 지나던 엘리야는 겉옷을 던져 엘리사를 선지자로 불렀다 (왕상 19:16).

세례의 3단계 발전

여기서 세례의 3단계 발전에 대해 살펴보는 것도 흥미로울 듯싶다.

1. 에세네파의 세례 의식: 스스로 흐르는 물의 정결탕에 들어갔다. 이것은 의식적 정결을 목적으로 행해졌다.

2. 세례 요한의 세례 의식: 세례를 집도하는 자가 흐르는 물에 세례자를 집어넣었다. 이것은 하나님 나라를 예비하고 자신의 온전한 회심과 회개를 나타내는 표시로서 행해졌다.

3. 초기 기독교의 세례 의식: 세례 요한의 세례 의식과 비슷하게 치러졌지만, 이것은 하나님 나라에 들어가는 효과적이고 극적인 상징으로서 행해졌다.

예수님이 유대를 떠나 갈릴리로 가신 이유 요 4:1-4; 마 4:12; 막 1:14; 눅 4:14

세례 요한은 자신을 낮추었지만 예수님의 사역이 왕성해지자 이를 시기하고 경쟁하는 또 다른 무리가 있었다. 그들은 바로 유대 지역의 바리새인들이었다. 예수님은 공생애 사역 초기부터 바리새인들과의 불필요한 충돌을 피하기 위해 유대 지역을 벗어나 북쪽의 갈릴리 지역으로 향하셨다. 이를 볼 때 바리새인들 가운데는 니고데모처럼 예수님의 사역을 호의적으로 본 그룹도 있지만, 적대적으로 본 그룹도 만만치 않았음을 알 수 있다.

갈릴리 사역:
이방인과 죄인들의 친구가 되다

사마리아 여인과 대화하신 예수님 요 4:5-42

갈릴리로 올라가는 길에 예수님은 당시 유대인들이 혐오하던 땅인 사마리아 지역을 경유하셨다. 사마리아의 수가 성에서 예수님은 우물가로 물을 길러 온 사마리아 여인을 만나 대화하시면서 여인에게 영생하도록 솟아나는 샘물을 선물로 주셨다.

> "내가 주는 물을 마시는 자는 영원히 목마르지 아니하리니 내가 주는 물은 그 속에서 영생하도록 솟아나는 샘물이 되리라"(요 4:14).

예수님이 사마리아 여인과 대화하신 시기는 사마리아 여인이 마을로 돌아간 후 예수님이 제자들에게 하신 말씀을 통해서 유추할 수 있다.

> "너희는 넉 달이 지나야 추수할 때가 이르겠다 하지 아니하느냐 그러나 나는 너희에게 이르노니 너희 눈을 들어 밭을 보라 희어져 추수하게 되었도다"(요 4:35).

여기서 예수님이 사용하신 '희어져 추수하게 되었다'는 표현은 당시 밀 추수기인 칠칠절과 직접적으로 관련된 표현이다. 마치 우리가 추석 때 '더도 말고 덜도 말고 한가위만 같아라'라는 표현을 하는 것과 흡사하다. 칠칠절 즈음에는 이스라엘의 온 들판이 추수를 앞둔 밀로 가득 차기 때문에 이런 행복감을 표현한 것이다. 또한 넉 달 후에 추수철이 이른다고 하셨는데, 이 추수철은 이스라엘에서 대추수기에 해당하는 초막절을 가리킨다. 칠칠절(6월경)에서 초막절(10월경)까지는 대략 넉 달의 간격이 있기 때문에 여러 정황으로 볼 때 예수님이 사마리아 여인과 대화하신 때는 칠칠절 즈음으로 사료된다.

이것은 예루살렘을 중심으로 한 유대 지역에서 하신 예수님의 초기 사역 기간을 계산하는 데 무척 중요한 분기점이 된다. 갈릴리에서 유월절(4월경) 직전에 예루살렘에 내려가신 예수님은 제자들과 함께 세례를 베푸시다가 칠칠절 즈음에 사마리아를 거쳐 갈릴리로 올라가셨다. 이것을 볼 때 유대에서의 사역 기간은 대략 두 달 정도—유월절이 있는 4월부터 칠칠절이 있는 6월까지—인 것으로 보인다.

갈릴리 사역의 총괄 막 1:14–15; 마 4:17; 눅 4:14–15; 요 4:43–45

이 부분은 갈릴리 지역에서 본격적으로 펼쳐질 예수님의 사역을 개괄적으로 서술하고 있는데, 예수님이 선포하신 최초의 메시지는 이러했다.

> "때가 찼고 하나님의 나라가 가까이 왔으니 회개하고 복음을 믿으라"(막 1:15).

가나에서 왕의 신하의 아들을 고치심 요 4:46–54

공생애 사역에서 맞는 두 번째 갈릴리 여행에서도 첫 번째 행선지는 고향 나사렛이 아니라 가나였다. 첫 번째 가나 방문에서 물을 포도주로 바꾸는 기적을 행하신 예수님은 두 번째 가나 방문에서 왕의 신하의 아들을 고쳐 주는 기적을 행하셨다. 가버나움에 살고 있던 이 신하는 아마도 헤롯 안티파스를 섬기는 고위직 인사인 것으로 보인다.

나사렛에서 첫 번째 배척을 당하심 눅 4:16-30

가나를 떠나 고향 나사렛을 찾으신 예수님은 안식일에 회당에 가서 강론하셨는데, 유대인들에게 메시아적 예언으로 유명한 이사야서 61장 1-3절 말씀을 읽은 다음 이 말씀이 오늘날 응했다고 선포하셨다.

> "주의 성령이 내게 임하셨으니 이는 가난한 자에게 복음을 전하게 하시려고 내게 기름을 부으시고 나를 보내사 포로 된 자에게 자유를, 눈 먼 자에게 다시 보게 함을 전파하며 눌린 자를 자유롭게 하고 주의 은혜의 해를 전파하게 하려 하심이라 하였더라"(눅 4:18-19).

이로써 예수님은 자신을 메시아로 선포하셨는데, 고향 사람들은 이를 받아들이지 않았을 뿐 아니라 낭떠러지에서 밀어 예수님을 죽이려고까지 했다. 자신을 배척하는 고향 사람을 뒤로한 채 예수님은 북쪽 가버나움으로 향하셨다.

가버나움에 정착 마 4:13-16

나사렛에서 배척받은 예수님은 가버나움으로 가서 앞으로 펼쳐질 공생애 사역의 베이스 캠프를 치셨다. 마태는 이 사건을 이사야서 9장 1-2절 말씀의 성취로 해석하고 있다. 예수님이 가버나움에서 공생애 사역을 본격적으로 시작하신 시점은 세례 요한이 헤롯 안티파스에게 체포된 즈음이었다. 세례 요한은 헤롯 안티파스의 동생인 빌립의 아내(헤로디아)를 취한 사건을 대놓고 비난하다가 마케루스 요새에 있는 감옥에 갇히게 된다. 갈릴리와 함께 헤롯 안티파스가 통치하는 또 다른 영토인 베레아 지역에 위치한 마케루스 요새는 헤롯 안티파스의 적대국인 나바테안 왕국에 인접한 국경에 세워졌다. 세례 요한과 몇 달의 시간차를 두고 사역을 시작하신 예수님은 세례 요한의 체포를 계기로 자신만의 사역을 본격적으로 시작하셨다.

> "예수께서 요한이 잡혔음을 들으시고 갈릴리로 물러가셨다가 나사렛을 떠나 스불론과 납달리 지경 해변에 있는 가버나움에 가서 사시니"(마 4:12-13).

당시는 세례 요한이 체포되면서 다음번 사정의 칼날이 예수님께로 향할 수 있는 서슬 퍼런 공안 정국이었다. 예수님은 후일을 기약하며 잠시 숨죽이며 지내도 모자랄 판에 오히려 세례 요한의 체포를 계기로 자신을 드러내시며 공적인 사역을 시작하신 것이다.

4명의 제자를 부르심 막 1:16-20; 마 4:18-22; 눅 5:1-11

가버나움에서 예수님은 베드로와 안드레 형제, 그리고 요한과 야고보 형제를 부르셨는데, 이들은 예수님의 초창기 유대 사역에서 이미 부르심을 받은 적이 있다(야고보 제외). 이들은 당시에 세례 요한을 따르던 제자들이었는데, 평소에도 세례 요한은 제자들에게 예수님을 긍정적으로 소개한데다 스승인 세례 요한이 헤롯 안티파스에게 체포되자 이들은 예수님의 부르심에 즉각적으로 응답했다. 앞선 유대 지역에서 있었던 부르심에는 이들이 파트타임 제자로 예수님을 따랐다면, 갈릴리 지역에서 있었던 두 번째 부르심에는 풀타임 제자로 헌신하게 된다. 즉 고기 잡는 생활을 완전히 접고 풀타임으로 예수님을 따른 것이다.

> "예수께서 이르시되 나를 따라오라 내가 너희로 사람을 낚는 어부가 되게 하리라 하시니 곧 그물을 버려 두고 따르니라"(막 1:17-18).

안식일에 귀신 들린 자를 고치심 막 1:21-28; 눅 4:31-37

4명의 제자를 부르신 예수님은 안식일에 회당에서 귀신 들린 자를 고쳐 주심으로써 본격적인 사역을 시작하셨다.

가버나움 회당

베드로 장모와 병자를 고치심 막 1:29~34; 마 8:14-17; 눅 4:38-41

회당에서 나오신 예수님은 베드로의 장모가 열병에 걸렸다는 소식을 듣고 베드로 장모의 집을 방문하셨다. 베드로의 고향은 벳새다인데 베드로가 가버나움에 있는 장모의 집에서 산 것을 볼 때 베드로의 장인이 일찍 죽은 것으로 보인다. 예수님은 베드로 장모의 열병을 고쳐 주셨는데, 이것을 계기로 베드로의 장모는 예수님을 수종 들었고 이후 베드로 장모의 집은 예수님과 제자들이 머무는 공동의 숙소로 사용된다.

1차 갈릴리 여행 막 1:35-39; 마 4:23-25; 눅 4:42-44

예수님은 가버나움을 벗어나 갈릴리 여러 마을을 두루 다니시며 복음을 전파하셨다.

문둥병자를 고치심 막 1:40-45; 마 8:2-4; 눅 5:12-16

1차 갈릴리 여행 중 복음서 기자들은 문둥병자를 고쳐 주신 사건을 특별

베드로 장모의 집터

히 기록하고 있다.

중풍병자를 고치심 막 2:1–12; 마 9:1–8; 눅 5:17–26

갈릴리 여행을 마치신 예수님은 베이스캠프가 있는 가버나움으로 돌아오셨는데, 이때 중풍병자를 메고 친구들이 예수님께 찾아왔다. 친구들은 인산인해를 이룬 무리로 인해 예수님께 접근하기가 힘들자 지붕 위에 올라가 지붕을 뚫고 친구인 중풍병자를 달아 내렸다. 예수님은 친구들의 믿음을 보시고 중풍병자를 고쳐 주셨다.

마태를 부르심 막 2:13–17; 마 9:9–13; 눅 5:27–32

예수님은 가버나움 세관에 우두커니 앉아 있는 알패오의 아들 세리 마태(레위)를 부르셨다. 헤롯 안티파스와 헤롯 빌립 영토의 경계에 위치하는 가버나움에는 세관이 있었는데, 마태는 그곳에서 일하다가 부르심 받았을 것이다

세 가지 비유로 금식 대신 잔치하는 제자를 변호하심 막 2:18–22; 마 9:14–17; 눅 5:33–39

세례 요한의 제자들과 바리새인들을 비롯해 당시 종교적인 열심이 있는 유대인들은 주 2회의 금식을 보편적으로 지키고 있었다. 사람들이 예수님께 찾아와 금식하지 않는 예수님과 제자들을 비난하자 예수님은 자신과 제자들이 금식하지 않는 이유를 세 가지 비유, 즉 혼인집 손님과 신랑의 비유, 생베 조각과 낡은 옷의 비유, 새 포도주와 낡은 가죽부대의 비유를 들어 설명하셨다.

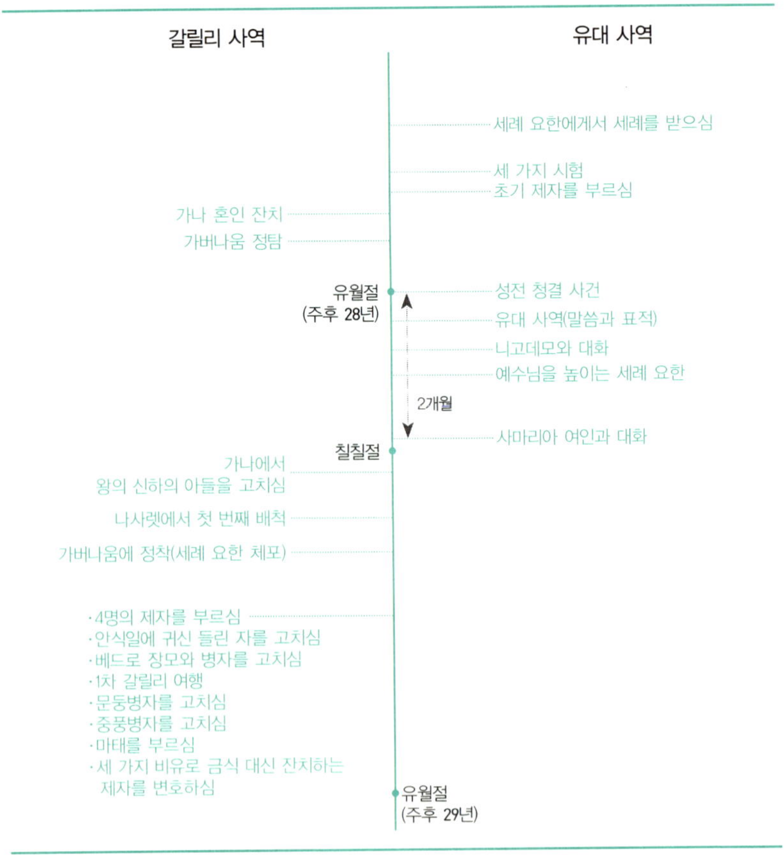

공생애 1년의 갈릴리 사역과 유대 사역

Chapter 5-3

손대면
톡하고 터질 듯한
메시아
대망 사상

_메시아 대망 사상과 하나님 나라의 도래

주후 28년경 시작된 예수님의 본격적인 공생애 사역과 함께 반드시 살펴보아야 할 주제가 있다. 예수님이 사역을 시작하신 주후 1세기에 이르러 가히 절정에 달한 '메시아 대망 사상'이 그것이다. 우리는 세례 요한이 사역을 시작했을 때 당시 유대 백성이 혹시 '그가 메시아가 아닌가' 하며 열렬히 환호했던 것을 알고 있다. 또한 세례 요한의 소개로 예수님을 찾아온 초기의 제자들도 예수님과 몇 마디 대화를 나누자마자 곧 예수님을 메시아로 고백했던 것을 알고 있다.

> "그가 먼저 자기의 형제 시몬을 찾아 말하되 우리가 메시야를 만났다 하고"(요 1:41).

> "나다나엘이 대답하되 랍비여 당신은 하나님의 아들이시요 당신은 이스라엘의 임금이로소이다"(요 1:49).

이들은 예수님이 공생애 사역을 마칠 즈음에서야 메시아 고백을 한 것이 아니었다. 여기서 중요한 포인트는 제자들이 처음부터 예수님을 메시아로 알고 따랐다는 점이다. 물론 제자들이 생각한 메시아와 예수님이 가시려고 했던 메시아의 길은 분명한 차이가 있었고, 그러한 갭을 메우느라 피차간에 아픔과 갈등이 있었다. 하지만 이러한 세부적인 주제는 결론 부분에서 다루기로 하고, 여기서는 먼저 주후 1세기 당시 이스라엘 사회를 뜨겁게 달군 '메시아 대망 사상'에 초점을 맞추어 살펴보고자 한다. 세례 요한을 포함해 예수님의 사역을 이해하는 데 있어서 메시아 대망 사상의 발자취를 추적하는 것은 반드시 필요한 과정이기 때문이다.

'메시아'란 명칭은 '기름 부음 받은 자'를 의미하는 히브리어로서, 구약 시대에는 이 명칭이 예외적으로 선지자, 대제사장, 왕에게만 특별하게 적용되었다. 그러던 것이 말라기 선지자 이후 400년이 넘는 신구약 중간기를 지나면서 '메시아'의 의미는 중대한 변천 과정을 거치게 되는데, 이 과정을 추적하는 것이 1세기 당시 이스라엘 사회를 풍미했던 메시아 대망 사상을 이해하는 지름길이 된다.

이사야 후반부: 불순종한 이스라엘을 대신할 여호와의 종

역사적으로 메시아 대망 사상(messianic hope)은 이스라엘의 왕권, 특히 다윗 왕조와 밀접하게 연관된다. 이 소망은 하나님이 나단 선지자를 통해 다윗에게 주신 신탁에 뿌리를 두고 있다.

> "나는 그에게 아버지가 되고 그는 내게 아들이 되리니 그가 만일 죄를 범하면 내가 사람의 매와 인생의 채찍으로 징계하려니와 내가 네 앞에서 물러나게 한 사울에게서 내 은총을 빼앗은 것처럼 그에게서 빼앗지는 아니하리라 네 집과 네 나라가 내 앞에서 영원히 보전되고 네 왕위가 영원히 견고하리라"(삼하 7:14-16).

나단의 신탁은 흔히 '다윗의 등불을 끄지 않을 것이다'(왕상 11:36)는 말로 요약된다. 하지만 아브라함부터 시작된 이스라엘의 역사는 정치적 관점에서만 본다면 그야말로 비참하기 짝이 없었다. 주전 10세기경 다윗과 솔로몬의 통치기 때 전무후무한 전성기를 누렸지만 왕국은 곧 분열되었고, 불과 몇 세기가 지나지 않아 남북의 분열 왕국은 각각 앗시리아와 바벨론 군대에 유린당하면서 멸망을 고하게 된다.

하지만 이스라엘 국가는 출발할 당시부터 열방과 같은 정치적 국가가 아니었기 때문에 정치적 종말과 함께 멸절의 길을 걷지 않았다. 남북의 왕국이 존속할 때도 하나님은 자신의 종으로 택한 선지자들을 통해 하나님의 약속이 실현될 영광스런 미래를 바라보도록 촉구하셨다. 하나님의 약속은 아브라함의 후손들을 통해 온 인류를 축복하시겠다는 원대한 내용이었다(창 12:3). 남북의 왕국이 모두 멸망한 후에도 이러한 약속과 소망은 선지자들을 통해 지속적으로 선포되었다. 이러한 이스라엘의 소망이 가장 강렬하게 표현된 곳은 뭐니뭐니해도 이사야서 후반부(사 40-66장)라 할 것이다. 여기서 이사야는 '이스라엘=여호와의 종'으로서 세상에 하나님을 알려야 하는 거룩한 사명이 이스라엘에게 주어졌음을 반복적으로 말하고 있다.

하지만 이스라엘은 순종하지 못한 여호와의 종이었다. 따라서 하나님은 이 사명을 다른 여호와의 종에게 맡기셨다. 이 종은 이방인들에게 하나님의 율법을 전하고 하나님의 공의를 세워야 할 사명을 가지고 있다. 그는 이스라엘을 다시 하나님께로 회복시키고 온 인류에게 하나님의 빛을 가져다 줄 것이다.

"그가 이르시되 네가 나의 종이 되어 야곱의 지파들을 일으키며 이스라엘 중에 보전된 자를 돌아오게 할 것은 매우 쉬운 일이라 내가 또 너를 이방의 빛으로 삼아 나의 구원을 베풀어서 땅 끝까지 이르게 하리라"(사 49:6).

이 말씀을 잘 보면 이스라엘의 사명을 이어받은 종은 이스라엘과 밀접한 관련이 있지만, 한편으로는 이스라엘 국가와 구별되는 존재임을 알 수 있다. 이스라엘의 신실한 남은 자들, 그중에서도 한 개인에게 집중되고 그 개인은 이 사명을 완수하기 위해 멸시와 모욕을 감수하며 심지어 불공정한 재판으로 인해 죽음까지도 감수해야 할 것이다(사 53장).

에스겔, 다니엘: 여호와의 종=메시아

이사야서 후반부에 나타난 '여호와의 종 사상'은 신구약 중간기를 지나면서 자연스럽게 '메시아 사상'으로 발전한다. 주전 586년 다윗 왕조가 무너지자 에스겔 선지자는 마땅히 그 왕관을 얻어야 할 자가 오기까지 왕관이 주인 없이 남아 있는 것으로 표현하고 있다(겔 21:27). 마땅히 그 왕관을 얻어야 할 자는 먼 훗날 오게 될 다윗보다 더 위대한 왕이요, 진정한 의미에서 하나님께 기름 부음 받은 자요, 무너진 다윗의 장막을 다시 일으키고 회복시킬 영광스런 존재였다. 그가 곧 이스라엘이 고대하던 메시아였다.

다니엘이 본 환상.
이교도 왕국이
들짐승으로 나타났다.

다니엘이 환상 중에 본 국가적 소망 속에도 메시아적 기대가 더욱 강력한 형태로 나타나 있다. 다니엘은 환상 가운데 이스라엘이 현재 당하고 있는 이교도에 의한 압제가 언젠가는 종식될 것이라는 약속을 받았다. 이 약속에 의하면(단 2:44), 이교도들의 압제는 곧 지나가고 그 자리에는 '하늘의 하나님이 영원이 망하지 않을, 도리어 이 모든 나라를 쳐서 복종시킬 강력한 한 나라를 세우실 것'이다. 비록 이스라엘의 왕들은 무너졌지만 이스라엘의 하나님은 그의 절대 주권을 상실한 것이 아니었다. 바벨론의 느부갓네살과 같은 왕도 단지 하나님의 허락에 의해 권력을 잡은 것에 불과했다. 왜냐하면 "지극히 높으신 이가 사람의 나라를 다스리시며 자기의 뜻대로 그것을 누구에게든지 주시기"(단 4:17) 때문이다. 이교도의 왕국들은 마치 들짐승의 모습으로 나타나는데, 메시아로 인해 영원한 왕국이 세워질 때 이들은 "인자와 같은 이"(단 7:13)의 손에 다 넘어가게 될 것이다. 그리고 그 나라의 주권은 하나님이 선택하신 성도들에게 주어질 것이다(단 7:18, 27).

마카비 왕조: 부활의 소망 & 메시아 왕국의 여명

주전의 시대가 거의 끝나 갈 무렵 유대인들은 메시아 왕국을 통해 회복될 이스라엘의 찬란한 미래를 간절히 갈망하고 있었다. 이즈음에는 바벨론과 페르시아를 이어 그리스의 마케도니아가 절대적인 패권을 휘두르고 있었다. 이 시기에 셀류코스 왕국의 안티오쿠스 4세의 통치는 우리의 특별한 주목을 요한다. 안티오쿠스 4세의 광기에 찬 헬레니즘 정책과 이로 인한 유대교 말살 정책으로 인해 유대인들의 메시아적 열망은 더욱 뜨겁게 타올랐기 때문이다. 안티오쿠스 4세는 예루살렘 성전에서 드리는 희생제사를 폐지시켰고(주전 167~164년), 제단에 돼지를 바치고 이교의 신인 제우스 신당을 건축했다(단 11:31).

하지만 유대인들의 메시아적 소망은 마카비 혁명을 통해 활활 타올랐고 결국 무장 봉기를 통해 유대 독립 왕조를 세우는 쾌거로 이어진다. 마카비 왕조는 비록 로마에 정복당하기까지(주전 63년) 불과 80여 년밖에 지속되지 않은 단명한 왕조였지만, 오랜 포로기와 함께 인고의 세월을 보내야 했던 유대인들에게는 특별한 의미가 있었다. 즉 마카비 왕조 아래서 탄생한 유대 독립 왕조는 당시 유대인들에게 곧 임박할 메시아 왕국으로 향하는 가슴 떨리는 여명기로 인식되었던 것이다.

하지만 마카비 왕조에 대한 동시대 유대인들의 평가에 부정적인 면도 있었음을 함께 지적해야 할 것이다. 마카비 왕조의 통치자들은 율법을 거스르면서 왕과 대제사장직을 겸직했고, 다른 이교도의 압제자들과 다름없이 강압적인 통치를 일삼았기 때문에 일부 이스라엘의 경건한 이들은 로마의 폼페이우스에 의한 마카비 왕조의 멸망(주전 63년)을 신적인 심판으로 해석하기도 했다(예: 신구약 중간기 문헌 중 하나인 〈솔로몬의 시편〉의 저자).

안티오쿠스 4세의 압제를 통해 탄생한 마카비 왕조에서 언급해야 할 중요한 것이 있는데, 그것은 바로 부활 사상이다. 안티오쿠스 4세의 광신적 압제에 신음하던 이 시기에 부활 사상은 이스라엘의 경건한 사람들 가운데 급속히 퍼져 나갔다. 당시는 율법에 순종하는 것이 장수의 축복은커녕 수명을 재촉하는 경우가 비일비재했다. 일찍이 구약성경에도 부활의 개념이 전혀 없었던 것은 아니지만 – 예를 들어 예수님은 '아브라함과 이삭과 야곱의 하나님'이란 칭호(출 3:6; 막 12:26)를 사용하시며 부활을 부인하는 사두개인들을 논박하셨다 – 이 시기에 부활에 대한 믿음은 이례적으로 강조되었다. 특히 마카비하 7장에 나오는 일곱 형제와 모친의 순교 장면은 이러한 소망을 극적으로 보여 준다. 본문에서 형제 중 한 명은 순교를 당하면서 폭군을 향해 이렇게 외치고 있다.

"너, 더러운 악당은 우리들을 이승에서 해방시켜 주고 있다. 그러나 전 우주의 왕께서 우리들을 새로운 생명으로 다시 재생시켜 주실 것이다."

기독교 시대의 성경 저자 중 한 명은 이 사건들을 포함해 의를 위해 죽어야 하는 순교자들을 칭송하면서 "또 어떤 이들은 더 좋은 부활을 얻고자 하여 심한 고문을 받되 구차히 풀려나기를 원하지 아니하였으며"(히 11:35)라고 기록하고 있다.

로마 시대: 한껏 무르익은 메시아 대망 사상

세례 요한과 예수님의 사역을 통해 기독교가 탄생하기 직전, 즉 주후 1세기를 살아가던 사람들의 마음속에 활활 타오른 메시아 대망 사상은 이러한 역사적 흐름 속에서 형성된 것이다. 한마디로 주후 1세기는 이스라엘 사회에서 하나님 나라, 이스라엘의 위로, 예루살렘의 구속 등 다양한 형태로 표현되기도 했던 '메시아 대망 사상'이 절정에 달한 시기였다. 복음서에 등장하는 다음 표현들은 모두 메시아 대망 사상의 흐름 속에서 이해할 수 있다.

> "예루살렘에 시므온이라 하는 사람이 있으니 이 사람은 의롭고 경건하여 이스라엘의 위로를 기다리는 자라 성령이 그 위에 계시더라"(눅 2:25).

> "예수께서 대답하여 이르시되 진실로 진실로 네게 이르노니 사람이 거듭나지 아니하면 하나님의 나라를 볼 수 없느니라"(요 3:3).

"아리마대 사람 요셉이 와서 당돌히 빌라도에게 들어가 예수의 시체를 달라 하니 이 사람은 존경 받는 공회원이요 하나님의 나라를 기다리는 자라"(막 15:43).

주후 28년경 티베리우스 황제 재위 15년에 세례 요한이 갑자기 예언자의 모습으로 요단 계곡에 나타나 '앞으로 오실 이'(메시아)에 대해 선포하며 즉각적인 회개를 촉구했을 때 이스라엘 사회 전체가 흥분의 도가니에 빠졌던 것도 바로 이런 이유에서였다. 또한 세례 요한을 따르던 제자들이 예수님께 왔을 때 그들의 입술에서 "우리가 메시아를 만났다"는 고백이 그렇게 빨리 터질 수 있었던 것도 마찬가지 이유에서였다. 이런 상황을 어떻게 표현할 수 있을까? 마치 툭 건드리기만 하면 터질 것 같은 분위기? 불만 붙이면 들풀처럼 확 퍼져 나갈 분위기? 그렇다. 당시의 상황은 한마디로 메시아의 '메'자만 들어도 누구나 열광하면서 넘어갈 수 있는 분위기였던 것이다.

하지만 주후 1세기 이스라엘 사회가 메시아를 간절히 기다렸고, 또 예수님이 그런 메시아로 오셨음에도 불구하고 그 사이에는 건널 수 없는 엄청난 갭이 존재했다. 그것은 당시 유대인들이 고대한 메시아상이 이교도 압제자들의 멍에를 끊어 버릴 강력한 '왕'(king)으로서의 메시아였기 때문이다. 예수님이 가시려던 '종'(servant)으로서

의 메시아는 분명 이사야서 후반부(특히 사 53장)에 분명하게 계시되었지만, 주후 1세기를 살던 유대인들은 바벨론, 페르시아, 그리스, 로마 등 오랜 이교도의 압제기를 거치며 오직 한 가지, 즉 강력한 왕으로서의 메시아만 보고 또 붙들었던 것이다.

하지만 이런 분위기에서도 비록 소수이기는 하지만 예수님이 가실 '종'으로서의 메시아에 대한 바른 이해를 가진 경건한 무리도 있었다. 그 대표적인 경우가 시므온이다.

> "시므온이 그들에게 축복하고 그의 어머니 마리아에게 말하여 이르되 보라 이는 이스라엘 중 많은 사람을 패하거나 흥하게 하며 비방을 받는 표적이 되기 위하여 세움을 받았고 또 칼이 네 마음을 찌르듯 하리니 이는 여러 사람의 마음의 생각을 드러내려 함이니라 하더라"(눅 2:34-35).

이후에 펼쳐질 예수님의 공생애 사역을 '왕'으로서의 메시아와 '종'으로서의 메시아 간의 갈등과 충돌이라는 관점에서 이해하면 더욱 현장감 있게 와 닿으리라 생각된다.

Chapter 5-4

예수님 시대의 사색 **당파** 싸움(?)

_바리새파, 사두개파, 에세네파, 열심당

예수님의 생애를 다룬 사복음서의 중요한 배경 가운데 빼놓을 수 없는 것이 있는데, 그것은 바로 바리새파, 사두개파, 에세네파, 열심당으로 대표되는 4개의 종교 정당들이다. 정치와 종교가 일치된 성서 시대 이스라엘 사회에서 이것은 현대적 의미의 정당과도 같은 개념이다. 신약 시대 4개의 종교 정당들의 다툼은 마치 우리나라 조선시대의 사색 당파 싸움을 연상시키는데, 이것 역시 앞서 언급한 메시아 대망 사상과 연관된다고 할 수 있다.

메시아 대망 사상이라는 보편적인 믿음 가운데 주후 1세기의 유대인들은 메시아의 도래를 앞당기기 위해 4개의 당파를 만들어 선의의 경쟁을 벌였다.

첫째, 바리새파는 이스라엘 땅의 모든 유대인들이 단 하루만이라도 율법을 완전하게 지키게 된다면 바로 그때 메시아의 날이 도래할 것이라는 믿음을 가지고 율법 준수에 박차를 가했다.

둘째, 에세네파는 다른 이스라엘 사람들을 떠나 자기들끼리 뭉치는 것이 가장 좋은 방법이라 생각하고 광야로 나가 독자적인 공동체를 이루며 살았다.

셋째, 열심당은 이전에 마카비의 형제들이 그랬던 것처럼 무력으로 봉기를 일으키는 것만이 이방의 압제에서 벗어나고 메시아의 도래를 앞당길 수 있는 유일한 길이라고 여겼다.

넷째, 사두개파는 성전에서 드리는 희생제사의 회복에서 그 해결책을 찾았다.

여기서는 이상에서 간략히 살펴본 각 종교 정당들의 유래와 정치적, 종교적 노선 그리고 조직과 관습에 대해 자세히 알아보고자 한다.

바리새파:
세상과 죄로부터의 분리

4개의 종교 정당 가운데 바리새파와 사두개파는 모든 면에서 대척점에 있는 종교 정당이었다. 우리나라에는 새누리당과 민주통합당이, 미국에는 공화당과 민주당이 정치적 경합을 벌이고 있듯이, 신약 시대에는 바리새파와 사두개파가 각각 진보와 보수의 색깔을 띠며 경합을 벌이면서 여당과 야당을 번갈아 차지했다. 나머지 두 개의 종교 정당인 에세네파와 열심당은 굳이 표현하자면 민주노동당과 자유선진당쯤에 해당할 것이다.

역사와 유래

바리새파와 사두개파의 유래는 주전 2세기 마카비 왕조의 출현을 가능케 한 하시딤(경건주의자)으로 거슬러 올라간다. 셀류코스 왕조의 극단적인 헬레니즘 정책에 맞서 분연히 일어난 마카비 혁명에서 중요한 역할을 담당하던 하시딤 그룹은 혁명이 승리하면서 각각 바리새파와 사두개파로 불리는 두 개의 분파로 나뉘게 된다.

유대 역사가인 요세푸스는 요한 힐카누스의 통치기(주전 134~주전 104년)에 있었던 인상적인 일화를 통해 처음으로 바리새파와 사두개파에 대해 소개하고 있다. 통치 초반에 바리새파를 지지하던 힐카누스는 어느 연회장에서 술기운이 올라오자 연회장에 모인 하객들을 향해 진지한 제안을 했다. 그것은 자기가 왕으로 통치하면서 혹시라도 의(義)의 길에서 벗어난 것을 본 적이 있다면 아주 솔직하게 충고해 달라는 것이었다. 이때 바리새파의 지도자인 엘르아살이 주저 없이 말했다.

"왕이 진정으로 완전한 의를 행하기 원한다면 지금이라도 당장 왕으로서 대제사장직을 겸직하는 것을 포기하고 세속 군주인 왕의 직분에만 만족해야 합니다."

마카비 왕조의 특징은 창건자인 시몬(요한 힐카누스의 아버지) 때부터 왕이 대제사장직을 겸직한 것인데, 이것은 그때까지 유대 역사에서 유례를 찾아보기 힘든 것이었다. 일단 율법에 비추어 볼 때, 왕과 대제사장직을 겸직하는 것이 문제가 되었지만 아론의 후예가 아닌 마카비 군주들이 대제사장직을 차지하는 것도 분명 시비 거리가 되었다. 그럼에도 마카비 왕조의 출범과 함께 시몬이 왕과 대제사장직을 겸직하도록 유대인 의회가 인정한 것은 당시의 상황이 일종의 비상시국이었기 때문이다.

하지만 이외에도 이 문제에 대한 엘르아살의 지적에는 복잡 미묘한 문제가 숨어 있다. 문제의 핵심은 시몬의 뒤를 이은 힐카누스는 그의 어머니가 한때 셀류코스 왕국에 죄수로서 억류된 전력이 있다는 점이다. 당시에는 여성들이 적대국에 죄수(또는 포로)로 억류되었다면 성추행(심하면 성폭행)을 당하는 것이 다반사였기 때문에 그런 어머니 밑에서 태어난 아들은 대제사장으로서 '추가적인' 그리고 '심각한' 결격 사유가 있었던 것이다. 힐카누스는 은연중에 자기 어머니의 성적 순결 문제를 걸고넘어진 엘르아살의 충고에 비위가 상했고, 이후 바리새파와 관계를 끊고 사두개파와 손을 잡았다. 그리고 힐카누스의 후계자인 알렉산더 얀네우스 때까지 마카비 왕조에서 사두개파는 여당을, 바리새파는 야당의 위치를 차지했다.

급기야 얀네우스의 통치기에 바리새파는 오랜 동안의 정치적 소외를 종식시키기 위해 반란을 일으켰고, 얀네우스는 바리새파 지도자 800명을 십자가에 처형함으로써 반란을 잔인하게 진압했다. 하지만 얀네우스가 죽고 그의 아내인 알렉산드라 여왕이 즉위하면서 여야 관계는 갑자기 뒤바뀌게 된다. 알렉산드라 여왕의 오빠인 시므온은 바리새파 지도자로서, 후대의 랍비 문헌에서 '율법의 영광을 회복시킨 인물'로 찬사를 받는 인물이었다.

알렉산드라 여왕은 오빠의 충고를 받아들여 바리새파를 중용했고, 9년에 걸친 그녀의 통치기 동안 바리새파는 정계에 화려하게 컴백했다. 알렉산드라 여왕이 죽은 후 4년간 벌어진 내란에서 바리새파는 장남(힐카누스 2세)을, 사두개파는 차남(아리스토불루스 2세)을 지지했다. 하지만 마카비 왕조는 결국 로마의 폼페이우스 장군에 의해 정복되면서 로마의 속주로 떨어지게 된다. 이후 로마를 등에 업은 헤롯 가계의 통치가 100년 넘게 지속되면서

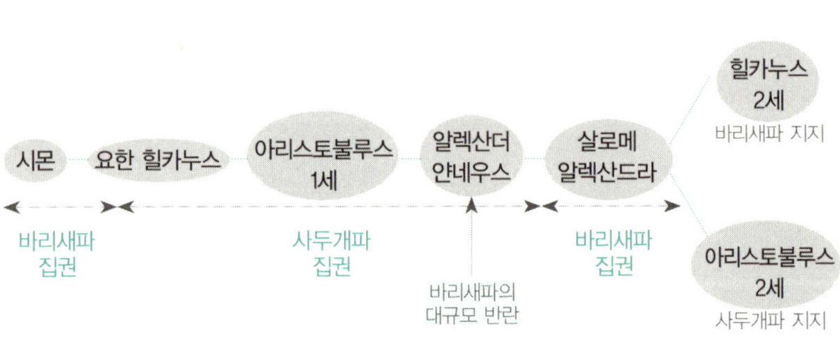

마카비 왕조 당시 바리새파/사두개파의 집권 상황

바리새파와 사두개파의 갈등은 비록 수면 아래로 가라앉았지만 양측의 반목과 갈등은 멈추지 않았다.

가르침과 강령들

1. 만인 제사장설 & 구전 율법의 신격화

바리새파 신학 체계의 핵심은 토라(모세오경)에 제시된 율법에 있었다. 이들에게 있어서 토라의 진리는 영원하지만 그것은 변화하는 세대에 따라 융통성 있게 해석되고 적용되어야 했다. 그래서 바리새파는 모세 시대에 주어진 율법을 수천 년이 지난 그 시대의 상황에 맞게 적용하고 순종하기 위해 복잡한 구전 율법 체계를 발전시켜 나갔다. 복음서에 '장로들의 유전'(막 7:3, 5)으로 등장하는 구전 율법은 모세의 율법에 대한 바리새파 랍비들의 해석을 모은 일종의 판례 모음집이었다.

그런데 여기서 문제는 '율법을 해석할 수 있는 권한이 누구에게 있는가'였다. 이 부분에서 바리새파와 사두개파의 노선이 확실하게 갈라지는데, 사두개파는 신명기 17장 8-13절 말씀을 근거로 율법 해석은 제사장들만의 고유 권한이라고 주장했다. 하지만 바리새파는, 토라는 제사장들의 전유물이 아닌 모든 이스라엘 사람들에게 주어진 것으로 해석의 권한 역시 모든 이스라엘 사람에게 있다고 주장했다. 현대 그리스도인들의 표현을 빌리자면 일종의 '만인 제사장설'을 주장한 것이다. 후기로 가면서 바리새파는 하나님이 시내 산에서 모세에게 율법을 주실 때 구전 율법도 함께 주셨다고 주장했는데, 이것은 제3자의 입장에서 볼 때 구전 율법을 신격화하려는 고육지책에서 나온 것이라 할 수 있다.

2. 평신도의 제사장화

1세기 바리새인들은 '이스라엘=제사장 백성'이라는 원리에 기초를 두고서, 레위기에 기록된 제사장들을 위한 정결례를 모든 이스라엘 사람들에게 적용하려고 무진 애를 썼다. 특히 의식의 정결함(막 7:1-23; 마 15:1-20), 음식의 적절한 준비, 안식년 규례에 따른 농사, 세심한 십일조 생활(마 23:23), 안식일 규례(막 2:23-3:6; 마 12:1-13) 등에 상당한 관심을 보였다. 이런 의미에서 바리새파는 제사장뿐 아니라 모든 평신도들도 일상생활에서 토라를 준수하는 데 전념하도록 가르친 일종의 평신도 운동이라고 할 수 있다. 오늘날 표현으로 하자면 바리새파의 구호는 이러했을 것이다.

"평신도를 깨운다!"

3. 신학적인 진보성 & 운명에 대한 중도 노선

바리새파는 신학적인 면에서 진보적인 성향이 강했기 때문에 천사론, 악마론, 천국과 지옥에 대한 개념들, 그리고 몸의 부활을 포함한 새로운 신학적 개념들을 받아들이는 데 크게 주저하지 않았다. 반면에 사두개파는 경직된 사고를 보이며 천사와 부활과 같은 개념들을 부인했다(행 23:6-10). 바리새파의 융통성은 운명과 자유의지의 문제에서도 잘 나타났다. 에세네파는 모든 것을 운명으로 보았고, 사두개파는 모든 것이 인간의 자유의지라고 주장한 반면, 바리새파는 운명과 자유의지를 모두 주장하며 중도 노선을 취했다. 사도행전 5장 38-39절에 나타난 사도들의 문제를 처리하기 위한 바리새파 랍비 가말리엘의 조언은 '운명'에 대한 바리새파의 중도 노선을 잘 보여 준다.

> "이제 내가 너희에게 말하노니 이 사람들을 상관하지 말고 버려두라 이 사상과 이 소행이 사람으로부터 났으면 무너질 것이요 만일 하나님께로부터 났으면 너희가 그들을 무너뜨릴 수 없겠고 도리어 하나님을 대적하는 자가 될까 하노라"(행 5:38-39).

예수님과 바리새파

복음서에 아주 빈번하게 예수님의 적대자로 등장하는 바리새인들로 인해 우리는 예수님과 바리새파 사이에 존재하는 많은 신학적 유사성과 공통점을 보지 못한다. 우리는 흔히 바리새파에 대한 예수님의 태도가 적대적이었던 것으로 오해한다. 하지만 이것은 말 그대로 오해일 뿐이다. 바리새파에 대한 예수님의 입체적인 태도를 가장 잘 나타내 주는 말씀은 마태복음 23장 2-3절이다.

> "서기관들과 바리새인들이 모세의 자리에 앉았으니 그러므로 무엇이든지 그들이 말하는 바는 행하고 지키되 그들이 하는 행위는 본받지 말라 그들은 말만 하고 행하지 아니하며."

이 말씀을 유심히 살펴볼 때 바리새파에 대한 예수님의 비판은 다음 두 가지 점에서 확실히 구별됨을 알 수 있다.

첫째, 예수님은 바리새파의 신학적 가르침에 대해서는 전반적으로 인정하셨다는 점이다. 예수님은 분명하게 "그들이 말하는 바는 행하고 지키라"고 말씀하셨다.

둘째, 예수님은 남에게 가르치기만 하고 자신들은 행하지 않는 바리새파의 종교적인 외식을 비난하셨다는 점이다. 예수님은 "그들이 하는 행위는 본받지 말라 그들은 말만 하고 행하지 않는다"고 말씀하셨다.

여기서 중요한 포인트는 예수님이 바리새파의 신학 체계를 통째로 부정하지 않으셨고 오히려 전반적으로 인정하셨다는 점, 그리고 바리새파에 대한 예수님의 비난은 가르치기만 하고 실천은 하지 않는 종교적 위선에만 집중되어 있다는 점이다. 현대 그리스도인들에게는 이 부분이 지나치게 부각되어 '바리새인=위선자'로 인식되지만, 사실 위선과 종교적인 외식은 비단 바리새파만의 문제가 아니라 종교적인 열심이 지나친 모든 종교인들이 빠지기 쉬운 죄일 것이다.

사실 복음서에 나오는 예수님의 가르침은 당시 바리새파의 그것과 상당한 일치를 보여 주는데 이 부분만 가지고도 이미 몇 권의 책이 출판되었다. 나는 나중에 기회가 되면 예수님의 가르침과 바리새파 랍비의 가르침 사이에 있는 유사점과 차이점을 주제로 책을 쓸 계획이다. 여기서는 간단히 예수님과 바리새파 간의 갈등의 핵심이던 식탁 교제와 정결례에 대해서만 살펴보고자 한다.

1. 죄인들과의 식탁 교제 문제(막 2:15-17; 마 9:9-13; 눅 5:27-32)

바리새파의 슬로건은 한마디로 '세상과 죄로부터의 분리'란 말로 표현된다. 에세네파는 여기서 한 단계 더 발전시켜 공간적인 분리까지 실행하여 광야에서 자신들만의 공동체를 이루고 살았다. 바리새파는 공간적인 분리까지는 시도하지 않았지만 죄인들과의 교제를 철저히 삼갔다. 하지만 예수님은 종종 '세리들과 죄인들'(바리새인들이 볼 때 죄인의 대명사)의 집에서 함께 식사하셨다. 예수님은 바리새파의 신학 노선에 동조하는 듯하면서도 다른 모델을 제시하셨는데, 즉 죄인들의 죄에는 동조하지 않지만 그들과는 어울리는 것이었다. 예수님은 죄악 된 세상을 구원하기 위해서는 세상과의 접촉이 불가피함을 인정하신 것이다.

2. 의식적인 정결의 문제(막 7:1-23; 마 15:1-20)

바리새인들이 죄인들로부터 철저하게 분리되려는 이유 뒤에는 의식적인 정결을 해칠 수 있다는 염려가 있었다. 이러한 의식적인 정결과 부정의 기준은 이들이 신성하게 여기는 구전 율법이었다. 하지만 예수님은 의식적인 정결을 강조하는 바리새인들의 태도를 거부하셨을 뿐 아니라 바리새인들이 추구한 권위의 기반도 부인하셨다. 구전 율법은 많은 경우 성문 율법(하나님이 모세에게 주신 율법)과 모순되기 때문이다.

사두개파:
철저한 모세오경 신봉

바리새파와 달리 사두개파에 대한 지식은 아주 빈약한데 요세푸스의 글, 신약성경, 랍비 문학에 산발적으로 등장하는 자료만을 의지해 재구성해야 한다. 게다가 바리새파들이 남긴 랍비 문학의 글에는 자신들의 경쟁 당파였던 사두개파에 대한 호의적인 글들이 별로 없다. 그럼에도 남은 자료들을 종합해 사두개파의 모습을 객관적으로 재현해 보면 다음과 같다.

역사와 유래

사두개파의 역사와 유래는 많은 부분 바리새파와 겹치기 때문에 여기서는 앞서 언급하지 않은 부분들을 중심으로 기술하려고 한다. '사두개'라는 이름의 유래는 확실하지 않지만 아마도 다윗 왕 때의 대제사장이던 사독(왕상 1:38-48; 대상 16:39)에서 기원한 것으로 보인다. 사두개파는 부유한 제사장들과 귀족 계층을 중심으로 구성된 당파였다(행 5:17). 이것은 대부분이 평민들로 구성된 바리새파와 확실히 구분되는 점이다. 사두개파는 국가의 생존을 위해 그리스, 로마와 같은 이방 권력과 적극적으로 협력한 정치적 현실주의자들이었다. 이들은 그리스-로마 문화로 대표되는 이방 문화에 개방적인 태도를 취했기 때문에 평민들로부터 거의 지지를 받지 못했다.

가르침과 강령들

1. 율법은 희생제사와 관련된 것, 성경은 오직 모세오경만 인정

사두개파 신학 체계의 핵심은 성전에서 드리는 희생제사에 있었는데, 이것은 대부분 제사장들로 구성된 사두개파의 인적 구성을 알 때 그리 이상할 것이 없다. 사두개파는 모세오경에 기록된 성문 율법 외에는 바리새파에서 신성하게 여기는 구전 율법을 철저하게 무시했다. 이들에게 중요한 것은 모세오경에 기록된 율법, 그중에서도 희생제사와 관련된 율법이었다. 사두개파는 심지어 모세오경을 제외한 나머지 선지서와 시가서의 권위도 인정하지 않았다. 이것은 예수님이 사두개인과 부활에 대한 논쟁을 벌일 때 부활의 교리가 더 명확히 드러나는 이사야서나 다니엘서가 아닌 모세오경(출 3:6)의 구절을 인용하셔야 했던 이유를 설명해 준다. 이사야서나 다니엘서는 사두개파에게 전혀 설득력이 없는 성경이었기 때문이다.

2. 신학적인 보수성과 경직성

사두개파는 천사론, 악마론, 천국과 지옥, 부활과 관련된 바리새파의 급진적인 견해들을 모두 거부했는데 이것은 사도행전 23장 8절 말씀에 잘 나타난다.

> "이는 사두개인은 부활도 없고 천사도 없고 영도 없다 하고 바리새인은 다 있다 함이라"(행 23:8).

사두개인들은 운명을 믿지 않고 개인의 자유의지를 철저히 신봉했으며, 천사의 존재나 몸의 부활, 더 나아가 죽은 후에 받게 되는 상급과 형벌에 대한 교리를 인정하지 않았다. 바리새파와 달리 사두개파의 신앙은 오늘날 기독교 신앙에 비추어 볼 때도 문제가 되는 면이 많다. 하지만 여기서 한 가지 지적해야 할 점이 있다. 사두개파는 모세오경을 유일한 경전으로 여겼는데, 이 모세오경에는 회의주의자들이 볼 때도 부정할 수 없는 천사들에 대한 내용이 자주 등장한다. 사도행전 23장 8절에 나오는 사두개인들의 천사론 부정은 아마도 바리새인들이 만들어 낸 복잡한 천사론과 마귀론을 부정한다는 의미이지 일반적인 천사의 존재까지 부정한 것은 아니었을 것이다.

예수님과 사두개파

가끔 예수님께 호의적인 바리새인들이 등장하는 것과 달리 복음서에 등장하는 사두개인들은 예외 없이 예수님의 적대자로 등장한다. 그리고 그 중심에 가야바와 안나스를 중심으로 한 대제사장이 있다. 예수님을 적대한 사두개파의 모습은 예수님의 공생애 마지막 해에 있었던 재판 과정에서 잘 드러나는데, 이 부분은 뒤에서 자세히 살펴보려고 한다.

에네세파: 경건과 금욕

1948년 사해 북쪽의 쿰란 지역에서 사해 두루마리가 발견됨에 따라 바리새파와 사두개파보다 더 분파적이던 에세네파가 세상에 알려지게 되었다. 신약 시대에는 여당과 야당을 오가며 힘겨루기를 한 바리새파와 사두개파 외에도 제3의 종교 정당인 에세네파가 있었다. 에세네파는 속세와 등지고 한적한 광야에서 자신들의 공동체를 이루며 살았기 때문에 대중적인 영향력 면에서는 앞선 두 정당보다 덜했지만, 초기 기독교의 기원을 밝히는 데 있어서 특별한 의미를 가지고 있다.

역사와 유래

에세네파 역시 그 유래는 하시딤 그룹에서 시작된다. 하지만 그 정확한 시점을 밝히려면 에세네파의 지도자인 '의의 교사'와 그의 추종자들을 탄압한 마카비 왕조의 사악한 대제사장이 누구인가를 식별해야 하는 문제가 대두된다. 가능성이 있는 후보군에는 요나단, 시몬, 알렉산더 얀네우스 등이 있지만 정확히 누구인지는 확실하지 않다. 아마도 주전 2세기 중엽 아론의 후예인 알키무스가 죽고(주전 159년) 7년의 공백기를 지나 요나단이 대제사장직을 차지하자(주전 152년), 사독계 대제사장직의 복원을 주장하며 하시딤 그룹 중 일단의 무리가 유대 광야로 빠져나간 듯싶다. 이것이 아마도 쿰란 지역에서 이들이 공동체를 이룬 최초의 시기이며 열성적인 에세네파의 출발이 아닐까 추측할 뿐이다.

에세네파 인물로 역사에 최초로 알려진 인물은 유다인데, 그는 아리스토불루스 1세(주전 104~주전 103년) 통치기 때 활동하면서 미래를 예언하는 능력으로 명성을 얻었다. 유다는 왕의 형제인 안티고누스가 죽게 될 날과 장소를 정확히 예언한 것으로 유명했다.

또 다른 에세네파 선지자는 므나헴이다. 므나헴은 헤롯이 소년이었을 때 그가 장차 유대인의 왕이 될 것을 예언했는데, 헤롯은 훗날 왕이 된 후 사람을 풀어서 므나헴을 찾았다. 므나헴은 자신을 찾아온 헤롯에게 그가 20년 내지 30년 동안 왕위에 있을 것이라는 예언을 추가로 해주었다. 이런 개인적인 경험으로 인해 헤롯은 철권통치를 휘두르면서도 에세네파에 대해서는 깊은 존경심을 보였다. 사도행전에는 주후 47년경 시리아 안디옥 교회의 여러 지도자 중 한 명으로 분봉왕 헤롯 안티파스의 젖동생인 마나엔을 언급하고 있다(행 13:1). 이 마나엔은 므나헴을 그리스식으로 표기한 것인데, 그는 아마도 에세네파 선지자인 므나헴과 관련이 있는 것으로 보인다. 헤롯 대왕은 선지자 므나헴을 정중히 대우하는 뜻에서 므나헴과 이름이 같은 그의 손자 한 명을 택해서 갈릴리와 베레아 지역의 분봉왕이 될 헤롯 안티파스의 친구로 궁중에서 자라게 했다.

역사에 등장하는 또 한 명의 에세네파 인물은 시몬이다. 그는 헤롯 아켈라우스가 파면되기 직전에 꾼 꿈을 해석하기 위해 왕궁으로 호출되었는데, 이 꿈이 헤롯 아켈라우스의 임박한 몰락과 관련된 것임을 정확하게 해석했다. 5일 후 헤롯 아켈라우스는 옥타비아누스 황제 앞에 출두하라는 소환 명령을 받았고, 그것은 유대 땅으로 다시 돌아올 수 없는 길이 되었다. 유죄 판결을 받은 헤롯 아켈라우스는 골 지방으로 추방되었다.

가르침과 강령들

1. 조직 가입과 생활

에세네파의 정식 회원이 되기 위해서는 3년의 시험 기간을 거쳐야 했다. 처음 1년 동안은 에세네파의 유니폼인 흰 베옷과 허리에 걸치는 간단한 띠만을 두르고, 신명기 23장 12-14절의 규례에 따라 배설물을 묻을 구덩이를 파는 작업을 해야 했다. 1년의 시험 기간을 무사히 통과한 사람은 물로 정결하게 하는 의식을 거쳤다. 그리고 2년이 더 경과한 후에야 에세네파의 정식 회원으로 받아들여져 공동 식사에 참석할 수 있었다.

정식 회원이 된 후에도 엄격한 훈련이 기다리고 있었다. 에세네파의 하루는 태양이 떠오르기 전에 시작되었다. 떠오르는 태양을 향한 채 단체로 아침 기도문을 암송했는데, 이 기도문을 암송하기 전에는 서로 아무 말도 하지 않았다. 이후에는 감독들이 정해 준 작업을 정오 무렵까지 수행했다. 그러고 나서 단체로 정결례를 하고 베옷을 입고 식당으로 향했다. 점심식사는 에세네파의 정회원만 참석할 수 있는 장엄한 시간이었다. 점심식사는 제사장의 기도로 시작했다가 제사장의 기도로 마쳤다. 점심식사 후에 그들은 베옷을 벗고 다시 작업복으로 갈아입은 뒤 각자에게 할당된 작업을 저녁까지 수행했다. 그런 다음 저녁식사를 위해 모였는데, 이 식사에는 외부 방문객도 참석할 수 있었다.

2. 4개의 계급 구조로 이루어진 원시 공산사회

에세네파 공동체는 사독 계열의 제사장을 중심으로 제사장, 레위인, 일반 이스라엘 사람, 유대교로 개종한 이방인으로 이루어진 4개의 계급이 있었고, 공동체의 정식 회원이 되기 위해서는 사유재산을 모두 공동체에 헌납해야 했다.

3. 임박한 종말론에 기초한 운명론적 사고와 철저한 이원론적 세계관

에세네파 공동체는 구약의 선지자들이 예언한 마지막 때에 자신들이 살고 있다고 믿었고, 메시아의 도래를 통해 완성될 새로운 시대를 갈망했다. 아울러 세상을 빛과 어둠의 싸움으로 이해하면서, 자신들은 빛의 자녀로, 바깥세상은 모두 어둠의 자녀라고 여겼다. 이들은 '운명'을 만물의 여왕으로 선언하고 운명의 허락 없이는 한 개인에게 어떠한 일도 임하지 않는다고 믿는 철저한 운명론적 사고를 했다.

4. 성전의 희생제사에 대한 부정적인 태도

에세네파 공동체는 사독 계열의 대제사장이 끊기고, 이후 그리스와 로마 등 이방인 권력자에 의해 임명된 대제사장직의 정통성을 부정했을 뿐 아니라 성전에서 드려지는 희생제사에도 일절 참여하지 않았다. 심지어 이들은 당시 보편적으로 따르던 태음력에 기초한 유대 절기를 거부하고, 태양력에 따른 자체적인 월력을 만들어 절기를 지켰다고 전해진다. 에세네파의 역법에 따르면, 한 달은 30일이고 3개월마다 하루를 추가해 1년은 12개월 52주 364일이었다. 이로 인해 해마다 신년(나팔절)과 매 3개월의 첫째 날은 수요일로 시작되었고, 절기와 안식일은 해마다 동일한 날짜에 지키게 되었다. 에세네파의 역법은 예수님이 제자들과 함께 최후의 만찬을 가졌던 날짜에 대한 공관복음서와 요한복음의 불일치를 설명할 수 있는 좋은 자료가 되는데, 이 부분은 뒤에서 자세히 살펴볼 것이다.

5. 금욕주의적 생활

세속과 등지고 임박한 종말론 신앙 가운데 살아간 에세네파 공동체의 특징은 금욕주의적인 삶에서 찾을 수 있다. 이들은 대체로 독신 생활을 유지했고 공동체를 지속시키기 위해 제사장 가문의 고아들을 입양해 에세네파 공동체의 규례에 따라 훈육시켜 공동체의 미래를 준비했다.

6. 성경 필사 두루마리

에세네파 공동체 회원들이 한 작업 가운데 가장 중요한 것은 성경을 양피지에 필사하는 일이었다. 이들은 주후 68년 유대인들의 반란을 진압하기 위해 로마군이 진격해 오자 필사한 성경 두루마리를 항아리에 넣고 유대 광야 곳곳에 있는 동굴 속에 숨겨 두었다. 1947년 수많은 성경 두루마리들

사해 사본이 발견된 쿰란 동굴

이 쿰란 공동체 주변에 있는 12개 동굴에서 발견되었는데, 이것이 그 유명한 사해 사본이다.

에세네파와 세례 요한

쿰란 공동체로 대표되는 에세네파와 세례 요한의 관련성에 대한 연구는 많은 성서학자들의 관심을 집중시켰다. 다음의 몇 가지 이론들은 세례 요한이 본격적인 사역을 시작하기 전에 에세네파와 어느 정도 관련이 있었음을 시사해 준다.

첫째, 세례 요한 역시 에세네파 공동체의 주요 구성원인 제사장 가문이었다.

둘째, 세례 요한의 부모는 그가 탄생할 당시 노인이었기 때문에(눅 1:18) 세례 요한은 일찍이 고아가 되었을 가능성이 높다. 에세네파는 가급적 독신을 유지하며 공동체의 미래를 위해 제사장 가문의 고아를 입양해서 키웠는데 세례 요한이 에세네파 공동체에 입양되어 훈육 받았을 가능성을 전혀 배제할 수 없다.

셋째, 세례 요한의 주된 활동 무대가 유대 광야였는데(눅 3:2), 이곳은 에세네파 공동체가 있는 쿰란 공동체와 무척 가까운 곳이었다.

넷째, 요세푸스도 지적했듯이 세례 요한이 행한 세례 의식과 에세네파 공동체가 행한 정결례는 무척 유사했다.

이상에서 언급한 세례 요한과 에세네파의 관련성은 현대 그리스도인들의 흥미를 자아내지만, 유사성의 하나로 지적된 '세례'에 있어서만큼은 오히려 둘 사이의 차이점을 명확하게 드러내 준다. 세례 요한의 세례는 '죄 사함을 얻게 하는 회개의 세례'(눅 3:3)로서 단 한 번으로 끝나지만, 에세네파의 정결례는 매일 행하는 정기적인 의식이었기 때문이다. 만일 세례 요한이 에세네파의 쿰란 공동체에서 성장했다면 그가 본격적으로 자신의 사역을 시작할 즈음에는 쿰란 공동체와 단절했을 것으로 추정할 수 있다.

열심당:
무기 들고 이스라엘 프리덤

1세기 당시 유대 종교 정당의 네 번째 세력은 열심당으로 불리는 그룹이다. '열심'이라는 말은 이스라엘 하나님의 명예만을 추구하는 종교적인 시기심을 가리키는데, 이스라엘에는 잘 정립된 종교적 열심의 전통이 내려오고 있었다.

종교적 열심의 기원은 아론의 손자인 비느하스 때까지 거슬러 올라간다. 비느하스는 바알브올의 배교 사건 때 여호와를 위한 열심으로 부패한 자들을 근절하기 위해 과감한 행동을 취했다(민 25:7-13; 시 106:28-31). 또한 왕국의 분열기에 엘리야 선지자는 종교적 열심으로 바알 숭배에 빠진 시대적 분위기에 맞서 분연히 일어났다(왕상 19:10). 안티오쿠스 4세의 헬레니즘 정책에 맞서 일어난 마카비 혁명 역시 그 주동자인 맛다디아와 다섯 아들의 종교적 열심에서 비롯된 것이다. 맛다디아는 혁명의 불을 밝히며 이렇게 외쳤다.

"누구든지 율법에 열심이 있는 자는 나를 따르라."

이스라엘에서 '열심'은 하나님의 명예를 추구하는 종교적 열심을 의미하는데, 이런 개념은 신약성경에도 종종 등장한다.

> "내가 내 동족 중 여러 연갑자보다 유대교를 지나치게 믿어 내 조상의 전통에 대하여 더욱 열심이 있었으나"(갈 1:14).

> "그들이 듣고 하나님께 영광을 돌리고 바울더러 이르되 형제여 그대도 보는 바에 유대인 중에 믿는 자 수만 명이 있으니 다 율법에 열성을 가진 자라"(행 21:20).

예수님의 제자 가운데 누가는 과거 열심당 당원이던 시몬을 소개하고 있는데(눅 6:15; 행 1:13), 이것은 열심당 운동이 1세기 당시 결코 미약하지 않은 종교적 운동이었음을 보여 준다.

역사와 유래

제4정파인 열심당의 시작은 주전 47년으로 거슬러 올라간다. 갈릴리 지역의 총독으로 임명된 헤롯은 북쪽 시리아 지역에서 세력을 떨치던 일단의 강도떼를 잡아서 즉결 처형했는데, 이 강도단의 우두머리인 히스기야가 열심당 운동의 시조로 여겨진다. 히스기야가 단순한 강도떼의 두목이 아니라 애국적인 저항자였다는 사실은 그의 처형 소식을 접한 예루살렘의 산헤드린이 분노한 데서도 잘 드러난다.

헤롯이 죽자(주전 4년) 히스기야의 아들 유다는 한 떼의 무리를 이끌고 갈릴리 지역의 수도인 세포리스에 있는 왕궁의 무기고를 급습해 전투력을 갖춘 후 로마에 대한 무장 봉기를 주도했다. 이 폭동은 전국으로 확산되었기 때문에 시리아 총독인 퀸틸리우스 바루스(Quintilius Varus)가 즉각적으로 개입해 세포리스를 불태우고 반란을 진압했다.

유다는 주후 6년 헤롯 아켈라우스가 파직된 후에도 다시 로마에 대항해 봉기를 일으켰다. 헤롯 아켈라우스가 파직된 후 그가 다스리던 유대 지역은 로마의 속주로 편입되었는데, 시리아 총독인 구레뇨는 유대 지역에서 거두어들일 공물의 양을 결정할 목적으로 인구조사를 실시했다. 이때 유다는 하나님의 백성이 이교도 통치자(로마 황제)에게 공물을 바치는 것은 있을 수 없는 배교 행위라고 주장하며 로마에 대항해 반역을 일으켰다. 이 유다의 봉기는 가말리엘이 산헤드린 재판정에서 사도들을 변호하는 중에 등장하기도 한다.

> "그 후 호적할 때에 갈릴리의 유다가 일어나 백성을 꾀어 따르게 하다가 그도 망한즉 따르던 모든 사람들이 흩어졌느니라"(행 5:37).

로마에 맞선 열심당 운동의 지휘권은 유다의 두 아들인 야곱과 시몬에게로 넘어가는데, 이들 역시 반란을 일으켰다가 주후 46년경 유대 총독 알렉산더(주후 46~48년)에게 사로잡혀 십자가에서 처형당했다. 20년 후인 주후 66년에는 메나헴이라는 다른 아들(혹은 손자)이 엔게디에서 반란을 일으키고 메시아로 추앙을 받으며 예루살렘에 입성하지만 정적에게 암살되고 만다. 첩의 아들인 요셉은 갈릴리 지역의 감라 전투를 이끌고 5,000명에 가까운 반란군과 함께 전원 자결함으로써 생을 마감했다(주후 67년). 마지막으로 손자인 엘르아살(야이르의 아들)은 1,000명에 가까운 반란군과 함께 마사다에서 3년간(주후 70~73년) 최후의 항전을 하다가 역시 전원 자결함으로써 생을

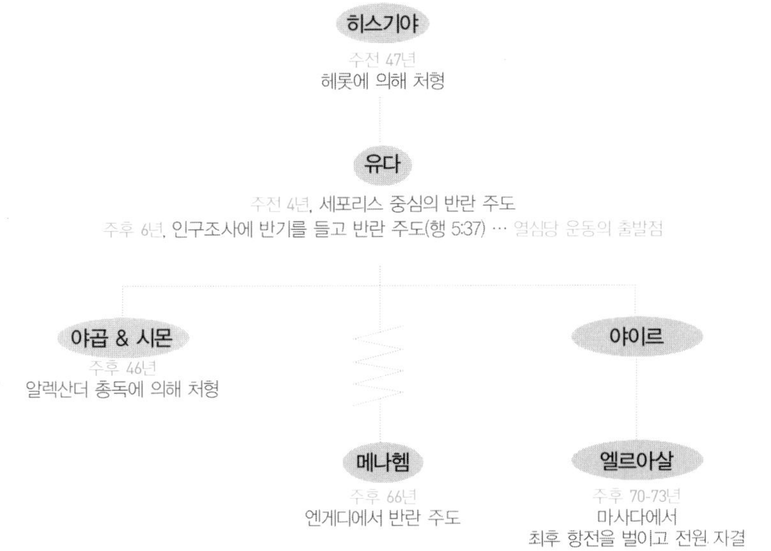

열심당 지도부의 가계도

마감하는데, 이로써 히스기야 때부터 세습적으로 내려온 열심당 운동의 지도부는 종말을 맞게 된다.

열심당은 종종 '시카리'(sicarii)라는 호칭으로도 등장한다. 이것은 열심당원들이 옷 속에 단검(sica)을 숨긴 채 저잣거리에 나타나 친로마파 유대인들을 찌르고 군중 속으로 유유히 사라졌기 때문에 붙은 별명이다. 시카리는 일종의 '암살단'인데, 이는 마치 일제 시대에 친일파를 암살한 애국주의자들을(예를 들면 안중근 의사) 연상시킨다. 시카리는 천부장이 바울을 심문하는 말 속에도 등장한다.

> "그러면 네가 이전에 소요를 일으켜 자객(시카리) 사천 명을 거느리고 광야로 가던 애굽인이 아니냐"(행 21:38).

가르침과 강령들

열심당의 신앙 노선은 대체로 바리새파와 비슷하다. 하지만 바리새파가 하나님의 직접적인 개입을 기다리며 그때가 올 때까지는 어쩔 수 없이 이방의 멍에를 짊어지는 것이 상책이라고 여긴 것과 달리, 열심당은 하나님의 도움을 기대하며 무력 봉기를 통해서 이방의 압제에서 벗어나야 한다고 주장했다. 열심당의 이상적인 롤모델은 맛다디아와 그 아들들이 일으킨 마카비 혁명이었는데, 이들은 무력 봉기를 통해 셀류코스의 압제에서 벗어나 유대 독립왕조를 세웠기 때문이다.

열심당은 이스라엘을 이방의 멍에에서 자유롭게 하는 것이 분명한 하나님의 뜻이기 때문에 무작정 하나님의 때를 기다리기보다는 무장 봉기를 통해 하나님의 때를 앞당길 수 있다고 주장했다. 결국 바리새파가 '무릎'을 꿇고 하나님의 개입을 위해 기도했다면, 열심당은 '무기'를 들고 하나님의 개입의 때를 앞당기겠다고 나선 것으로 볼 수 있다.

열심당의 사상은 1세기 당시 유대 민중들의 저변에 폭넓게 깔려 있었는데, 예수님이 주후 30년경 유월절을 앞두고 성전에서 가르치실 때 "가이사에게 세금을 바치는 것이 옳으니이까 옳지 아니하니이까"(막 12:14)라는 질문을 받은 것도 이러한 배경에서 이해해야 한다.

Chapter 5-5

성전 청결 사건의 비하인드 스토리

_대제사장직을 둘러싼 이권 싸움

예수님의 생애를 다루는 사복음서의 중요한 배경 가운데 대제사장을 빼놓을 수가 없다. 누가는 역사가답게 세례 요한부터 시작되는 예수님의 공생애 사역의 역사적 배경을 다음과 같이 기록하고 있다.

> "디베료 황제가 통치한 지 열다섯 해 곧 본디오 빌라도가 유대의 총독으로, 헤롯이 갈릴리의 분봉 왕으로, 그 동생 빌립이 이두래와 드라고닛 지방의 분봉 왕으로, 루사니아가 아빌레네의 분봉 왕으로, 안나스와 가야바가 대제사장으로 있을 때에 하나님의 말씀이 빈 들에서 사가랴의 아들 요한에게 임한지라"(눅 3:1-2).

여기서 우리가 주목할 인물은 대제사장으로 등장하는 안나스와 가야바다. 원래 대제사장은 아론의 후손이 종신직으로, 그리고 세습직으로 섬겨야 했다. 그런데 세례 요한이 사역을 시작할 때 유대 땅에는 안나스와 가야바 두 사람이 대제사장으로 있었다고 누가는 기록하고 있다. 누가는 이를 통해 대제사장직을 둘러싼 당시의 부패상을 은근히 드러내고 있는 것이다.

예수님이 공생애 사역 중 처음 맞는 유월절에 성전 청결 사건으로 화려하고 시끌벅적하게 데뷔하신 것도 당시 대제사장직을 둘러싼 부패와 타락과 직접적인 관련이 있다. 여기서는 먼저 포로기 이후부터 성전이 파괴되는 주후 70년까지의 대제사장직 계보를 추적한 후에 예수님의 공생애 사역 당시 대제사장직을 둘러싼 극도의 부패와 타락상에 대해 살펴보고자 한다.

그리스 시대의 대제사장

시몬(주전 200년 이후)

오니아스 3세(주전 175년까지)

야손(히브리식 이름은 예수, 주전 175~주전 172년)

메넬라우스(주전 172~주전 162년)

알키무스(히브리식 이름은 야킴, 주전 162~주전 159년)

포로기 이후 대제사장은 유대 사회에서 가장 중요한 인물로서 신정 국가의 우두머리로 인정되었다. 주전 586년 유다 왕국의 멸망 이후 국가로서의 정체성이 사라진 상황에서 대제사장은 유대 공동체의 대표로서 페르시아와 그리스 군주들의 인준을 받고 절대적인 영향력을 행사해 왔다. 솔로몬 정권이 등장한 이후부터 대제사장직은 아론의 후예 중에서도 특별히 사독 계열이 세습적으로 장악해 왔다. 사독 계열의 대제사장은 왕국이 멸망하고 포로들이 귀환해 2차 성전을 건축할 때도 계속 이어졌다.

사독 계열의 합법적인 대제사장으로서 마지막 직무를 수행한 사람은 오니아스 3세였다. 그의 동생 야손은 셀류코스의 왕 안티오쿠스 4세에게 거액의 돈을 주고 형의 대제사장직을 찬탈했다. 이때부터 유대 땅에서는 대제사장직을 둘러싼 성직 매매의 악순환이 시작되었고, 정치와 종교의 결탁이라고 하는 악취가 진동하게 되었다. 하지만 야손은 자신보다 더 많은 뇌물을 약속한 메넬라우스로 인해 축출되고, 이때부터 대제사장의 사독 계열 계승은 끊어지고 만다.

메넬라우스가 축출되고 그 뒤를 이은 알키무스는 비록 사독 계열은 아니지만 아론 계통의 제사장으로 인정받았다. 알키무스가 임명될 무렵, 오니아스 3세의 아들(오니아스 4세)은 예루살렘 성전에서 더 이상 사독 계열의 대제사장이 설 수 없음을 알고 이집트로 망명했다. 그리고 오니아스 4세는 이집트 프톨레미 6세의 허락을 받고 레온토폴리스에 예루살렘 성전을 본뜬 자체적인 성전을 건축했다. 그곳에서 오니아스 4세와 그의 자손들은 주후 73년 로마의 베스파시아누스 황제에 의해 폐쇄될 때까지 2세기가 넘는 동안 대제사장직을 유지했다.

마카비 시대의 대제사장

요나단(주전 152~주전 142년)

시몬(주전 142~주전 134년)

요한 힐카누스(주전 134~주전 104년)

아리스토불루스 1세(주전 104~주전 103년)

알렉산더 얀네우스(주전 103~주전 76년)

힐카누스 2세(주전 76~67년, 주전 63~주전 40년)

아리스토불루스 2세(주전 67~주전 64년)

안티고누스(주전 40~주전 37년)

알키무스가 대제사장직을 불과 3년간 수행하고 죽은 후 유대 역사에서 대제사장직이 7년간 공석이 된 전대미문의 사건이 발생했다. 결국 주전 152년에 대제사장직은 맛다디아(마카비 혁명의 최초 주동자)의 아들 요나단이 차지했다. 당시는 마카비 혁명이 발발하고 마카비 독립 왕조가 들어서기 위한 막판 진통의 시간이었다. 요나단은 셀류코스 왕국에서 안티오쿠스 4세가 죽고 내란이 일어나자 알렉산더 발라스(안티오쿠스 4세의 둘째 아들)를 지지하면서 그에 대한 대가로 대제사장직을 인준 받았다. 하지만 요나단이 속한 하스모니안 가(家)는 아론의 후손도 사독 계열도 아닌, 여호야립의 계열에 속한 일반 제사장 가문이었다.

주전 142년 요나단이 죽고 그의 형제 시몬이 대제사장이 되었을 때는 더 이상 셀류코스 왕의 인준이 필요 없었다. 마침내 마카비 독립 왕조가 탄생했기 때문이다. 주전 140년 유대인 의회는 시몬을 유대 국가의 주권자이자 총사령관으로, 그리고 대대로 세습되는 대제사장으로 임명한다고 선포했다. 시몬 이후 마카비 왕조가 몰락할 때까지 대제사장직은 그의 가문이 세습했다. 단, 알렉산드라 여왕의 통치기(주전 76~주전 67년)에만 여자가 대제사장직을 수행할 자격이 없어서 그녀의 장남 힐카누스 2세가 대신 맡았다.

알렉산드라 여왕이 죽고 두 아들(힐카누스 2세와 아리스토불루스 2세) 간의 내란으로 대제사장직은 힐카누스 2세, 아리스토불루스 2세, 안티고누스(아리스토불루스 2세의 둘째 아들)가 순차적으로 차지한다. 특히 안티고누스는 파르티아 군대에 힘입어 대제사장직을 차지하면서 자신의 삼촌인 힐카누스 2세의 귀를 자름으로써 후환을 없앴다. 율법에 의하면, 신체 불구자는 대제사장직을 차지할 수 없기 때문에(레 21:17) 이것은 결과적으로 효과적인 뒤처리였다고 볼 수 있다.

헤롯 왕조 시대의 대제사장

헤롯 대왕 통치기(주전 37~주전 4년)

아나넬루스(주전 37~주전 36년, 주전 34~주전 22년)

아리스토불루스 3세(주전 35년)

피아비의 아들 예수(주전 22년)

보에투스의 아들 시몬(주전 22~주전 5년)

테오빌로의 아들 맛다디아(주전 5~주전 4년)

엘렘의 아들 요셉(주전 5년)

보에투스의 아들 요아살(주전 4년)

헤롯이 로마의 후원에 힘입어 유대인의 왕으로 등극한 후부터 성전이 파괴될 때까지(주전 37~주후 70년) 107년 동안 무려 28명의 대제사장이 난립했는데, 이 시기는 유대 역사에서 대제사장을 둘러싼 부패와 타락이 가장 극심한 때였다. 바로 이런 시기에 예수님이 공생애 사역을 하신 것이다. 헤롯은 마카비 왕조의 마지막 대제사장인 안티고누스를 처형함으로써 유대인의 왕으로서 자신의 공식적인 직무를 시작했다.

하지만 헤롯 왕조가 등장하면서 대제사장직은 뜨거운 감자로 부상하게 된다. 이전 마카비 왕조는 왕이 대제사장을 겸직했지만, 헤롯은 그러기가 어려웠다. 비록 든든한 로마의 후원으로 왕이 되었지만 헤롯에게는 제사장의 피가 흐르지 않았고 게다가 혈통상 유대인도 아니었다. 비록 유대교로 개종했지만 헤롯은 유대인들이 혐오하는 에돔인이었기에 대제사장직까지 차지할 경우 거센 반발이 예상되었다. 그런 까닭에 헤롯은 유대인들에게 강력한 영향력을 행사하는 대제사장직에 자신의 측근을 세우기 위해 바벨론 출신으로 혈통이 불확실한 유대인인 아나넬루스를 임명했다.

이것은 헤롯의 장모인 알렉산드라의 분노를 샀는데, 알렉산드라는 아버지(힐카누스 2세)가 귀가 잘려 대제사장의 자격이 없다면 그 자리는 마땅히 자신의 아들인 아리스토불루스 3세가 차지해야 한다고 주장했다. 헤롯은 결국 장모의 등쌀에 못 이겨 처남(아리스토불루스 3세)을 대제사장직에 임명하지만, 1년도 못 되어 그를 여리고에서 익사를 가장해 암살하고 만다. 대제사장직은 다시 아나넬루스(주전 34~주전 22년)의 차지가 된다.

주전 22년경 대제사장직은 피아비의 아들 예수에게 넘어갔지만, 그의 임기는 채 1년도 못 됐고, 대제사장직은 다시 알렉산드리아의 유력한 가문인 보에투스의 아들 시몬에게 넘어갔다. 시몬이 대제사장에 발탁된 것은 미모가 출중한 그의 딸 마리암네 2세에게 헤롯이 첫눈에 반했기 때문이다. 헤롯은 그녀를 왕후로 삼고자 했으나, 평민의 딸에게 왕후의 지위를 주는 것이 문제가 되자 그녀의 아버지를 대제사장으로 임명해 귀족의 신분으로 상승시킨 후 그녀를 아내로 맞이했다.

헤롯은 말년이 되어 질병이 악화되자 자신을 독살하려 한 장자 안티파터 대신 마리암네 2세와의 사이에서 낳은 빌립을 왕위 계승자로 지명하려고 했다. 하지만 안티파터가 꾸민 독살 음모를 조사하는 과정에서 마리암네 2세가 음모를 알고도 알리지 않았다는 혐의를 받게 되었다. 이로 인해 마리암네 2세는 왕후에서 폐위되었고, 빌립은 후계자 명단에서 지워졌다. 아울러 딸 덕에 대제사장이 된 시몬 역시 파직되고 대제사장직은 예루살렘 출신인 테오빌로의 아들 맛다디야에게 돌아갔다.

시몬은 비록 대제사장직에서 축출되었지만, 이후 수십 년 동안 그가 속한 보에투스 가문은 여러 명의 대제사장을 배출했다. 맛다디야는 헤롯이 성전 입구에 세워 둔 금 독수리 형상을 율법에 열심이 있는 청년들이 파괴한 일에 연루되어 파직되었고, 대제사장직은 다시 보에투스의 아들 요아살에게 넘어갔다. 그리고 며칠 후 헤롯은 죽었다.

헤롯 아켈라우스 통치기(주전 4-주후 6년)

보에투스의 아들 엘르아살(주전 4년)

씨의 아들 예수(주전 4-주후 6년)

보에투스의 아들 요아살(주후 6년)

헤롯의 뒤를 이어 유대 지역의 통치자가 된 헤롯 아켈라우스는 10년의 통치기 동안 대제사장을 세 번 바꾸었다. 먼저 헤롯이 죽으면서 남긴 유언장을 인준 받기 위해 로마에 간 사이에 유대 땅에서 일어난 폭동에 연루된 보에투스의 아들 요아살을 파직하고 그의 동생 엘르아살을 임명했다. 하지만 엘르아살도 얼마 지나 폐위되고, 씨의 아들 예수가 그 자리를 차지했다. 하지만 헤롯 아켈라우스가 파직될 무렵 보에투스의 아들 요아살이 다시 대제사장직에 돌아와 시리아 총독 구레뇨와 함께 인구조사 작업에 협력하게 된다.

초기 로마 총독(주후 6~37년)

셋의 아들 안나스(주후 6~15년)

이스마엘의 아들 피아비(주후 15~16년)

안나스의 아들 엘르아살(주후 16~17년)

카미토스의 아들 시므온(주후 17~18년)

요셉 가야바(주후 18~37년): 안나스의 사위

안나스의 아들 요나단(주후 37년)

안나스의 아들 테오빌로(주후 37~41년)

헤롯 아켈라우스가 파직되면서 유대 지역은 다시 로마가 파견한 총독의 직접 통치를 받았는데, 이때부터 대제사장직은 이선에 페르시아와 그리스의 지배하에서 누리던 상당한 자치권을 회복하게 된다. 다시 한 번 대제사장은 70명의 장로(대제사장 자신을 포함하면 71명)로 구성된 산헤드린 공회를 주관하고 유대 국가의 대소사를 처리할 수 있게 되었다. 물론 그 권세가 마카비 독립 왕조 때의 전성기와 비교할 수는 없지만, 그래도 헤롯 가계의 치하에서 마치 파리 목숨과도 같던 치욕은 면할 수 있었다.

시리아 총독 구레뇨는 인구조사에 응하도록 유대 백성들을 잘 설득한 요아살의 수고에도 불구하고 그를 대제사장직에서 파직했다. 이것은 인구조사에 반발해서 일어난 유대 지역의 폭동을 요아살이 잘 통제하지 못한 데 대한 징계였다.

유대 백성은 로마에 세금을 바치기 위한 목적으로 실시된 인구조사에 맞서 갈릴리 출신의 유다를 중심으로 대규모 봉기를 일으켰다. 하지만 이런 유다와 달리 유대 민족을 대표하는 대제사장은 로마 총독과 한 패가 되어 인구조사에 협력하도록 독려했는데, 이런 모습을 보며 유대 백성은 피가 거꾸로 솟는 굴욕감을 느꼈을 것이다. 로마 총독과 손잡은 대제사장은 마치 우리나라 역사에서 친일파와 다를 게 없었다.

시리아 총독 구레뇨는 요아살의 후임으로 셋의 아들 안나스를 임명했다. 안나스는 성전이 파괴되는 주후 70년까지 가장 영향력 있는 대제사장 가문 중 하나였고, 그중에서도 가히 우두머리 가문에 속했다. 자신을 포함해 그의 네 아들과 한 명의 사위 그리고 한 명의 손자가 여러 시기에 걸쳐 대제사장직을 돌아가면서 차지했기 때문이다. 안나스는 유대 총독으로 부임한 발레리우스 그라투스에 의해 파직되어 이스마엘의 아들 피아비가 그 자리를 차지했다.

하지만 안나스는 대제사장직에서 물러난 후에도 오랫동안 배후에서 강력한 영향력을 발휘했다. 사도 요한은 예수님이 재판을 받았을 당시 가야바(안나스의 사위)가 대제사장이었지만, 안나스가 예수님을 빌라도 앞에 세우는 데 주역을 담당했다고 암시하고 있다(요 18:13-24). 또한 누가는 산헤드린이 사도들의 복음 전파를 막기 위해서 취한 심문에서도 그가 주역을 담당했다고 말한다(행 4:6).

안나스가 물러나고 가야바(안나스의 사위)가 등장하기까지 세 명의 대제사장이 등장했지만, 이들은 발레리우스 그라투스 총독에 의해 모두 1년의 짧은 임기를 마치고 교체되었다. 하지만 발레리우스 그라투스 총독(주후 15~26년)은 주후 18년 가야바를 대제사장에 임명한 후 그의 남은 8년의 총독 임기 동안 가야바를 계속 유임했다. 주후 26년 본디오 빌라도 총독이 임명되었지만 가야바는 교체되지 않았다. 사실상 가야바와 빌라도는 10년 후 몇 달의 차이를 두고 함께 파직되었다.

가야바의 대제사장 재임 기간은 무려 18년이나 되었는데, 이것은 유대 땅이 헤롯의 통치로 넘어간 이후 헤롯의 장인 시몬(보에투스의 아들)과 함께 가장 오래된 임기였다. 이것은 분명 엄청난 뇌물을 통한 외교와 처세술 덕택이요,

부분적으로는 영향력 있고 부유한 그의 친척들 덕분이었을 것이다.

가야바의 장기 집권도 주후 36년 시리아 총독 비텔리우스에 의해 끝이 났는데, 비텔리우스 총독은 안나스의 아들 요나단으로 가야바를 대신하게 했다. 비텔리우스는 이듬해인 주후 37년에 요나단을 파직하고 그 자리에 그의 형제 테오빌로를 임명했다.

아그립바 1세(주후 37-44년)

보에투스의 아들 칸데라스(주후 41-42년)

안나스의 아들 맛다디야(주후 42-43년)

칸데라스의 아들 엘리오에나이(주후 43-44년)

아그립바 1세가 통치하는 동안, 그는 3명의 대제사장을 임명했다. 첫 번째가 보에투스의 셋째 아들 칸데라스였고, 다음이 안나스의 넷째 아들 맛다디야였고, 마지막이 칸데라스의 아들 엘리오에나이였다.

후기 로마 총독기(주후 44~70년): 칼키스의 헤롯과 아그립바 2세

칼키스의 헤롯

카미의 아들 요셉(주후 44~47년)

네데베오의 아들 아나니아(주후 47~58년)

주후 44년에 아그립바 1세가 죽은 후 유대 땅은 다시 로마의 총독령으로 떨어졌지만 대제사장 임명권은 총독에게 넘어가지 않았다. 클라우디우스 황제는 칼키스의 왕이며 아그립바 1세의 동생인 헤롯에게 이 권한을 부여했다. 아그립바 1세의 아들인 아그립바 2세가 당시 17세로 아직 미성년자였기 때문이다. 주후 48년 칼키스의 헤롯이 죽은 후 대제사장 임명권은 성인이 된 아그립바 2세에게 넘어가 성전이 파괴되는 주후 70년까지 이 권한을 행사하게 된다.

칼키스의 헤롯은 두 명의 대제사장, 곧 카미의 아들 요셉(주후 44~47년)과 네데베오의 아들 아나니아(주후 47~58년)를 임명했다. 후자는 신약성경에 바울을 심문한 대제사장으로 등장하는 인물이다(행 23:2). 랍비 전승에 의하면, 아나니아는 제사장들에게 돌아가야 할 희생제물의 수입을 혼자서 탈취할 정도로 파렴치한 인물이었다고 전해진다. 그는 대제사장직에서 물러난 후에도 8년을 더 살았지만 주후 66년 열심당 주도로 로마에 대한 반란이 일어날 때 열심당원들에게 피살되고 만다.

아그립바 2세

이스마엘 아들 피아비 2세(주후 58~61년)

요셉 카비(주후 61~62년)

아나니아의 아들 아나니아(주후 62년)

담나이오스의 아들 예수(주후 62~63년)

가말리엘의 아들 예수(주후 63~65년)

테오빌로의 아들 맛다디아(주후 65~67년)

사무엘의 아들 비느하스(주후 67~70년)

아그립바 2세는 모두 7명의 대제사장을 임명했다. 이 중 아버지와 이름이 같은 아나니아의 아들 아나니아는 주후 62년 베스도 총독의 서거에 따른 총독직의 궐위 기간에 야고보(예수님의 형제)를 처형함으로써 월권행위를 한 대제사장이었다. 아그립바 2세는 재빨리 아나니아를 대제사장직에서 파직함으로써 자신이 이 불법적인 행동과 아무런 관련이 없음을 로마에 보이려 했다. 성전이 파괴되기 전 마지막으로 직무를 수행한 대제사장은 소작농가 출신의 제사장인 사무엘의 아들 비느하스였다.

성전 청결 사건은 안나스 가문을 겨냥한 것(?)

성전 청결 사건은 예수님의 공생애 초기와 말기에 각각 한 번씩 있었는데, 이것은 당시 안나스 가문의 성직 매매와 총체적인 부패를 겨냥해서 이루어진 것이다. 보에투스의 아들 시몬이 대제사장에 취임할 때부터 로마에 대한 봉기로 성전이 파괴될 때까지 대제사장직은 4개의 유력한 가문에서 돌아가면서 차지했다. 그 가문은 보에투스, 안나스, 칸데라스, 이스마엘 가문이다. 이들은 대제사장직뿐만 아니라 성전을 중심으로 한 신정 공동체 성격이 강한 주후 1세기 이스라엘 사회에서 성전 감독과 문지기 등 주요 요직을 독차지했는데, 탈무드(B.Pesahim)에는 당시 평민들이 이 4개의 가문을 풍자한 영창이 소개되어 있다.

아, 슬프도다, 보에투스의 집이여!
슬프도다, 그들의 클럽이여!

아, 슬프도다, 안나스의 집이여!

슬프도다, 그들의 수군거림이여!

아, 슬프도다, 칸데라스의 집이여!

슬프도다, 그들의 편이여!

아, 슬프도다, 이스마엘의 집이여!

슬프도다, 그들의 주먹이여!

그들은 대제사장들이며, 그들의 아들들은 성전 관리자들이로다.

그들의 사위들은 성전 간부이며 그들의 종들은 곤봉으로 사람들을 치는도다!

이 네 가문 중 특히 안나스 가문은 가히 독보적인 영향력을 행사했는데, 안나스 자신은 물론이고 그의 4명의 아들, 1명의 사위, 1명의 손자가 돌아가면서 대제사장직에 올랐다.

4명의 아들: 엘르아살(주후 16~17년), 요나단(주후 37년),
테오빌로(주후 37~41년), 맛다디아(주후 42~43년)

1명의 사위: 가야바(주후 18~37년)

1명의 손자: 테오빌로의 아들 맛다디아(주후 65~67년)

우리나라 조선 후기에 등장한 안동 김씨, 풍양 조씨 등 몇몇 가문이 막강한 영향력을 행사하며 세도정치를 한 것처럼, 주후 1세기 이스라엘 사회에서도 비슷한 현상이 발생한 것이다. 당시 안나스 가문은 가장 막강했고, 가장 부패했고, 그래서 가장 악평을 얻은 대제사장 가문이었다. 성결과 거룩

의 상징이어야 할 대제사장이 이처럼 부정과 부패의 상징으로 둔갑한, 그야말로 영적으로 가장 어두운 시대에 예수님은 공생애 사역을 시작하신 것이다. 예수님의 공생애 사역 초기와 말기에 있었던 성전 청결 사건은 이처럼 예수님이 혈혈단신으로 당시 '나는 새도 떨어뜨린다'는 안나스 가문의 막강한 권력에 맞선 것이다.

안나스는 발레리우스 그라투스 총독의 부임과 함께 부패 혐의로 파직되었지만, 이후에도 아들, 손자, 사위 등을 내세워 막후에서 무소불위의 영향력을 행사했다. 특히 안나스 가문의 부패는 감람산 위에 차린 제수용품 판매점에서 절정에 달했다. 안나스는 성전에 바칠 제수용품의 적격성 여부를 심사하는 권한이 대제사장에게 있는 것을 악용해 자신의 제수용품 판매점에서 구입한 희생제물에만 적격 판정을 내리는 방법으로 손쉽게 부를 축적한 것이다.

당연히 이곳에서 파는 제수용품은 시중 가격보다 몇 배나 비싸서 돈을 거의 갈퀴로 긁어 갈 만큼 폭리를 취했다. 이렇게 축적한 엄청난 부는 당연히 로마 총독에게 바치는 뇌물로 사용되었다. 한마디로 정치와 종교의 완벽한 유착이었다. 안나스는 이것도 모자라 성전 안 이방인의 뜰에도 제수용품 판매를 위한 임시 출장소를 개설했는데, 예수님은 이곳에서 상을 뒤집어엎음으로써 성전 청결 사건을 일으키신 것이다.

단원평가문제

01 다음 중 예수님이 초기 유대 사역에서 부른 5명의 제자에 들지 않는 사람은?
(1) 요한 (2) 안드레
(3) 빌립 (4) 야고보

02 다음 중 예수님이 세례 요한으로부터 세례를 받은 곳은 어디인가?
(1) 여리고
(2) 베다니
(3) 요단 건너편 베다니
(4) 살렘 근처 애논

03 다음 중 예수님의 공생애 사역 본부가 있었던 도시는 어디인가?
(1) 나사렛 (2) 가버나움
(3) 벳새다 (4) 고라신

04 다음 중 예수님 당시 가장 영향력이 있던 대제사장 가문은 어디인가?
(1) 안나스 (2) 보에투스
(3) 칸데라스 (4) 이스마엘

05 예수님 당시 사색 당파 중 지극히 운명론적인 세계관을 가진 당파는 어디인가?
(1) 바리새파 (2) 에세네파
(3) 사두개파 (4) 열심당

06 예수님 당시 사색 당파 중 세례 요한과 관련이 있을 것으로 추정되는 당파는 어디인가?
(1) 바리새파 (2) 에세네파
(3) 사두개파 (4) 열심당

07 다음 중 열심당 지도부의 가계도에서 최초의 조상은 누구인가?
(1) 히스기야 (2) 유다
(3) 엘르아살 (4) 메나헴

정답
01. 4, 02. 3, 03. 2, 04. 1, 05. 2, 06. 2, 07. 1,

08 다음 중 열심당 지도부 중 주후 70-73년 마사다 항전을 이끌고 전원 자결한 사람은 누구인가??

(1) 히스기야 (2) 유다

(3) 엘르아살 (4) 메나헴

09 다음 중 헤롯 대왕이 통치를 시작한 후 최초로 대제사장에 임명된 사람은 누구인가?

(1) 아리스토불루스 3세

(2) 아나넬루스

(3) 보에투스의 아들 시몬

(4) 피아비의 아들 예수

10 다음 중 유대 땅의 최후의 대제사장은 누구인가?

(1) 요셉 카비

(2) 가말리엘의 아들 예수

(3) 테오빌로의 아들 맛다디야

(4) 사무엘의 아들 비느하스

08. 3, 09. 2, 10. 4

주후 28년 or 29년

Part 6

치유와 권능 그리고 예수님의 공생애 2년

여기서는 이번 장의 제목을 공생애 2년으로 잡고 해당 연도를 주후 28 or 29년으로 잡을 수밖에 없었던 이유부터 설명해야 할 듯하다. 단도직입적으로 말해서 연도 문제는 예수님의 공생애 사역을 연대기적으로 재구성하고자 할 때 제기되는 몇 가지 난제들 중 하나이다. 이 난제는 예수님이 공생애 기간 동안 모두 몇 번의 유월절을 보내셨는가에 관한 것이다.

성서학자들 사이에서도 두 번설, 세 번설, 네 번설, 다섯 번 이상설 등 다양한 견해가 있을 정도로 난해한 문제에 속한다. 예수님이 공생애 기간 동안 보내신 세 번의 유월절에 대한 기록은 확실하지만 학자들은 여기에 추가적으로 몇 번의 유월절이 더 있을 것으로 추정한다.

첫 번째 유월절: 성전 청결 사건(요 2:13-25)

두 번째 유월절: 오병이어 기적 사건(요 6:1-15; 막 6:30-44; 눅 9:10-17; 마 14:13-21)

세 번째 유월절: 십자가의 죽음 사건(사복음서 후반부에 모두 기록되어 있음.)

학자들 사이에서 논란의 핵심이 되는 것은 예수님이 베데스다 연못을 방문하신 절기가 언제인가 하는 문제다. 요한복음에만 기록되어 있는 이 사건에서 요한 자신도 이 절기를 구체적으로 밝히지 않고 있기 때문이다.

> "그 후에 유대인의 명절이 되어 예수께서 예루살렘에 올라가시니라"(요 5:1).

학자들은 이 절기를 수전절, 유월절, 부림절, 초막절, 오순절 등으로 다양하게 제기하고 있다. 만약 이 절기를 유월절로 본다면 예수님은 공생애 기간 동안 총 네 번의 유월절을 지내신 것이 되지만, 이것 역시 확실치 않기 때문에 여기서는 그냥 주후 '28년 or 29년'으로 표현하는 것이 최선이라 생각한다.

Chapter 6-1

눈이 번쩍
귀가 쫑긋,
치유자 예수님

_유대와 갈릴리에서의 치유 사역

유대 사역

베데스다 연못 요 5:1–47

공생애 2년째에 맞는 유월절(아마도)에 예수님은 예루살렘을 방문하신 것으로 보인다. 이때 예수님은 성전 북쪽에 있는 베데스다 연못을 찾아가서 38년 된 중풍병자를 고쳐 주셨다.

갈릴리 사역: 복음의 트라이앵글을 누비시다

밀 이삭과 안식일 논쟁 막 2:23–28; 마 12:1–8; 눅 6:1–5: **안식일 논쟁 1**

예수님은 안식일 규례를 놓고 바리새인들과 두 차례의 논쟁을 벌이셨는데, 그 첫 번째 사건은 안식일에 밀밭 사이를 지나다가 제자들이 밀 이삭을 잘라 먹은 것이 빌미가 되었다. 제자들의 행동을 몰래 지켜보던 바리새인들은 제자들이 안식일에 해서는 안 되는 행동을 했다고 공격했고, 예수님은 다윗이 자신을 죽이려는 사울을 피해 도망가던 중 어느 안식일에 제사장만 먹을 수 있는 진설병을 먹은 사건을 근거로 제자들의 행동을 변호하셨다.

회당에서 한 손 마른 자를 고치심 막 3:1-6; 마 12:9-14; 눅 6:6-11:
안식일 논쟁 2

안식일 논쟁과 관련된 두 번째 사건은 안식일에 회당 예배를 드리는 중에 벌어졌다. 회당 예배에 한 손 마른 자가 참석했는데 바리새인들은 예수님이 안식일에 이 사람을 고쳐 줄 것인가를 주시했다. 예수님은 이에 아랑곳하지 않고 한 손 마른 자의 손을 고쳐 주시면서 안식일에 대한 새로운 해석을 제시하셨다. 즉 안식일은 선을 행하고 사람을 살리는 일을 하는 날이라는 것이다.

갈릴리 바닷가에서 큰 무리를 가르치심 막 3:7-12; 마 12:15-21

예수님은 제자들과 갈릴리 바다로 가셨는데, 유대와 이두매, 요단 동편, 심지어 저 멀리 두로와 시돈에서도 각색 병자들이 치유를 기대하며 예수님을 찾아왔다. 예수님은 이들을 고쳐 주시고 소문을 내지 말도록 경고하셨다.

밤샘 기도 후 열두 제자를 세우심 막 3:13-19; 눅 6:12-16

큰 무리가 떠나가자 예수님은 산에 올라가 밤새 기도를 하신 후 열두 제자를 따로 세우셨다. 열두 제자의 이름은 다음과 같다.

베드로(시몬, 게바), 안드레, 야고보(세베대의 아들), 요한, 빌립, 바돌로매(나다나엘), 마태(레위), 도마(디두모), 야고보(알패오의 아들), 다대오(알패오의 아들), 시몬(열심당, 가나안 사람), 유다(가룟 출신)

산상설교 마 5-7장; 눅 6:17-49

열두 제자를 부르신 뒤 산에서 내려오실 때 예수님은 큰 무리가 모여들자 이들에게 팔복을 중심으로 한 산상설교를 하셨다.

시내 산과 팔복산

산상설교의 핵심은 팔복 메시지다. 팔복은 구약 시대에 주어진 율법과 대비되는 새로운 율법으로 주어진 것인데, 구약의 율법이 주어진 시내 산과 팔복이 주어진 팔복산의 환경을 비교해 보는 것도 흥미 있는 일이라 생각된다.

시내 산: 거칠고 붉은 화강암과 절벽으로 이루어짐
팔복산: 아담한 높이의 산으로 봄이면 붉은 아네모네, 푸른 아이리스 꽃들이 만발함

시내 산과 팔복산의 환경은 구약의 율법과 신약의 팔복의 성격을 잘 보여 주는 듯하다.

시내 산

팔복산

가버나움에서 백부장의 종을 고치심 마 8:5-13; 눅 7:1-10

산상설교를 마치신 예수님은 다시 가버나움으로 들어가셨다. 이때 백부장이 중풍병으로 고생하는 종을 고쳐 달라며 예수님께 찾아왔다. 예수님은 친히 백부장의 집을 방문하려고 했지만 이때 백부장은 예수님도 놀라게 하는 믿음을 보여 주었다.

> "주여 내 집에 들어오심을 나는 감당하지 못하겠사오니 다만 말씀으로만 하옵소서 그리하면 내 하인이 낫겠사옵나이다"(마 8:8).

예수님은 로마 백부장의 단순한 믿음을 크게 칭찬하셨다.

> "내가 진실로 너희에게 이르노니 이스라엘 중 아무에게서도 이만한 믿음을 보지 못하였노라"(마 8:10).

나인 성 과부의 죽은 외아들을 살리심 눅 7:11-17

이후에 예수님은 나인 성에 가서 과부의 죽은 외아들을 살려 주셨다. 놀라운 기적을 목도한 나인 성의 사람들은 하나님께 영광을 돌리며 말했다.

> "모든 사람이 두려워하며 하나님께 영광을 돌려 이르되 큰 선지자가 우리 가운데 일어나셨다 하고 또 하나님께서 자기 백성을 돌보셨다 하더라"(눅 7:16).

이들은 아마도 예수님의 기적을 보면서 나인 성 근처 수넴에서 사역한 선지자 엘리사(왕하 4장)를 떠올렸을 것이다.

세례 요한의 질문과 예수님의 답변 마 11:2-19; 눅 7:18-35

이즈음 헤롯 안티파스에 의해 감옥에 갇힌 세례 요한이 예수님의 사역에 대한 소문을 듣고 자신의 제자 두 명을 보내 물었다.

> "오실 그이가 당신이오니이까 우리가 다른 이를 기다리오리이까" (마 11:3).

예수님은 자신에 대한 믿음과 확신이 흔들리고 있는 세례 요한에게 메시아와 관련된 유명한 예언(사 61:1-3)을 인용하면서 대답하셨다.

> "너희가 가서 듣고 보는 것을 요한에게 알리되 맹인이 보며 못 걷는 사람이 걸으며 나병환자가 깨끗함을 받으며 못 듣는 자가 들으며 죽은 자가 살아나며 가난한 자에게 복음이 전파된다 하라 누구든지 나로 말미암아 실족하지 아니하는 자는 복이 있도다" (마 11:4-6).

저주받은 도시 마 11:20-30

예수님이 갈릴리 바다 북쪽에 있는 가버나움, 고라신, 벳새다 지역에서 가장 많은 사역을 하셨기 때문에 이 지역은 흔히 '복음의 트라이앵글'로 불린다. 하지만 이 세 도시는 가장 많은 말씀을 듣고 가장 많은 기적을 체험하고도 예수님을 믿지 않았기 때문에 예수님으로부터 저주를 받게 된다.

복음의 트라이앵글

"화 있을진저 고라신아 화 있을진저 벳새다야… 가버나움아 네가 하늘에까지 높아지겠느냐 음부에까지 낮아지리라"(마 11:21-23).

바리새인 시몬의 집을 방문하심 눅 7:36-50

예수님을 적대하던 대다수의 바리새인들과 달리 바리새인 시몬은 예수님께 호감을 가지고 함께 식사를 청했다. 그런데 식사 도중 그 동네에 죄를 지은 한 여인이 향유가 담긴 옥합을 가져와 예수님의 발에 붓고 자신의 머리털로 닦는 쇼킹한 일이 발생했다. 이를 두고 시몬은 마음속으로 예수님을 비난하지만 예수님은 오히려 여인을 변호하셨다.

> "이러므로 내가 네게 말하노니 그의 많은 죄가 사하여졌도다 이는 그의 사랑함이 많음이라 사함을 받은 일이 적은 자는 적게 사랑하느니라"(눅 7:47).

2차 갈릴리 여행 눅 8:1-3

예수님은 막달라 마리아를 비롯한 몇 명의 섬김을 받으며 떠난 2차 갈릴리 여행을 통해 하나님 나라의 복음을 두루 전파하셨다.

1차 바알세불 논쟁 막 3:20-30; 마 12:22-37

예수님이 귀신 들려 눈 멀고 말 못하는 사람을 고쳐 주시자 무리는 다 놀라 예수님을 '다윗의 자손'(메시아)이라며 환호했다. 하지만 바리새인들은 예수님이 귀신의 왕 바알세불을 힘입어 귀신을 쫓아낸다고 비난했다. 이에 예수님은 비유의 말씀으로 바리새인들의 비난을 제압하셨다.

> "예수께서 그들의 생각을 아시고 이르시되 스스로 분쟁하는 나라마다 황폐하여질 것이요 스스로 분쟁하는 동네나 집마다 서지 못하리라 만일 사탄이 사탄을 쫓아내면 스스로 분쟁하는 것이니 그리하고야 어떻게 그의 나라가 서겠느냐"(마 12:25-26).

표적을 구하는 악한 세대 마 12:38-45

바리새인과 서기관들은 예수님을 시험할 목적으로 표적을 보여 달라고 했지만 예수님은 이들의 요구를 단호히 거부하며 말씀하셨다.

"악하고 음란한 세대가 표적을 구하나 선지자 요나의 표적밖에는 보일 표적이 없느니라"(마 12:39).

예수님의 어머니와 형제들이 찾아옴 막 3:31–35; 마 12:46–50; 눅 8:19–21

예수님이 무리에게 말씀을 가르치실 때 어머니와 형제들이 예수님을 찾았다. 이때 예수님은 가족이 밖에서 기다리고 있다는 이야기를 듣고는 새로운 가족관에 대해 말씀하셨다.

"누가 내 어머니이며 내 동생들이냐 하시고 손을 내밀어 제자들을 가리켜 이르시되 나의 어머니와 나의 동생들을 보라 누구든지 하늘에 계신 내 아버지의 뜻대로 하는 자가 내 형제요 자매요 어머니이니라"(마 12:48-50).

비유의 집대성 막 4:1–34; 마 13:1–53; 눅 8:4–18

예수님은 갈릴리 바닷가에서 무리를 대상으로, 그리고 집에 들어와 제자들을 대상으로 비유 설교를 시리즈로 하셨다.

갈릴리 바닷가에서 무리에게

씨 뿌리는 자의 비유(막 4:3-25; 마 13:3-23; 눅 8:5-18)

저절로 자라는 씨의 비유(막 4:26-29)

가라지의 비유(마 13:24-30)

겨자씨의 비유(막 4:30-32; 마 13:31-32)

누룩의 비유와 기타 여러 비유(막 4:33-34; 마 13:33-35)

집에서 제자들에게

가라지 비유에 대한 설명(마 13:36-43)

감추인 보물의 비유(마 13:44)

값진 진주의 비유(마 13:45-46)

그물의 비유(마 13:47-50)

집 주인의 비유(마 13:51-53)

폭풍을 잠잠케 하심 막 4:35-41; 마 8:18-27; 눅 8:22-25

비유의 말씀을 마치신 예수님은 바다 건너편으로 건너가셨는데 도중에 광풍이 일어나 배가 뒤집힐 뻔했다. 예수님은 그런 가운데서도 피곤해 주무셨는데 제자들은 급히 예수님을 깨워 도움을 요청했다. 예수님은 단지 "고요하라 잠잠하라"는 말씀 한마디로 광풍을 잠잠하게 하셨다. 이를 본 제자들은 놀라서 이렇게 말했다.

> "그가 누구이기에 바람과 바다도 순종하는가"(막 4:41).

거라사 광인을 고치심 막 5:1-20; 마 8:28-34; 눅 8:26-39

예수님이 바다 건너편 거라사 지방에 이르셨을 때 더러운 귀신 들린 사람이 무덤에서 나와 예수님 일행을 맞이하며 큰 소리로 외쳤다.

> "지극히 높으신 하나님의 아들 예수여 나와 당신이 무슨 상관이 있나이까 원하건대 하나님 앞에 맹세하고 나를 괴롭히지 마옵소서"(막 5:7).

이에 예수님은 그 사람을 사로잡고 있는 군대 귀신을 내쫓아 돼지 떼에게 들어가게 하셨는데, 그러자 수많은 돼지들이 갈릴리 바다로 달려 들어가 익사하고 말았다.

이방인 지역인 거라사의 주민들은 예수님이 이스라엘 사람인 것을 알고 도시에서 떠나 주기를 간청했다. 이로 인해 이방인 지역에서 구원의 메시지를 전하려는 계획은 좌절되었다. 귀신 들린 자가 고침을 받고 예수님을 따르기 원했지만 예수님은 그에게 사명을 주어 마을로 돌려보냈다.

> "집으로 돌아가 주께서 네게 어떻게 큰 일을 행하사 너를 불쌍히 여기신 것을 네 가족에게 알리라"(막 5:19).

이스라엘 지역에서는 병 고침 받은 자들에게 비밀로 하라고 하신 예수님은 이방인 지역인 거라사에서는 오히려 적극적으로 알리라는 사명을 주신 것이다.

거라사 땅의 돼지 떼

돼지는 율법에 부정한 동물인데 거라사 땅에는 어떻게 2,000마리나 되는 돼지 떼가 있었을까? 거라사 사람들이 부정한 돼지를 사육하는 데 그다지 거리낌이 없었던 이유는 무엇일까? 이 질문에 대한 정답은 거라사 도시가 유대인들이 사는 지역이 아니라 이방인들이 사는 데가볼리 지역에 속해 있다는 데 있다. 주전 63년 폼페이우스가 유대 땅을 정복하면서 대대적인 행정구역 개편을 했는데, 이 과정에서 생겨난 것이 '데가볼리'라고 불리는 이방인 도시연합이었다. 즉 유대인들에게는 흉물이요 부정한 동물인 돼지가 이방인들의 도시에서는 거부감 없이 받아들여진 것이다. 가나안 민족들은 돼지를 번제로 바쳤고 로마 군단의 상징 가운데 가장 유명한 것은 수컷 돼지였다. 초대 교부인 오리겐에 따르면, 여호수아 정복 전쟁에 의해 쫓겨난 기르가스족(수 3:10, 가나안 일곱 족속 중 하나)이 거라사 지역에 정착한 최초의 정착민이라고 한다.

회당장 야이로의 딸과 혈루증 여인을 고치심

막 5:21-43; 마 9:18-26; 눅 8:40-56

예수님이 다시 바다 건너편 가버나움에 돌아오셨을 때 회당장 야이로가 죽은 자신의 딸을 살려 달라며 예수님을 찾아왔다. 예수님은 기꺼이 야이로의 집으로 가셨는데 도중에 12년 동안 혈루증으로 고생하던 여인이 몰래 예수님의 옷자락을 만지고 고침 받는 놀라운 기적이 일어났다. 예수님은 길을 재촉해 야이로의 집으로 향했고 그의 딸을 직접 안수해 살려 주셨다.

눈먼 사람과 귀신 들린 사람을 고치심 마 9:27-34

예수님은 가버나움에서 나오실 때 두 맹인과 벙어리를 고쳐 주셨는데 이를 본 사람들은 놀라서 기이히 여기며 말했다.

"이스라엘 가운데서 이런 일을 본 적이 없다"(마 9:33).

나사렛에서 두 번째 배척을 당함 막 6:1–6; 마 13:54–58

이 일 후에 예수님은 고향 나사렛으로 가서 회당에서 말씀을 전하셨는데 고향 사람들은 예수님이 전하는 말씀의 능력과 지혜에 놀라면서도 예수님을 다시 한 번 배척했다.

> "이 사람의 이 지혜와 이런 능력이 어디서 났느냐 이는 그 목수의 아들이 아니냐 그 어머니는 마리아, 그 형제들은 야고보, 요셉, 시몬, 유다라 하지 않느냐 그 누이들은 다 우리와 함께 있지 아니하냐 그런즉 이 사람의 이 모든 것이 어디서 났느냐"(마 13:54-56).

열두 제자 파송과 3차 갈릴리 여행 막 6:7–13; 마 9:35–11:1, 눅 9:1–6

나사렛에서 배척받은 예수님은 갈릴리 여러 마을을 다니며 복음을 전파

가버나움–거라사 사역

하셨는데, 이번에는 그동안 훈련시킨 제자들을 둘씩 짝을 지어 파송하셨다.

세례 요한의 죽음 막 6:14-29; 마 14:1-12; 눅 9:7-9

이즈음 헤롯 안티파스는 마케루스 감옥에 투옥시킨 세례 요한을 참수형에 처했는데, 열두 제자들을 통해 놀라운 기적들이 일어나자 그는 자신이 죽인 세례 요한이 다시 살아난 것이라 여기며 괴로워했다.

Chapter 6-2

확신에서 **회의**로! 의심하는 세례 요한

_세례 요한의 메시아

예수님을 의심하는 세례 요한

세례 요한의 처형과 함께 끝나는 이번 장에서는 세례 요한과 관련된 흥미 있는 주제를 살펴보고자 한다. 헤롯 안티파스가 빌립의 아내 헤로디아와 결혼한 것을 지적했다가 마케루스 감옥에 갇힌 세례 요한은 예수님의 공생애 사역이 한창 진행되고 있을 때 자신의 제자를 예수님께 보내 이런 질문을 했다.

> "오실 그이가 당신이오니이까 우리가 다른 이를 기다리오리이까" (마 11:3).

이 질문은 예수님께 세례를 베푼 후 세례 요한이 어떤 고백을 했는지 알고 있는 우리들을 무척이나 당혹스럽게 한다. 왜냐하면 그는 예수님이 어떤 분이신지(메시아) 이미 잘 알고 있었기 때문이다. 그러면 왜 세례 요한은 이즈음 예수님에 대한 믿음이 흔들린 것일까?

그리고 계속해서 이어지는 질문이 있다. 예수님은 세례 요한의 질문에 대해 이렇게 답변하셨다.

> "너희가 가서 듣고 보는 것을 요한에게 알리되 맹인이 보며 못 걷는 사람이 걸으며 나병환자가 깨끗함을 받으며 못 듣는 자가 들

> 으며 죽은 자가 살아나며 가난한 자에게 복음이 전파된다 하라 누구든지 나로 말미암아 실족하지 아니하는 자는 복이 있도다 하시니라"(마 11:4-6).

세례 요한의 질문에 대한 예수님의 답변 역시 우리에게 새로운 궁금증을 일으킨다. 과연 예수님의 답변은 적절했는가? 제자를 통해 이 답변을 들은 세례 요한은 다시 믿음을 회복하고 확신 가운데 수감 생활을 했을까? 그리고 곧 있을 처형의 순간에도 믿음의 확신 가운데 "할렐루야!"를 외치며 순교했을까? 혹시 예수님의 대답은 세례 요한의 질문과는 전혀 상관없는 동문서답은 아니었을까? 솔직히 말해서 세례 요한의 질문에 대한 예수님의 답변은 당시의 역사적(그리고 사회적) 상황을 알지 못하는 현대 그리스도인들에게는 선문답처럼 들리기 쉽다. 이번 장을 마치면서 우리는 세례 요한의 질문과 그에 대한 예수님의 답변 속에 담긴 뉘앙스를 심도 있게 살펴봄으로써 주후 1세기 이스라엘 사회의 현장 속으로 들어가 보고자 한다.

세례 요한은 왜 믿음이 흔들렸을까?

예수님에 대한 세례 요한의 믿음의 여정은 한마디로 이렇게 표현할 수 있다.

'확신에서 회의로!'

예수님이 공생애 사역을 시작하기 위해 세례 요한에게 세례를 받을 당시만 해도 세례 요한은 예수님에 대한 강한 확신을 갖고 있었다. 하지만 예수님의 공생애 사역이 활발하게 진행되는 것을 보고 세례 요한의 믿음은 '확신'에서 점차 '회의'로 변했다. 그 회의는 급기야 자신의 제자를 보내 과연 예수님이 메시아가 맞는지 확인하지 않으면 안 되는 상황으로까지 발전했다. 메시아로서 예수님의 공생애 사역은 점차 무르익어 가고 있었지만, 감옥에 갇혀서 이를 전해듣는 세례 요한은 처음에 가졌던 예수님에 대한 믿음과 확신이 급속도로 무너져 갔다.

우리는 앞선 장에서 '메시아 대망 사상'이라는 주제를 살펴보았는데, 세례 요한과 관련된 질문은 이 주제와 같은 연장선상에서 이해할 때 쉽게 해답을 얻을 수 있다. 세례 요한이 예수님에 대해 가진 회의는 주후 1세기 당시 이스라엘 사회를 강타한 메시아관에 그 뿌리를 두고 있다. 문제의 핵심은 '메시아 사역의 정의와 이해'에 있었다. 우리는 앞선 장에서 메시아의 두 가지 이미지를 살펴본 바 있다. 하나는 강력한 '왕'(king)으로서의 메시아이고, 다른 하나는 섬기는 '종'(servant)으로서의 메시아인데, 이 두 종류의 메시아상은 선지서에 동시에 그려져 있다. 그러므로 이것은 마치 '동전의 양면'처럼 메시아에 대한 온전하고도 입체적인 이미지를 표현한 것이라 할 수 있다.

하지만 세례 요한이 살던 시대에 유대인들이 생각한 메시아는 두 종류의 이미지 가운데 오직 '왕'으로서의 메시아에만 집중되어 있었다. 여기서 내가 '오직'과 '집중'이란 단어를 쓴 것에 주목할 필요가 있다. 고난 받는 '종'으로서의 메시아가 아니라 다윗과 같은 강력한 '왕'으로서의 메시아를 기대한 유대인들의 소망은 거의 강박적일 만큼 절실했다. 그런 까닭에 주후 1세기의 유대인들은 동전의 양면을 애써 무시하고 자신들이 보고 싶은 한쪽 면만을 동전의 전체라고 주장하며 집단 무의식과 세뇌에 빠져 있었던 것이다.

안타깝게도 이 점은 세례 요한도 예외가 아니었다. 세례 요한이 갖고 있는 메시아관은 동시대 유대인들의 그것과 크게 다르지 않았는데, 이것은 그가 선포한 일련의 메시지를 통해서도 쉽게 확인된다. 세례 요한이 선포한 몇 개의 메시지를 인용해서 살펴보도록 하자.

> "독사의 자식들아 누가 너희를 가르쳐 임박한 진노를 피하라 하더냐"(마 3:7).

> "이미 도끼가 나무 뿌리에 놓였으니 좋은 열매를 맺지 아니하는 나무마다 찍혀 불에 던져지리라"(마 3:10).

> "그는 성령과 불로 너희에게 세례를 베푸실 것이요 손에 키를 들고 자기의 타작 마당을 정하게 하사 알곡은 모아 곳간에 들이고 쭉정이는 꺼지지 않는 불에 태우시리라"(마 3:11-12).

세례 요한은 제자들을 보내 예수님이 바로 '오실 이'(The Coming One)가 맞는가를 확인하고 있다. '오실 이'라는 용어는 다니엘서와 같은 묵시적인 환상들에 묘사된 '인자'와 같은 개념으로서 종말적인 심판자로서의 메시아의 또 다른 칭호다. '오실 이'는 모든 권세와 정사를 받기 위해 '옛적부터 항상 계신 자' 앞에 서실 것인데, 다니엘은 이에 대해 생생하게 묘사하고 있다.

> "내가 또 밤 환상 중에 보니 인자 같은 이가 하늘 구름을 타고 와서 옛적부터 항상 계신 이에게 나아가 그 앞으로 인도되매 그에게 권세와 영광과 나라를 주고 모든 백성과 나라들과 다른 언어를 말하는 모든 자들이 그를 섬기게 하였으니 그의 권세는 소멸

되지 아니하는 영원한 권세요 그의 나라는 멸망하지 아니할 것이니라"(단 7:13-14).

여기서 성경에는 포함되지 않았지만 당시 유대인들이 다니엘서와 함께 즐겨 읽던 신구약 중간기 문헌인 에녹서의 한 구절을 언급할 필요가 있다. 에녹서는 다니엘서와 같은 묵시문학 계열에 속한 유대 문헌인데, '오실 이'(또는 '인자')에 대한 유대인들의 이해가 어떠했는지를 잘 보여 주고 있다.

"모든 심판은 인자에게 주어질 것이다. 그는 죄인들이 죽어서 땅을 떠나는 날 멸망 받게 하실 것이고… 인자가 나타나면 그의 영광의 보좌 위에 앉으실 것이며…"(에녹서 69:27-29).

다니엘서와 마찬가지로 에녹서에서도 '오실 이'를 마지막 때에 하나님의 심판자가 될 인자로 묘사하고 있다. 여기서 세례 요한이 예수님을 '오실 이'로서 증거할 때 사용한 표현들을 주목해 볼 필요가 있다.

첫째, 세례 요한은 심판의 불로 세례를 베풀 오실 이를 말하고 있다.

둘째, 그 심판은 먼 훗날에 임할 심판이 아니라 임박한 심판이다. 임박한 심판을 강조하기 위해 세례 요한은 '임박한 진노', '도끼가 이미 나무뿌리에 놓였다', '알곡과 쭉정이를 까부르는 키가 이미 그분의 손에 들려 있다'는 식의 표현을 쓰고 있다.

세례 요한은 아마도 로마와 같은 이방의 압제자를 깨어 부술 다윗 왕과 같은 강력한 메시아를 기대했을 것이다. 당시 세상은 정치 경제적으로 너무나 타락했기 때문에 단순한 개혁의 수준으로는 충분하지가 않았다. 하나님의 초자연적인 개입이 절실했다. 단순히 개혁되거나 안에서부터 갱신된 도시가 아니라 새 예루살렘이 필요했다. 이런 일은 오실 이로 묘사된 메시아의 도래를 통해서만 가능했는데, 그 메시아가 오셨고 그분을 통해서 세상에는 곧 천지개벽과 같은 혁명적인 일들이 일어날 것이다.

'오실 이'에 대한 세례 요한의 묵시문학적 신학과 임박한 종말론은 주후 1세기 당시 4대 종파 중 하나인 에세네파의 신학 사조이기도 하다. 이미 앞선 장에서 에세네파와 세례 요한의 모종의 관련성 여부에 대해서는 살펴본 바 있다.

'오실 이'로서 메시아에 대한 세례 요한의 이해가 이러했다면 그는 분명 예수님의 공생애 사역을 보고 크게 실망하고 낙심했을 것이다. 세례 요한이 살던 시대는 정치든 종교든 모두가 극도로 타락했고 자신은 그러한 타락상을 지적하다가 마케루스 감옥에 갇히는 신세가 되었다. 그리고 세례 요한은 자신의 목이 언제 떨어질지도 모르는 위태로운 하루하루를 살고 있다. 세례 요한은 자신에게 그리 많은 시간이 남아 있지 않음을 직감했을 것이다. 그래서 더욱 초조했을 것이다. 그런데도 예수님은 오실 이가 마땅히 해야 할 일들과는 전혀 거리가 먼 사역들만 하고 있다. 이것이 아마도 세례 요한이 자신의 임박한 죽음을 예감하고 제자를 보내 질문을 할 수밖에 없던 상황이었을 것이다. 이런 점에서 세례 요한은 그 시대를 강타한 왜곡된 메시아 신학의 희생자였다고 할 수 있다.

세례 요한의 질문에 대한 예수님의 답변은 과연 적절했는가?

이제 우리는 자연스럽게 두 번째 질문으로 넘어오게 되었다. 예수님은 세례 요한이 겪고 있는 믿음의 방황을 누구보다 잘 아셨을 것이다. 예수님이 하시는 메시아로서의 사역은 분명 세례 요한이 기대하는 메시아 사역과는 전혀 달랐다. 어찌 보면 도저히 만날 수 없는 평행선과도 같았다.

예수님은 묵시 문학의 형태로 잘 알려진 다니엘서의 말씀(단 7:13-14), 즉 악한 자와 의로운 자를 심판하실 최후의 심판자로서보다는 당시에는 아득하게 잊혀진 이사야서의 말씀(사 61:1-3), 즉 고통 받는 인간의 치유자요 여호와의 종으로서의 메시아를 선포하셨다. 예수님은 심판을 가져올 키나 도끼를 손에 드는 대신 고통받는 세상 사람들의 상처를 싸매 주고 계셨다. 이것이 세례 요한의 제자들이 스승의 고통 어린 질문을 갖고 예수님을 찾아왔을 때도 예수님이 쉴 새 없이 하신 메시아 사역이었다. 세례 요한의 제자들이 갖고 온 질문에 대한 예수님의 대답은 참으로 간결했다.

> "너희가 가서 듣고 보는 것을 요한에게 알리되 맹인이 보며 못 걷는 사람이 걸으며 나병환자가 깨끗함을 받으며 못 듣는 자가 들으며 죽은 자가 살아나며 가난한 자에게 복음이 전파된다 하라"
> (마 11:4-5).

예수님은 메시아에 대한 두 가지 이미지 중 당시에는 까마득하게 잊혀진 '종'으로서의 메시아를 선포하고 계신 것이다. 이것은 분명 세례 요한이 기대한 답과는 거리가 멀었다. 제자들을 통해 예수님의 대답을 들은 세례 요한은 어떻게 반응했을까? '혹시나' 했다가 '역시나' 하면서 깊은 절망감에 빠졌을까? 우리는 이 질문으로 넘어가기 전에 예수님이 마지막 부분에 덧붙이신 말씀을 살펴보아야 한다.

"누구든지 나로 말미암아 실족하지 아니하는 자는 복이 있도다" (마 11:6).

이것은 세례 요한을 향해 던지는 예수님의 경고의 말씀인데, 이 경고는 헬라어나 영어 번역보다 훨씬 더 강한 히브리어 뉘앙스를 가지고 있다. 우리말에 '실족하다'로 번역된 히브리어 원어의 의미는 '중대한 문제에서 실패하거나 죄를 짓는다'는 뜻이다. 예수님은 당시 혼돈스럽던 메시아 사역을 확실하게 규정 지으셨을 뿐 아니라 단호한 경고의 말씀을 덧붙이셨다. 예수님은 세례 요한이 갖고 있는 잘못된 메시아상을 수정하기 위해 조곤조곤 설명하시지 않았다. 야구 용어로 표현하자면 '시속 110km짜리 변화구'(삼성 윤성환 투수의 커브)가 아니라 '시속 155km짜리 직구'(삼성 오승환 투수의 돌직구)를 세례 요한에게 날리신 것이다. 세례 요한에게는 더 이상 시간이 없었다. 예수님도 그 사실을 알았기에 강력한 경고의 말씀으로 일종의 '충격요법'을 쓰신 것이다. 의사가 응급환자를 살리기 위한 마지막 방편으로 수만 볼트의 전류가 흐르는 심장 마사지를 하듯 예수님은 처형이 임박한 세례 요한의 잘

못된 메시아 신학을 깨뜨리기 위해 초강도 처방을 쓰신 것이다. 세례 요한에게 주신 예수님의 경고의 말씀을 풀어서 적는다면 결국 이런 것이다.

"내가 제시하는 종으로서의 메시아 신학을 받아들이든지, 아니면 그대로 실족하든지…."

이렇게 해서 이제 공은 세례 요한에게 넘어왔다. 세례 요한은 과연 예수님의 대답과 경고의 말씀을 듣고 어떻게 반응했을까? 분명한 사실은 성경의 기록이 없기 때문에 어느 누구도 확실히 알 수 없다는 것이다. 하지만 여러 가지 정황을 보고 추측해 볼 수는 있을 것이다.

만약 예수님의 대답이 경고의 말씀 없이 그냥 끝났다면, 아마도 세례 요한은 '혹시나' 했다가 '역시나' 하며 실망했을 것이다. 하지만 마지막으로 덧붙인 강력한 경고의 말씀은 분명 세례 요한이 절망의 나락으로 떨어지는 것을 막는 영혼의 닻으로 작용했을 것이다. 세례 요한은 유대인으로서 '실족한다'는 강력한 히브리어 표현을 쓰신 예수님의 의중을 이해했을 것이다. 세례 요한은 예수님의 말씀의 의미를 다시 한 번 묵상했을 것이고, 그러다가 당시에는 저 다락방 한쪽 구석에 처박혀서 먼지만 수북이 쌓인 '종'으로서의 메시아를 떠올리지 않았을까 싶다. 아니, 나는 그렇게 믿고 또 그렇게 소망한다. 왜? 나는 세례 요한의 열혈 팬이니까!

에필로그

예수님의 대답을 가지고 떠나는 세례 요한의 제자들의 표정은 그리 밝지 않았을 것이다. 그리고 그들을 보내는 예수님의 마음 역시 한없이 착잡했을 것이다. 그래서 그런지 세례 요한의 질문과 대답에 대한 스토리는 여기서 끝나지 않는다. 마지막 '에필로그' 편이 남아 있다.

세례 요한이 보낸 제자들을 떠나보내면서도 예수님의 마음에는 여전히 감옥에 갇힌 세례 요한의 생각으로 가득했던 것 같다. 세례 요한은 지금 '감옥'이라는 외적인 시험과 '회의'라고 하는 내적인 시험을 동시다발로 당하고 있었다. 예수님은 그런 세례 요한을 심중에 떠올리면서 무리를 향해 그를 향한 최고의 찬사를 쏟아놓으셨다.

"내가 너희에게 이르노니 선지자보다 더 나은 자니라"(마 11:9).

"내가 진실로 너희에게 말하노니 여자가 낳은 자 중에 세례 요한보다 큰 이가 일어남이 없도다"(마 11:11).

하지만 세례 요한에 대한 언급은 그에 대한 찬사로 끝나는 것이 아니다. 이어지는 말씀은 더욱 의미심장하고 그래서 놀라운 반전을 암시하고 있다.

"그러나 천국에서는 극히 작은 자라도 그보다 크니라 세례 요한의 때부터 지금까지 천국은 침노를 당하나니 침노하는 자는 빼앗느니라 모든 선지자와 율법이 예언한 것은 요한까지니"(마 11:11-13).

예수님은 "여자가 낳은 자 중에 세례 요한이 가장 위대하다"는 최고의 찬사를 하셨지만, 계속해서 말씀을 이어 가셨다.

"천국에서는 지극히 작은 자라도 저보다 크다."

이것은 세례 요한과 관련된 또 다른 경종의 말씀이다. 아마도 이 말씀을 하시면서 예수님의 두 눈에서는 안타까움의 눈물이 흐르지 않았을까 싶다.

위대한 종 세례 요한도 예수님의 메시아 사역을 이해하지 못하고 있기 때문이다. 세례 요한은 주후 1세기의 이스라엘 사회를 풍미하던 잘못된 메시아 신학에 사로잡혀 있었고 이로 인해 예수님을 통한 천국 운동에 동참하지 못하고 있었던 것이다.

예수님은 세례 요한의 실패를 언급하면서 독특하고 의미 있는 역사관을 제시하고 있다. 그것은 바로 '율법과 선지자'로 대표되는 구약 시대의 종말로서 세례 요한을 언급한 것이다. 구약 시대의 인물로서 세례 요한은 최고의 찬사를 들을 만한 위대한 인물이지만, 예수님을 통해 시작된 천국 운동, 즉 신약 시대로 넘어오면서 상황은 급반전된다. '천국'으로 대표되는 예수 공동체에서는 지극히 작은 자라도 세례 요한보다 더 위대하기 때문이다.

많이 들어 봐서 익숙할지 모르지만 이 말씀 역시 그리 쉽게 이해되는 말씀이 아니다. 세례 요한은 지극히 위대하지만 천국에서는 왜 지극히 작은 자라도 세례 요한보다 더 위대한 것일까? 과연 이 말씀의 의미는 무엇일까? 이 질문은 자연스럽게 우리를 지극히 소중한 영적 깨달음으로 인도한다.

우리는 이쯤에서 다시금 '왕'과 '종'으로서의 메시아에 대한 두 가지 이미지로 돌아갈 필요가 있다.

'왕'으로서의 메시아 & '종'으로서의 메시아

포인트는 이것이다. 어떻게 '왕'과 '종'이라는, 언뜻 볼 때 도저히 어울릴 것 같지 않은 두 메시아상이 한 분이신 예수 그리스도 안에서 조화를 이룰 수 있을까? 어릴 때 많이 읽은 동화책《왕자와 거지》처럼 '왕'과 '종'은 도저히 어울릴 수 없는 불협화음이 아닐까? 그런데 예수님을 통해 시작된 천국 공동체에 속한 우리들(신약 시대를 사는 우리들)은 이 불협화음이 더 이상 불편하지 않다. 너무도 쉽게 그리고 간단하게 정리된다. 바로 이렇게!

· 초림주로서의 예수 그리스도 – 섬기는 종(심지어 자기 목숨까지 내어 주는)으로서의 메시아
· 재림주로서의 예수 그리스도 – 강력한 왕(열방을 심판하는 심판주)으로서의 메시아

선지서에 그려진 메시아의 서로 다른 두 가지 이미지는 이렇게 하나로 조화되기 때문에 결코 서로 모순되는 개념이 아니다. 이것을 택하면 저것을 버려야 하는 이율배반적인 개념도 결코 아니다. 그런데 신약 시대를 사는 우리에게는 너무도 쉽고 간단한 깨달음이 세례 요한을 마지막으로 하는 구약 시대 사람들에게는 그렇지 않았다. 그것은 쉽게 깨달을 수 없는 그야말로 신비에 가까운 영적 비밀이었다. 왕국 멸망기와 포로기 이후를 산 선지자들은 자신이 본 메시아의 환상을 자신이 기록한 선지서에 묘사했지만 사실 이것은 저 위대한 선지자들도 깨닫지 못한 비밀 중의 비밀이었다. 단언컨대, 저 위대한 선지자들도 메시아와 관련된 완벽한 그리고 완성된 퍼즐을 보지 못했다. 그들은 그저 퍼즐의 한 조각만 보고 예언했을 뿐이다.

초림주와 재림주로서 예수 그리스도 안에서 조화되는 왕과 종으로서의 메시아 이미지는 천국 공동체에 속한 사람(신약 시대에 살고 있는 사람)만이 쉽게 깨달을 수 있는 비밀이다. 우리는 세례 요한의 실패를 이런 관점에서 새

롭게 이해할 수 있다. 또한 몸으로는 예수님을 따라다니지만 여전히 구약 시대의 사람이던 제자들의 거듭된 실패도 같은 관점에서 이해할 수 있다. 예수님은 마지막 유월절을 앞두고 예루살렘으로 향하시면서 세 번에 걸쳐 자신이 당하게 될 십자가 죽음과 부활에 대해 말씀하셨다. 하지만 제자들은 전혀 깨닫지 못했다. 처음에는 결사반대했고, 마귀와 사탄으로 몰린 후에는 차라리 묵비권을 행사했으며, 나중에는 난감한 표정만 지으며 어쩔 줄 몰라 했다. 이렇듯 구약 시대에 속한 사람들은 메시아에 대한 입체적인 그림을 결코 쉽게 이해할 수 없었던 것이다.

이것이 바로 세례 요한과 관련된 아이러니를 풀 수 있는 열쇠다. 세례 요한은 분명 여자가 낳은 자 중에서 가장 위대했지만 그것은 어디까지나 구약 시대에서만 통하는 얘기였다. 신약 시대에는 지극히 작은 자라도 세례 요한보다 위대한 것이다. 나는 여기서 과거에 내가 품었던 신앙 고민들을 함께 나누며 이 주제를 마무리하고자 한다.

한때 나는 아브라함과 예수님의 제자들을 너무나 부러워한 적이 있다. 하나님은 아브라함과 직접 대화로 말씀하셨다. 그리고 제자들은 우리가 그토록 사모하는(꿈에도 그리는) 예수님과 무려 3년간 동고동락했다. 나는 그래서 아브라함과 예수님의 제자들이 너무나 부러웠다. 그 시대에 태어나지 못해 그런 판타스틱한 기회를 갖지 못한 것이 너무나 야속했다. 하지만 세례 요한을 기준으로 제시한 예수님의 역사관을 이해하자 모든 것이 바뀌었다. 세상도 달라 보였다. 내가 얼마나 위대한 시대에 살고 있는지, 지극히 작은 자라도 세례 요한보다 더 위대한 자로 일컬어지는 – 참고로 나는 세례 요한의 열혈 팬이다–위대한 시대에 내가 살고 있는 것 아닌가?

우리는 이미 예수 그리스도의 십자가와 부활, 여기서 더 나아가 오순절 성령 강림까지 이루어진 위대한 시대를 살아가고 있다. 무엇보다 성경 66권을 통해 우리에게 주신 하나님의 계시가 완성된 시대에 살고 있다. 이것은 과거 아브라함도, 저 위대한 선지자들도, 세례 요한도, 심지어 예수님의 제자들도 누리지 못한 복이다. 우리는 더 이상 새로운 계시나 새롭게 들려주는 말씀을 좇아 헤맬 필요가 없다. 완벽한 계시의 말씀인 성경이 우리의 손에 있고, 또 그 성경 말씀의 의미를 깨닫게 해주시는 성령님이 우리 안에 내주하시기 때문이다.

단원평가문제

01 다음 중 예수님의 사역이 집중된 복음의 트라이앵글에 속하지 않는 도시는 어디인가?
(1) 고라신 (2) 나사렛
(3) 가버나움 (4) 벳새다

02 다음 중 예수님이 백부장의 종을 고쳐주신 도시는 어디인가?
(1) 고라신 (2) 나사렛
(3) 가버나움 (4) 벳새다

03 다음 중 세례 요한이 투옥된 곳은 어디인가?
(1) 마사다 요새
(2) 마케루스 요새
(3) 헤로디움 요새
(4) 알렉산드리움 요새

04 다음 중 예수님이 자신만의 공생애 사역을 펼치게 된 계기가 된 사건은 무엇인가?
(1) 세례 요한의 투옥
(2) 세례 요한의 처형
(3) 세례 요한으로부터의 세례
(4) 세례 요한의 의심

05 다음 중 예수님이 과부의 죽은 외아들을 고쳐주신 곳은 어디인가?
(1) 수넴 (2) 나인
(3) 가버나움 (4) 고라신

정답
01. 2, 02. 3, 03. 2, 04. 1, 05. 2

추후 30년

Part 7

서슬 퍼런 공안 정국과 예수님의 공생애 3년

이번 장에서 다루고자 하는 시기는 예수님의 공생애 사역 중 마지막 해다. 주후 29년 유월절부터 주후 30년 유월절까지 1년 동안 벌어졌던 사건들이다. 주후 29년의 유월절은 마케루스 감옥에 갇혀 있던 세례 요한이 헤롯 안티파스에 의해 처형되면서 시작된다.

> "요한의 제자들이 와서 시체를 가져다가 장사하고 가서 예수께 아뢰니라 예수께서 들으시고 배를 타고 떠나사 따로 빈 들에 가시니 무리가 듣고 여러 고을로부터 걸어서 따라간지라"(마 14:12-13).

예수님은 주후 30년 유월절에 십자가형을 언도받고 처형되신 것으로 보인다. 세례 요한을 처형한 후 사정의 칼날이 예수님에게로 향해오자 예수님은 주후 29년 유월절에 예루살렘 성전 방문을 취소하시고 벳새다, 페니키아, 데가볼리 지역 등을 다니며 은신 생활을 하셨다. 예수님은 공생애 마지막 해의 은신 생활을 이용해, 열두 제자들과 함께하시며 인텐시브(집중) 제자 훈련을 시키셨다. 이 기간 동안 다가오는 십자가의 죽음과 부활에 대해 예고하면서 제자들의 마음을 준비시키시는 데 제자 훈련의 초점을 맞추셨다.

Chapter 7-1

동에 번쩍, 서에 번쩍 **열혈 청년** 예수님의 **사역**

_갈릴리, 유대, 베레아 사역

갈릴리 사역:
공안 정국을 피하다

오병이어 기적 막 6:30–46; 마 14:13–23; 눅 9:10–17; 요 6:1–15:
1차 은신

예수님은 세례 요한이 처형되었다는 소식을 듣고 제자들을 데리고 벳새다로 건너가셨다. 이때 제자들은 전도여행 중에 행한 사역을 열심히 보고했고, 세례 요한의 처형 소식을 듣고 낙심하고 분노한 구름 떼와 같은 무리가 예수님께 몰려왔다. 날이 저물도록 무리가 돌아갈 생각을 하지 않자 예수님은 오병이어로 오천 명을 먹이시는 기적을 행하셨다. 예수님이 오병이어 기적을 행하신 때는 공생애 사역에서 세 번째(또는 두 번째)로 맞는 유월절이었다.

"마침 유대인의 명절인 유월절이 가까운지라"(요 6:4).

해마다 유월절이면 어김없이 예루살렘을 방문하신 예수님은 그 해 유월절만큼은 갈릴리 지역 벳새다에 머무셨다. 세례 요한이 처형되고 예수님을 향한 예루살렘 종교 당국의 반감이 극도로 고조된 시기였기 때문에 예루살렘 방문을 보류하신 것으로 보인다.

물 위를 걸으심 막 6:47–52; 마 14:24–33; 요 6:16–21

무리가 떠나자 예수님 일행을 태운 배는 가버나움을 향해 출발하지만 도중에 풍랑이 일었고 제자들은 급히 노를 저었다. 이때 예수님이 갈릴리 바다 위를 걸어서 오셨는데, 제자들은 이 모습을 보고 놀라서 유령이라고 소리를 질렀다. 예수님은 놀란 제자들을 안심시키며 "안심하라 나니 두려워하지 말라"고 말씀하셨다. 이때 베드로는 예수님의 허락을 받고 물 위를 걸어 보지만 처음 몇 발자국을 걷다가 두려움에 못 이겨 물에 빠졌다. 예수님은 베드로를 구해 주시며 그의 믿음 없음을 책망하셨다.

게네사렛에서 영접 막 6:53–56; 마 14:34–36

예수님 일행을 태운 배는 풍랑으로 인해 원래 목적지인 가버나움보다 남쪽에 있는 게네사렛에 이르렀다. 그곳에 예수님이 오신다는 소문이 퍼지자 수많은 병자들이 예수님께 몰려들었다. 예수님은 자신에게 나아온 병자들을 안수하심으로 모두 고쳐 주셨다.

무리가 떠나감 요 6:22–71

오병이어 기적을 통해 떡을 먹고 배부른 무리는 예수님께 몰려왔지만 예수님은 이들의 잘못된 목적을 바로 잡아주셨다.

> "썩을 양식을 위하여 일하지 말고 영생하도록 있는 양식을 위하여 하라 이 양식은 인자가 너희에게 주리니 인자는 아버지 하나님께서 인치신 자니라"(요 6:27).

하지만 이 말씀은 무리의 기대와는 한참 벗어난 것이었고, 예수님과 무리 간에는 격론이 오가게 된다. 결국 무리는 예수님이 자신들의 기대에 부응하지 않는다고 여기고 모두 떠나갔다.

종교 지도자들이 손 씻는 문제로 공격함 막 7:1–23; 마 15:1–20; 요 7:1

세례 요한이 처형된 후 예루살렘의 종교 지도자들은 갈릴리 지역에서 민중의 인기를 한몸에 받고 있는 예수님을 죽이기로 뜻을 모았다. 예수님은 이런 분위기를 아시고 유대 지역으로 가지 않고 계속 갈릴리 지역에 머무셨다.

> "그 후에 예수께서 갈릴리에서 다니시고 유대에서 다니려 아니하심은 유대인들이 죽이려 함이러라"(요 7:1).

하지만 갈릴리의 상황도 그리 녹록지 않았다. 예수님은 한 곳에 오래 머물 수도 없을 만큼 분위기가 살벌하게 돌아가자 한시 바삐 위험 지역인 갈릴리를 벗어나려고 하셨다. 예수님이 생각하신 일시적인 망명지는 페니키아 지방의 두로였는데, 게네사렛에서 두로로 가는 가장 빠른 길은 와디 아무드를 통해 구쉬 할라브를 거쳐 가는 것이다. 구쉬 할라브는 초대 교회 교부인 제롬이 바울의 부모가 살던 곳이라고 두 번이나 언급한 도시다. 이곳은 바리새파와 열심당의 세력이 무척 강한 도시였다. 아마도 예루살렘 당국자들이 파견한 바리새인들과 예수님이 논쟁을 벌인 곳은 이곳 구쉬 할라브였던 것으로 추정된다.

이곳에서 바리새인과 서기관들은 예수님의 제자들이 식사할 때 손을 씻지 않는 문제를 지적하며 트집을 잡았다. 예수님과 바리새인 사이에는 격론이 오갔고, 예수님은 그들에게 사람을 진정 더럽게 하는 것이 무엇인지를 가르쳐 주셨다.

> "입으로 들어가는 것이 사람을 더럽게 하는 것이 아니라 입에서 나오는 그것이 사람을 더럽게 하는 것이니라"(마 15:11).

두로, 시돈에서 수로보니게 여인의 딸을 고치심 막 7:24-30; 마 15:21-28: 2차 은신

예수님은 공생애 마지막 해에 자신을 향한 예루살렘 종교 지도자들의 적대감이 팽배해지자 주된 사역지인 갈릴리를 벗어나 북쪽에 있는 페니키아의 도시들로 가셨다. 이때 수로보니게 여인이 귀신 들린 딸을 고쳐 달라고 예수님께 찾아와 간청했다.

> "주 다윗의 자손이여 나를 불쌍히 여기소서 내 딸이 흉악하게 귀신 들렸나이다"(마 15:22).

예수님은 "자녀의 떡을 취하여 개들에게 던짐이 마땅하지 않다"는 말로 여인의 믿음을 테스트하지만 여인은 이 테스트를 보기 좋게 통과한다.

> "주여 옳소이다마는 개들도 제 주인의 상에서 떨어지는 부스러기를 먹나이다"(마 15:27).

예수님은 여인의 믿음에 큰 감동을 받으시고 그 소원대로 딸을 고쳐 주셨다.

페니키아와 헤르몬을 거쳐 데가볼리로, 칠병이어 기적

막 7:31–8:9; 마 15:29–38: 3차 은신

예수님은 두로 지방에서 나와 시돈을 지나 데가볼리 지방을 통과해 갈릴리로 향하는 기나긴 여정 길에 오르셨다. 도중에 사람들이 귀가 먹고 말을 더듬는 사람을 데려왔는데, 예수님은 손가락을 그의 양쪽 귀에 넣고 침을 뱉어 그의 혀에 손을 대시는 독특한 방법으로 치료해 주셨다. 이후 돌아오시는 길에 배고픈 무리를 위해 칠병이어로 사천 명을 먹이시는 기적을 행하셨다.

칠병이어 기적은 데가볼리 지역에서 이루어진 두 번째 사역이었다. 처음 사역에서 예수님은 거라사에 들러 군대 귀신 들린 광인을 고쳐 주셨고, 두 번째 사역에서는 아마도 텔 하다르 지역에서 칠병이어 기적을 베푸신 것으로 보인다.

오병이어 기적과 칠병이어 기적에서 남은 광주리

오병이어 기적 후에는 먹고 남은 것이 열두 광주리였고 칠병이어 기적에서는 일곱 광주리가 남았다. 이것을 두고 숫자에 관심을 갖는 학자들은 재미난 해석을 덧붙이고 있다.

- 이스라엘 지역(벳새다)에서 베푼 오병이어 기적: 12광주리가 남음(12는 아마도 이스라엘의 12지파를 의미함)

• 이방인 지역(데가볼리)에서 베푼 칠병이어 기적: 7광주리가 남음(7은 아마도 가나안 7족속을 의미함, 신 7:1; 행 13:19)

하늘의 표적을 구하는 바리새인 마 15:39–16:4; 막 8:10–12

예수님이 달마누다(마가단, 막달라) 지방으로 돌아오자 바리새인들이 예수님을 시험하기 위해 하늘로부터 오는 표적을 구하며 찾아왔다. 예수님은 이를 거절하시며 말씀하셨다.

> "악하고 음란한 세대가 표적을 구하나 요나의 표적밖에는 보여 줄 표적이 없느니라"(마 16:4).

요나는 갈릴리 지방의 가드헤벨 출신의 선지자로 갈릴리 사람치고 요나를 모르는 사람은 없었을 것이다. 그런 까닭에 예수님은 표적을 구하는 갈릴리의 바리새인들에게 요나를 언급하신 것이다. 요나의 기적은 머지않아 예수님에게 임할 십자가의 죽음과 부활을 상징한다. 예수님은 오랜 기간 동안 이방인 지역의 선교를 마치고 자신의 종말이 가까웠음을 암시하신 것이다. 이방인 지역에서는 짧은 기간 동안 사역을 성공적으로 마친 것과 달리, 가버나움을 비롯한 이스라엘 지역에서는 더 많은 기적을 베풀었음에도 소수의 사람만이 예수님을 믿었다.

벳새다, 제자들의 우둔함을 책망하고 맹인을 고쳐 주심 막 8:13-26; 마 16:5-12: 4차 은신

예수님은 바다 건너편 벳새다로 향하셨는데 도중에 제자들이 떡 가져오는 것을 잊었다. 예수님은 이를 통해 제자들에게 "삼가 바리새인들의 누룩과 헤롯의 누룩을 주의하라"는 경고의 말씀을 주셨다. 하지만 제자들은 말씀의 의미를 깨닫지 못하고 떡이 없음으로 인해 수군거리기 시작했다. 예수님은 영적 소경과 같이 깨달음이 더딘 제자들을 책망하셨다.

> "너희가 어찌 떡이 없음으로 수군거리느냐 아직도 알지 못하며 깨닫지 못하느냐 너희 마음이 둔하냐 너희가 눈이 있어도 보지 못하며 귀가 있어도 듣지 못하느냐 또 기억하지 못하느냐"(막 8:17-18).

예수님 일행이 벳새다에 도착했을 때 사람들이 맹인을 데려오자 예수님은 그 맹인을 고쳐 주셨다.

가이사랴 빌립보, 베드로의 신앙고백 막 8:27-30; 눅 9:18-21; 마 16:13-20

예수님은 제자들을 데리고 북쪽에 있는 가이사랴 빌립보로 가셨는데 그곳에서 제자들에게 "사람들이 나를 누구라 하느냐?"는 중요한 질문을 하셨다. 이에 제자들은 "더러는 세례 요한이라 하고 더러는 엘리야, 더러는 선지자 중의 하나라고 합니다"라고 대답했다. 예수님은 계속해서 제자들을 향해 "그러면 너희는 나를 누구라 하느냐?"고 물으셨다. 이에 베드로는 "주는 그리스도시요 살아 계신 하나님의 아들이십니다"라고 대답함으로써 예수님께 칭찬을 받게 된다. 예수님은 베드로의 이 고백 위에 장차 교회를 세우겠다고 말씀하셨다.

1차 고난 예고 마 16:21-28; 막 8:31-9:1; 눅 9:22-27

베드로의 신앙고백 이후에 예수님은 자신이 예루살렘에서 당하게 될 죽음과 부활의 영광에 대해 예고하셨다. 예수님은 공생애 사역 마지막 해를 보내시면서 제자들이 갖고 있는 잘못된 메시아관을 수정하기 원하셨다. 그것은 바로 다윗과 같은 '왕'으로서의 메시아가 아니라 섬기고 고통 받는 '종'으로서의 메시아 신학을 가르치신 것이다. 하지만 이것은 제자들의 메시아적 열망에 찬물을 끼얹는 발언이었다. 그러자 신앙고백으로 주가가 오른 베드로가 총대를 메고 나섰다가 봉변을 당하게 된다. 베드로는 졸지에 사탄으로 몰리며 호된 꾸지람을 듣게 된다.

> "사탄아 내 뒤로 물러가라 네가 하나님의 일을 생각하지 아니하고 도리어 사람의 일을 생각하는도다"(막 8:33).

예수님은 계속해서 자신을 따르는 제자들이 감당해야 할 제자도에 대해서 말씀하셨다.

> "누구든지 나를 따라오려거든 자기를 부인하고 자기 십자가를 지고 나를 따를 것이니라"(막 8:34).

이후 변화산으로 가는 6일의 시간은 예수님과 제자들 사이에서 싸늘한 분위기가 감지되는 냉각기였을 것이다.

변화산 사건 막 9:2-13; 마 17:1-13; 눅 9:28-36

6일 후 예수님은 베드로, 야고보, 요한만 데리고 산에 올라가셨다. 산 위에서 예수님은 얼굴이 해같이 빛나며 옷이 빛과 같이 희어지며 신령한 모습으로 변화되셨는데, 그 옆에 모세와 엘리야가 함께했다. 베드로는 이 모습을 보고 무아지경에 빠져 예수님께 재미난 제안을 했다.

> "주여 우리가 여기 있는 것이 좋사오니 만일 주께서 원하시면 내가 여기서 초막 셋을 짓되 하나는 주님을 위하여, 하나는 모세를 위하여, 하나는 엘리야를 위하여 하리이다"(마 17:4).

이때 구름 속에서 "이는 내 사랑하는 아들이요 내 기뻐하는 자니 너희는 그의 말을 들으라"는 말씀이 들려왔다. 예수님은 두려워하는 제자들을 안심시키며 다시 원래의 모습으로 돌아오셨다.

변화산은 어디인가?

초대 교회 교부들은 변화산으로 추정되는 곳으로 크게 다볼 산과 헤르몬 산을 제시했다. 씨릴은 다볼 산을 변화산으로 보았고 제롬도 이를 지지하였다. 하지만 유세비우스는 헤르몬 산과 다볼 산 두 곳이 모두 가능하다고 주장했다. 다볼 산은 예수님이 제자들과 함께 조용한 시간을 갖기에 어려움이 있는 장소라 여기서는 헤르몬 산을 변화산으로 추정하여 설명하려고 한다. 예수님 당시 다볼 산 정상에는 열심당의 전초기지가 있었던 만큼 이곳은 분명 공생애 사역 마지막 해에 예수님이 선호하시던 은신처와는 거리가 멀다고 할 수 있다.

귀신 들린 소년을 고치심 막 9:14–29; 마 17:14–20; 눅 9:37–43

예수님과 수제자 3명이 변화산 위에 있을 때 산 밑에서는 남은 제자들이 귀신 들린 아이 한 명을 고치지 못한 것으로 인해 서기관들과 논쟁이 벌어지고 있었다. 예수님은 믿음이 없는 세대를 책망하시며 귀신 들린 아이를 고쳐 주셨는데, 실패한 제자들이 그 비결을 묻자 예수님은 이렇게 말씀하셨다.

"기도 외에 다른 것으로는 이런 종류가 나갈 수 없느니라"(막 9:29).

2차 고난 예고 막 9:30–32; 마 17:22–23; 눅 9:43–45

예수님은 변화산에서 갈릴리로 내려오시면서 두 번째로 자신이 예루살렘에서 당하게 될 고난과 사흘 후에 부활할 것에 대해서 예고하셨다. 하지만 제자들은 말씀의 의미를 깨닫지 못할 뿐 아니라 두려워서 감히 묻지도 못했다. 예수님의 두 번째 고난 예고를 들은 제자들의 반응은 한마디로 침묵이었다. 그들은 지난번의 경험을 통해 차라리 이 순간만큼은 침묵을 지키는 것이 최선임을 배웠을 것이다.

성전세 논쟁 마 17:24–27

예수님 일행이 가버나움에 들어오자 성전세를 바치는 문제로 작은 실랑이가 벌어졌다. 이에 예수님은 갈릴리 바다에 낚시를 던져 물고기 입에 있는 한 세겔로 예수님과 베드로를 위한 성전세를 지불하게 하셨다.

큰 자 논쟁 막 9:33-37; 마 18:1-5; 눅 9:46-48

가버나움에 있는 집에 계실 때 깊은 생각에 잠기신 예수님은 제자들에게 물으셨다. 제자들이 변화산에서 가버나움으로 내려오는 도중에 서로 옥신각신 다툰 이유가 무엇이냐는 질문이었다. 제자들은 잠잠할 수밖에 없었는데, 길에서 서로 '누가 큰 자인가'의 문제로 쟁론을 벌였기 때문이다. 예수님은 제자들에게 천국에서 큰 자가 누구인가에 대해 말씀하셨다.

> "누구든지 첫째가 되고자 하면 뭇 사람의 끝이 되며 뭇 사람을 섬기는 자가 되어야 하리라"(막 9:35).

예수님은 제자들의 모습을 보고 한없이 착잡하셨을 것이다. 곧 닥칠 십자가의 죽음을 앞두고 예수님은 많은 시간을 투자해 제자들만 데리고 따로 한적한 북쪽 지역을 여행하셨다. 하지만 갈릴리 북쪽에서 가진 인텐시브(집중) 제자 교육에서도 이들은 아무런 깨달음을 얻지 못했다.

요한의 잘못된 열정을 책망하심 막 9:38-50; 마 18:6-14; 눅 9:49-50

요한은 예수님께 자랑스럽게 말했다.

> "주여 어떤 사람이 주의 이름으로 귀신을 내쫓는 것을 우리가 보고 우리와 함께 따르지 아니하므로 금하였나이다"(눅 9:49).

이런 요한에게 예수님은 “금하지 말라 너희를 반대하지 않는 자는 너희를 위하는 자니라”고 말씀하셨다.

용서 마 18:15–35

예수님은 형제의 죄를 몇 번까지 용서해 주어야 하느냐는 베드로의 질문에 일곱 번을 일흔 번 할 때까지 용서하라고 말씀하셨다. 예수님은 제자들에게 제한 없는 용서를 가르치신 것이다.

자기를 버려야 함 마 8:19–22; 눅 9:57–62

예수님은 자기를 따르는 제자들이 자기를 완전히 버리고 좇아야 하는 희생적인 제자도에 대해 이렇게 말씀하셨다.

> “여우도 굴이 있고 공중의 새도 거처가 있으되 인자는 머리 둘 곳이 없다”(마 8:20).

친형제들의 권고 요 7:2–9

초막절이 가까워 오자 예수님의 형제들이 함께 예루살렘으로 올라가자고 제안하지만 예수님은 이를 거절하시며 말씀하셨다.

> “내 때는 아직 이르지 아니하였거니와 너희 때는 늘 준비되어 있느니라”(요 7:6).

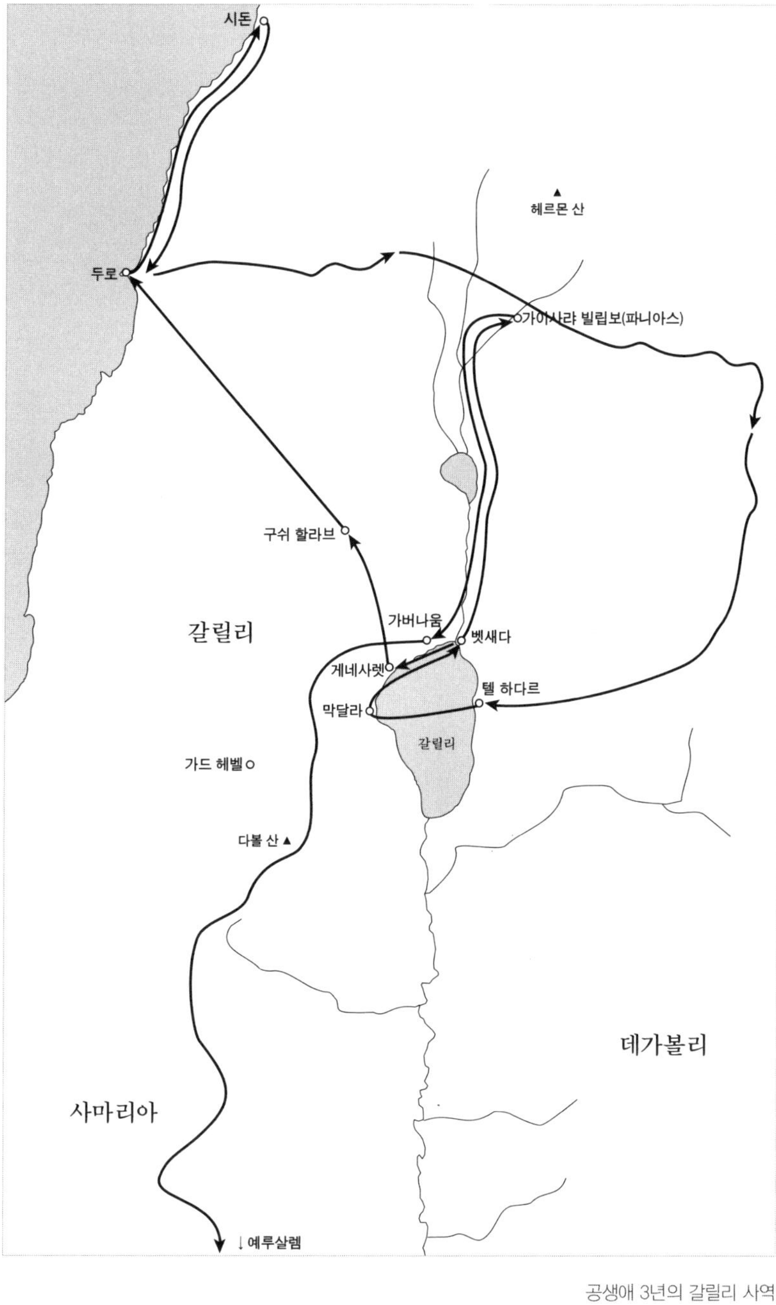

공생애 3년의 갈릴리 사역

몰래 사마리아를 거쳐 예루살렘으로 가심 눅 9:51–56; 요 7:10

형제들을 먼저 예루살렘으로 가게 한 후 예수님은 은밀히 예루살렘으로 향하는 여정 길에 오르셨다. 예수님은 이번 예루살렘 방문이 마지막임을 아셨기 때문에 비장한 결의와 굳은 결심을 하셨다. 사마리아를 거쳐 예루살렘으로 향하는 예수님 일행을 사마리아 사람들이 영접하지 않자 불같은 성격의 야고보와 요한이 예수님께 이런 제안을 했다.

> "주여 우리가 불을 명하여 하늘로부터 내려 저들을 멸하라 하기를 원하시나이까"(눅 9:54).

예수님은 이들을 꾸짖으시고 갈 길을 재촉하셨다.

주후 29년 유월절~초막절 사이의 예수님 사역

유대 사역:
고조되는 위기

초막절 방문과 메시아적 기대감의 고조 요 7:11–53

초막절이 되자 예루살렘에 모인 순례객들은 삼삼오오 모여 예수님이 이번 명절에 예루살렘을 방문할 것인가의 문제를 놓고 논쟁을 벌였다. 예수님은 7일간 지키는 초막절 절기의 중간쯤에 갑자기 성전에 나타나 말씀을 가르치셨다. 그리고 명절 마지막 날 성전에 오신 예수님은 순례객들을 향해 이렇게 외치셨다.

> "누구든지 목마르거든 내게로 와서 마시라 나를 믿는 자는 성경에 이름과 같이 그 배에서 생수의 강이 흘러나오리라"(요 7:37-38).

간음한 여인을 용서해 주심 요 8:1–59

예수님은 초막절 8일째 날 아침에 다시 성전에 들어오셨는데, 이때 서기관들과 바리새인들이 간음 중에 잡힌 여자를 데리고 와서 곤란한 질문으로 예수님을 시험했다.

> "선생이여 이 여자가 간음하다가 현장에서 잡혔나이다 모세는 율법에 이러한 여자를 돌로 치라 명하였거니와 선생은 어떻게 말하겠나이까"(요 8:4-5).

옴짝달싹 못할 질문 앞에서도 예수님은 전혀 당황하지 않고 "너희 중에 죄 없는 자가 먼저 돌로 치라"고 말씀하심으로 상황을 역전시키셨다. 여인을 고소하던 무리가 모두 떠나가자 예수님은 여인을 용서해 주셨고 자신을 세상의 빛으로 선포하셨다.

> "나는 세상의 빛이니 나를 따르는 자는 어둠에 다니지 아니하고 생명의 빛을 얻으리라"(요 8:12).

계속해서 예수님은 바리새인들과 논쟁하시면서 그들의 죄악상을 고발하셨다.

> "너희는 너희 아비 마귀에게서 났으니 너희 아비의 욕심대로 너희도 행하고자 하느니라 그는 처음부터 살인한 자요 진리가 그 속에 없으므로 진리에 서지 못하고 거짓을 말할 때마다 제 것으로 말하나니 이는 그가 거짓말쟁이요 거짓의 아비가 되었음이라"(요 8:44).

날 때부터 맹인 된 자를 고치심 요 9:1-41

며칠 후 예수님은 길을 가시다가 날 때부터 맹인 된 사람을 보시고 땅에 침을 뱉어 진흙을 이겨 그의 눈에 발라 실로암 못에 가서 씻도록 하시는 독특한 방법으로 고쳐 주셨다. 맹인이 고침 받은 사건은 빠른 속도로 퍼져 나갔고, 이 문제로 맹인과 그 부모까지 바리새인들에게 소환되었다. 위협적인 분위기에서도 고침 받은 맹인은 예수님을 끝까지 변호하고 예수님은 이런 맹인에게 찾아오셔서 메시아로서의 자신을 드러내셨다.

"네가 그를 보았거니와 지금 너와 말하는 자가 그이니라"(요 9:37).

선한 목자 요 10:1–21

예수님은 자신을 적대시하는 바리새인과 종교 지도자들과 논쟁을 마치신 후 자신을 선한 목자로, 그리고 종교 지도자들을 삯꾼으로 선포하셨다.

"나는 선한 목자라 선한 목자는 양들을 위하여 목숨을 버리거니와 삯꾼은 목자가 아니요 양도 제 양이 아니라 이리가 오는 것을 보면 양을 버리고 달아나나니 이리가 양을 물어 가고 또 헤치느니라"(요 10:11-12).

70인 파송 눅 10:1–24

이즈음 예수님은 70명의 제자들을 둘씩 짝을 지어 파송하시며 말씀하셨다.

"추수할 것은 많되 일꾼이 적으니 그러므로 추수하는 주인에게 청하여 추수할 일꾼들을 보내 주소서 하라"(눅 10:2).

율법사와 대화 중 선한 사마리아인 비유를 말씀하심 눅 10:25–37

예수님은 율법사와 영생을 얻는 길에 대해 토론을 벌이다가 선한 사마리아인의 비유를 가르치셨다.

마리아와 마르다의 호의 눅 10:38-42

예수님은 유대 지역 베다니에 있는 마르다와 마리아 자매의 집에 방문하셔서 그들의 손접대를 받으셨다. 예수님은 분주히 일하는 마르다를 향해 이렇게 말씀하셨다.

> "마르다야 마르다야 네가 많은 일로 염려하고 근심하나 몇 가지만 하든지 혹은 한 가지만이라도 족하니라 마리아는 이 좋은 편을 택하였으니 빼앗기지 아니하리라"(눅 10:41-42).

기도에 대한 교훈 눅 11:1-13

예수님이 기도를 마치자 제자들은 예수님을 찾아와 세례 요한이 자기 제자들에게 그랬던 것처럼 자신들에게도 기도를 가르쳐 달라고 했다. 예수님은 제자들에게 주기도문을 가르쳐 주셨다.

> "너희는 기도할 때에 이렇게 하라 아버지여 이름이 거룩히 여김을 받으시오며 나라가 임하시오며"(눅 11:2).

2차 바알세불 논쟁 눅 11:14-36

예수님이 벙어리 귀신을 쫓아내 말문이 트이게 하자 이를 두고 예수님이 귀신의 왕 바알세불을 힘입어 귀신을 쫓아낸다는 비난이 일었다. 예수님은 자신을 변호하면서 이렇게 말씀하셨다.

> "스스로 분쟁하는 나라마다 황폐하여지며 스스로 분쟁하는 집은

무너지느니라"(눅 11:17).

바리새인과 율법사를 책망하심 눅 11:37-54

예수님이 말씀하실 때 바리새인 중 한 명이 예수님을 점심식사에 초대했는데, 예수님이 식사 전에 손을 씻지 않는 것을 보고 이상히 여겼다. 예수님은 이를 통해 외식을 일삼는 바리새인과 율법사들을 호되게 책망하셨다.

위선, 탐심, 염려에 대한 말씀 눅 12:1-59

예수님은 계속해서 위선, 탐심, 염려에 대한 경고의 말씀을 하셨다.

열매 맺지 못한 무화과 눅 13:1-9

예수님은 열매 맺지 못한 무화과나무의 비유를 통해 하나님이 기뻐하시는 참된 열매를 맺는 인생을 살도록 제자들을 가르치셨다.

안식일임에도 여인을 고치심, 겨자씨와 누룩의 비유 눅 13:10-21

예수님은 안식일에 회당에서 가르치시다가 18년 동안 귀신 들린 불구 여인을 고쳐 주셨다. 이에 회당장이 안식일에 병 고치는 것을 두고 비난하자 예수님은 그 회당장을 책망하셨다.

"외식하는 자들아 너희가 각각 안식일에 자기의 소나 나귀를 외양간에서 풀어내어 이끌고 가서 물을 먹이지 아니하느냐 그러면 열여덟 해 동안 사탄에게 매인 바 된 이 아브라함의 딸을 안식일에 이 매임에서 푸는 것이 합당하지 아니하냐"(눅 13:15-16).

수전절에 성전을 방문하심 요 10:22-39

수전절이 되자 예수님은 성전을 방문하여 솔로몬 행각을 거니셨는데, 예수님은 종교 지도자들과 논쟁을 하다가 "나와 하나님 아버지는 하나다"라는 놀라운 선포를 하셨다. 이것을 신성모독죄로 여긴 종교 지도자들은 예수님을 돌로 치려 했지만 예수님은 조용히 그 자리를 피하셨다.

베레아 사역:
마지막 때를 준비하다

요단강 건너 베다니로 가심 요 10:40-42

예수님은 다시 요단 동편 베레아 지방으로 가셨는데, 그곳은 예수님이 세례 요한으로부터 처음 세례를 받은 베다니(벧아라바)였다.

베레아에서 가르치심 눅 13:22-35

베레아 지방에 오셨을 때 어떤 바리새인들이 예수님께 나아와 세례 요한을 죽인 헤롯 안티파스가 이제는 그 사정의 칼날을 예수님께 향하고 있다는 정보를 주었다. 갈릴리와 함께 베레아 지역은 헤롯 안티파스의 통치 지역이었는데, 예수님이 베레아 지역에 오자 호의적인 바리새인들이 예수님을 보호하려고 했던 것으로 보인다. 하지만 예수님은 전혀 위축되지 않고 헤롯 안티파스를 여우에 비유하며 담대하게 말씀하셨다.

"너희는 가서 저 여우에게 이르되 오늘과 내일은 내가 귀신을 쫓아내며 병을 고치다가 제삼일에는 완전하여지리라 하라 그러나 오늘과 내일과 모레는 내가 갈 길을 가야 하리니 선지자가 예루살렘 밖에서는 죽는 법이 없느니라"(눅 13:32-33).

바리새인과 식사하심 눅 14:1-24

안식일에 예수님은 어느 바리새인 지도자 집에 식사 초대를 받아 가셨다. 이때 예수님이 수종병 환자를 고쳐 주자 이를 엿보고 있던 율법교사와 바리새인들이 예수님을 비난했다. 예수님은 비유를 통해 이들을 제압하셨다.

"너희 중에 누가 그 아들이나 소가 우물에 빠졌으면 안식일에라도 곧 끌어내지 않겠느냐"(눅 14:5).

제자도를 가르치심 눅 14:25-35

예수님은 자기를 따르는 제자들에게 요구되는 제자도에 대해 이렇게 말씀하셨다.

"무릇 내게 오는 자가 자기 부모와 처자와 형제와 자매와 더욱이 자기 목숨까지 미워하지 아니하면 능히 내 제자가 되지 못하고 누구든지 자기 십자가를 지고 나를 따르지 않는 자도 능히 내 제자가 되지 못하리라"(눅 14:26-27).

죄인을 받아들이는 것에 대한 불평 눅 15:1-32

죄인들과 함께 식사하는 것을 두고 바리새인과 서기관들이 수군거리자 예수님은 돌아온 탕자의 비유를 말씀하셨다.

청지기 비유 눅 16:1-17:10

예수님은 계속해서 불의한 청지기의 비유, 부자와 나사로의 비유를 통해 바리새인들과 논쟁하셨다.

죽은 나사로를 살리심 요 11:1-44

유대 지역의 베다니에 사는 나사로가 병에 걸리자 누이들은 베레아 지역으로 사람을 보내 예수님께 소식을 알렸다. 하지만 예수님은 이틀을 더 기다린 후에 나사로가 죽은 것을 확인하고 그들에게 가셨다. 예수님이 오셨을 때 나사로는 무덤에 있은 지 이미 나흘이 지났기 때문에 누이인 마르다는 예수님을 원망했다. 하지만 예수님은 원망하고 불신하는 마르다에게 부활이요 생명의 주로서 자신을 드러내셨다.

> "나는 부활이요 생명이니 나를 믿는 자는 죽어도 살겠고 무릇 살아서 나를 믿는 자는 영원히 죽지 아니하리니 이것을 네가 믿느냐"(요 11:25-26).

이 선포와 함께 예수님은 나사로의 무덤에 가셔서 죽은 나사로를 다시 살리셨다.

나사로를 살린 여파 요 11:45-54

죽은 나사로를 다시 살리신 기적으로 인해 예루살렘 종교 지도자들 사이에 격론이 오갔다. 결국 대제사장 가야바는 예수님 한 사람을 희생시킴으로써 유대 민족 전체를 파멸의 위기에서 구하기로 결정했다.

"한 사람이 백성을 위하여 죽어서 온 민족이 망하지 않게 되는 것이 너희에게 유익한 줄을 생각하지 아니하는도다"(요 11:50).

예수님은 자신을 죽이려는 이들의 의도를 아시고 에브라임이라는 동네로 가서 제자들과 함께 몸을 숨기셨다.

예루살렘으로의 마지막 여행 눅 17:11-37

예수님은 마침내 예루살렘에 가기로 결정하셨다. 이때 나병 환자 10명이 예수님께 소리 지르며 자신들을 불쌍히 여겨 달라고 간청했다. 예수님은 이들의 나병을 고쳐 주셨지만 사마리아 출신의 나병 환자 한 명만 예수님께 돌아와 감사를 표현했다. 예수님은 사마리아 나병 환자를 격려하며 말씀하셨다.

"열 사람이 다 깨끗함을 받지 아니하였느냐 그 아홉은 어디 있느냐 이 이방인 외에는 하나님께 영광을 돌리러 돌아온 자가 없느냐 하시고 그에게 이르시되 일어나 가라 네 믿음이 너를 구원하였느니라"(눅 17:17-19).

기도에 대한 비유 눅 18:1-14

예수님은 강청하는 과부의 기도를 비유로 들며 끈질긴 기도의 중요성에 대해 말씀하셨다.

"그가 얼마 동안 듣지 아니하다가 후에 속으로 생각하되 내가 하나님을 두려워하지 않고 사람을 무시하나 이 과부가 나를 번거롭게 하니 내가 그 원한을 풀어 주리라 그렇지 않으면 늘 와서 나를 괴롭게 하리라"(눅 18:4-5).

이혼에 대해 가르치심 막 10:1–12; 마 19:1–12

바리새인들은 예수님을 시험하기 위해 이혼을 주제로 "아내를 버리는 것이 옳으니이까"라고 질문했다. 예수님은 이 시험에 결혼의 목적에 기초한 선포로써 맞대응하셨다.

"누구든지 그 아내를 버리고 다른 데에 장가 드는 자는 본처에게 간음을 행함이요 또 아내가 남편을 버리고 다른 데로 시집 가면 간음을 행함이니라"(막 10:11-12).

아이를 축복하심 막 10:13–16; 마 19:13–15; 눅 18:15–17

사람들이 예수님의 안수를 바라며 어린아이들을 데려왔지만 제자들은 이들을 꾸짖었다. 하지만 예수님은 어린아이들을 받아들이면서 하나님 나라가 저들의 것이라고 말씀하셨다.

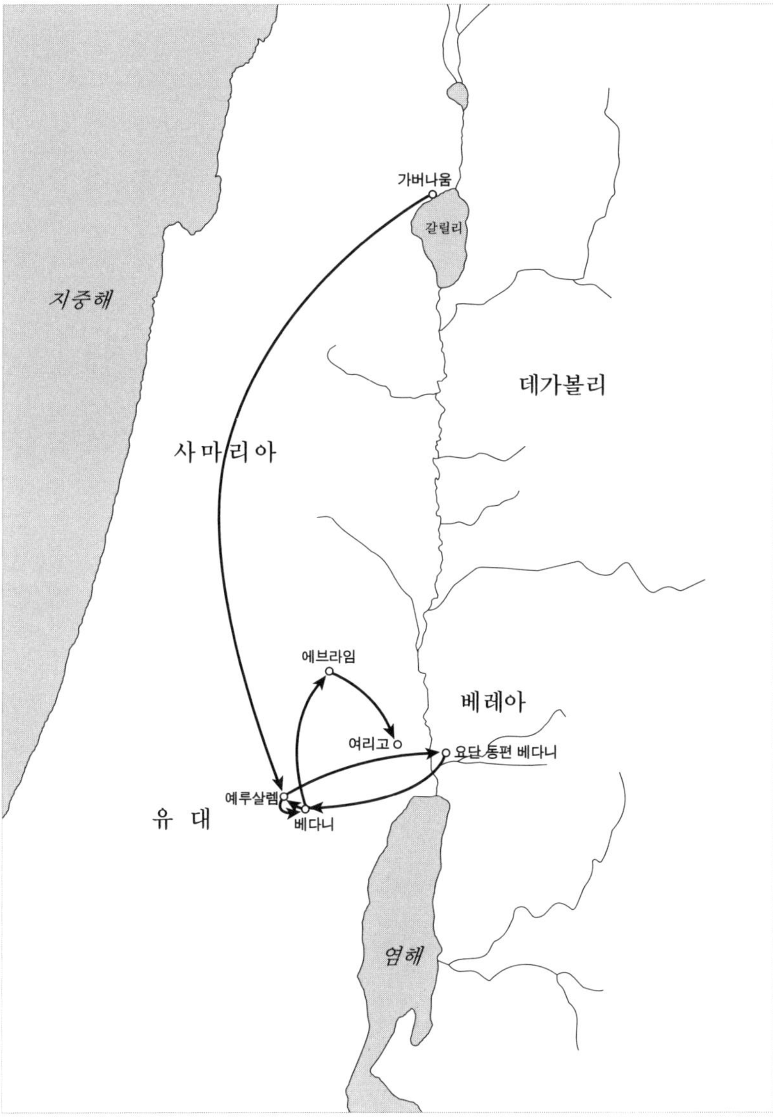

공생애 3년의 유대 / 베레아 사역

젊은 부자 관원과 영생을 주제로 대화하심

막 10:17-31; 마 19:16-20:16; 눅 18:18-30

예수님이 길을 가실 때 젊은 부자 청년이 영생을 얻는 길에 대해 질문했다. 십계명을 비롯해 모든 율법을 철저히 지켜 왔다고 자부한 부자 청년에게 예수님은 그에게 부족한 한 가지를 말씀해 주셨다.

> "네게 아직도 한 가지 부족한 것이 있으니 가서 네게 있는 것을 다 팔아 가난한 자들에게 주라 그리하면 하늘에서 보화가 네게 있으리라 그리고 와서 나를 따르라"(막 10:21).

3차 고난 예고 막 10:32-45; 마 20:17-28; 눅 18:31-34

예루살렘으로 향하는 최후의 시간을 앞두고 예수님은 예루살렘에서 자신이 당하게 될 고난에 대해 제자들에게 세 번째로 예고하셨다. 이런 상황에서도 야고보와 요한은 주의 영광 중 좌우편에 자신들이 앉게 해 달라는 엉뚱한 제안을 했고 이를 알게 된 제자들이 야고보와 요한을 공격하는 상황이 벌어졌다. 예수님은 제자들을 향해 자신이 어떤 길을 가려는지 다시 한 번 말씀하셨다.

> "인자가 온 것은 섬김을 받으려 함이 아니라 도리어 섬기려 하고 자기 목숨을 많은 사람의 대속물로 주려 함이니라"(막 10:45).

맹인 바디매오를 고치심 막 10:46-52; 마 20:29-34; 눅 18:35-43

예수님이 여리고에 이르렀을 때 맹인 거지 바디매오가 길가에 앉았다가

장소	시기	사역
예루살렘	주후 29년 초막절	·성전 방문과 생수의 강 설교 ·간음한 여인 사건 ·날 때부터 맹인 된 자를 고치심 ·선한 목자 ·70인 파송 ·선한 사마리아인 비유를 말씀하심
베다니		·마리아와 마르다의 호의 ·기도에 대한 교훈 ·2차 바알세불 논쟁 ·바리새인과 율법사를 책망하심 ·위선, 탐심, 염려에 대한 말씀 ·열매 맺지 못한 무화과 ·안식일에 여인을 고치심, 겨자씨/누룩의 비유
예루살렘	주후 29년 수전절	성전을 방문하심
요단 동편 베다니		·베레아에서 가르치심 ·바리새인과 식사하심 ·제자도를 말씀하심 ·청지기 비유
베다니		죽은 나사로를 살리심
에브라임		·에브라임으로 도피 ·마지막 예루살렘 여행 ·기도에 대한 비유 ·이혼에 대해 가르치심 ·아이를 축복하심 ·젊은 부자 관원과 영생을 주제로 대화하심 ·3차 고난 예고
여리고		·맹인 바디매오를 고치심 ·세리장 삭개오의 집을 방문하심

주후 29년 초막절 이후의 예수님 사역

예수님이 지나가신다는 이야기를 듣고 자신을 불쌍히 여겨 달라고 소리 질러 간구했다. 예수님은 이를 들으시고 바디매오의 눈을 뜨게 해주셨다.

세리장 삭개오의 집을 방문하심 눅 19:1-28

예수님이 여리고 안으로 들어왔을 때 부자요 세리장인 삭개오가 지나가는 예수님을 보기 위해 돌무화과나무 위에 올라가 있었다. 예수님은 이런 삭개오의 모습을 보시고 그의 집을 방문하셨다. 삭개오는 잔치를 베풀며 이렇게 약속했다.

> "주여 보시옵소서 내 소유의 절반을 가난한 자들에게 주겠사오며 만일 누구의 것을 속여 빼앗은 일이 있으면 네 갑절이나 갚겠나이다"(눅 19:8).

예수님은 삭개오의 집에도 구원이 이르렀음을 선포하며 말씀하셨다.

> "인자가 온 것은 잃어버린 자를 찾아 구원하려 함이니라"(눅 19:10).

Chapter 7-2

맹인과 맹인 사이

_뱃새다 맹인과 여리고 맹인

사복음서 기자 가운데 마가는 눈에 띄는 문학적 기교를 사용해 예수님의 공생애 사역 마지막 해를 갈무리하고 있다. 이 문학적 기교는 한마디로 '맹인과 맹인 사이'란 말로 표현된다. 첫 번째 맹인은 벳새다의 맹인(막 8:22)이고 두 번째 맹인은 여리고의 맹인(막 10:46)이다.

> "벳새다에 이르매 사람들이 맹인 한 사람을 데리고 예수께 나아와 손 대시기를 구하거늘"(막 8:22).

> "그들이 여리고에 이르렀더니 예수께서 제자들과 허다한 무리와 함께 여리고에서 나가실 때에 디매오의 아들인 맹인 거지 바디매오가 길 가에 앉았다가"(막 10:46).

벳새다 맹인과 여리고 맹인의 사건은 예수님이 십자가를 지시기 위해 갈릴리에서 예루살렘으로 향하는 마지막 여정 중에 일어났다. 마가는 두 맹인을 샌드위치의 양쪽 빵으로 사용하고 그 사이에 세 가지 사건을 세 번 반복해서 묘사하고 있는데, 이것이 마가의 눈에 띄는 문학적 기교다.

첫 번째 사건: 예수님의 고난 예고 세 번

1차 고난 예고: 베드로의 신앙고백 직후 가이사랴 빌립보에서(막 8:31)

2차 고난 예고: 변화산 사건 직후 갈릴리로 내려가는 도중에서(막 9:31)

3차 고난 예고: 베레아 지역에서 사역을 마치고 예루살렘으로 올라가면서(막 10:33-34)

두 번째 사건: 제자들의 실패 세 번

귀신 들린 아이를 못 고침(막 9:14-29)

우리를 따르지 않는 자가 주의 이름으로 귀신 쫓는 것을 금함(막 9:38-41)

아이들이 예수님께 가까이 오려는 것을 금함(막 10:13-16)

세 번째 사건: 제자들의 논쟁 세 번

서기관들과 치료에 대한 논쟁(막 9:14)

큰 자에 대한 논쟁(막 9:33-34)

상석에 대한 논쟁(막 10:37)

성경을 포함한 고대 근동 문헌에서 '세 번'은 단순한 횟수가 아니라 '계속적인 반복'을 의미한다. 마가는 두 맹인 사이에 기록한 세 번 반복된 세 가지 사건을 통해 제자들의 반복된 실패와 예수님의 반복된 가르침을 대조적으로 보여 주고 있다. 제자들의 실패와 예수님의 가르침을 두 맹인 사이에 집어넣는 재미난 문학적 기교를 통해 저자 마가가 의도한 메시지는 과연 무엇일까?

이에 대한 대답을 찾기 전에 우선 살펴봐야 할 것이 있다. 이것 역시 같은 맥락에서 대답을 찾을 수 있기 때문에 함께 문제를 제기하고 대답을 찾는 것이 좋을 듯싶다. 그것은 첫 번째 맹인인 벳새다의 맹인이 치료되는 과정에서 나타난 마가의 독특하고도 재미난 묘사다.

“벳새다에 이르매 사람들이 맹인 한 사람을 데리고 예수께 나아와 손 대시기를 구하거늘 예수께서 맹인의 손을 붙잡으시고 마을 밖으로 데리고 나가사 눈에 침을 뱉으시며 그에게 안수하시고 무엇이 보이느냐 물으시니 쳐다보며 이르되 사람들이 보이나이다 나무 같은 것들이 걸어가는 것을 보나이다 하거늘 이에 그 눈에 다시 안수하시매 그가 주목하여 보더니 나아서 모든 것을 밝히 보는지라”(막 8:22-25).

여기서 마가는 마치 환자의 치유 과정을 지속적으로 추적 조사(followup)하고 그것을 일지에 소상히 기록하는 의사를 연상시킨다. 다른 곳에 기록된 수많은 병자들의 치유 과정은 이렇게 소상하지 않다. 벳새다 맹인이 거의 처음이라고 할 수 있다. 벳새다 맹인의 치유 과정을 의사와 환자 간에 통상적으로 오갈 수 있는 버전으로 각색해서 묘사하면 다음과 같다.

예수님은 벳새다 맹인의 눈에 침을 뱉어 안수하시고 물으신다.

“뭐가 좀 보이세요? 좀 차도가 있으세요?”

벳새다 맹인이 대답한다.

“뭔가 보이긴 하는데… 사람들이 보이는 것 같기도 하고… 나무 같은 것들이 걸어가는 것 같기도 하고… 아무튼 희미하게 뭔가 보이기는 하네요.”

예수님은 벳새다 맹인의 눈에 다시 안수하고 물으신다.

"이젠 좀 어떠세요? 좀전에 비해 차도가 있나요? 희미한 게 또렷해졌나요?"

벳새다 맹인은 환희에 가득 차서 대답한다.

"아, 보여요. 이젠 모든 게 밝히 보여요! 감사합니다. 이 은혜를 어떻게 보답해야 할지…."

자, 그러면 벳새다 맹인과 여리고 맹인 사이에 제자들의 실패와 예수님의 가르침을 반복해서 삽입한 마가의 의도를 살펴보자. '맹인과 맹인 사이'에서 사용된 마가의 문학적 기교는 벳새다 맹인의 치유 과정을 상세히 기록한 마가의 의도와 같은 연장선에 있기 때문에 함께 살펴보는 게 좋겠다.

벳새다 맹인 사건 바로 직전에 예수님은 제자들을 크게 책망하셨는데, 그 배경은 다음과 같다. 예수님은 제자들과 달마누다에서 벳새다로 배를 타고 건너오셨는데, 이때 제자들은 떡을 가져오는 것을 잊어버렸다. 예수님은 이를 통해 제자들에게 깨달음을 주시고자 '떡'을 비유 삼아 말씀하셨다.

> "삼가 바리새인들의 누룩과 헤롯의 누룩을 주의하라"(막 8:15).

하지만 제자들은 눈만 깜박거릴 뿐 예수님이 하신 말씀의 의미를 도통 깨닫지 못했다. 그러자 예수님은 제자들에게 크게 호통치셨다.

> "너희가 눈이 있어도 보지 못하며 귀가 있어도 듣지 못하느냐 또 기억하지 못하느냐"(막 8:18).

그러고 나서 곧바로 벳새다 맹인의 스토리가 등장한다. 그렇다. 여기서 '맹인'은 단순한 육신의 맹인만을 가리키는 것이 아니라, 영적인 눈이 감긴 제자들의 상태를 빗대고 있는 것이다. 우리는 여기서 벳새다 맹인이 눈을 뜨는 과정에 특별히 주목할 필요가 있다. 맹인의 눈은 단번에 치유 받지 않았다. 다른 곳에 나오는 수많은 치유 기사를 보면 모두 단번에 치유 받는 것을 본다. 하지만 벳새다 맹인의 경우 단계적인 치유, 곧 예수님의 반복된 안수를 통해 치유가 일어난다. 저자 마가는 작심한 듯 이를 의도적으로 묘사하고 있다. 앞서 언급한 것처럼 환자의 치유 과정을 일지에 기록하는 의사의 심정이 느껴진다.

자, 그러면 다시 '맹인과 맹인 사이'로 돌아와서 마가의 독특한 문학적 기교 속에 숨은 그의 의도와 메시지를 살펴보자.

때는 바야흐로 예수님의 공생애 사역 마지막 해로 접어들었다. 예수님은 갈릴리 사역을 마치고 예루살렘으로 향해야 했는데, 이 길은 다시는 돌아올 수 없는 마지막 여정이 될 것이다. 바로 십자가 처형이 예수님을 기다리고 있기 때문이다.

하지만 예수님은 십자가에서 죽으시기 전에 반드시 제자들에게 가르쳐야 할 것이 있었다. 그것은 바로 제자들의 잘못된 메시아 신학을 수정해 주는 것이다. 제자들은 처음부터 예수님이 메시아임을 확신하고 따랐다. 하지만 제자들이 생각한 메시아는 '왕'으로서의 메시아였고, 예수님은 '종'으로서의 메시아로 사역하셨다. 그리고 이제 '종'으로서의 메시아가 감당해야 할 결정적인 사역이 기다리고 있었다. 예루살렘으로 올라가는 길, 즉 십자가의 죽음이었다.

예수님은 제자들이 갖고 있는 잘못된 메시아 신학을 수정해 주어야 했지만, 이것은 결코 쉽지 않았다. 이것은 마치 전신마취 후에 대수술을 하는 것처럼 힘든 일이었다. 우리는 이미 '예수님을 의심한 세례 요한'을 통해 이 점을 자세히 살펴본 바 있다. 제자들의 잘못된 메시아 신학 수정이 결코 쉽지는 않지만 이제 더 이상 미룰 수도 없었다. 왜냐하면 예수님은 곧 십자가에서 처형되실 것이기 때문이다.

예수님은 제자들에게 세 번(거듭 반복해서)에 걸쳐 자신이 예루살렘에서 당할 고난에 대해 예고하셨다. 처음에 제자들은(베드로가 대표해서) 정색을 하며 강하게 만류했다. 제자들의 이런 반응을 충분히 예상하셨음에도 예수님의 반응은 제자들의 상상 이상이었다. 칭찬 받던 베드로가 갑자기 사탄으로 몰리는 상황이 된 것이다.

예수님은 변화산 사건을 통해 충격 요법을 쓰시기도 했다. 변화산 위에서 들려온 하늘의 음성은 제자들에게 충분히 강압(?)이요 위협(?)으로 들릴 수 있었다.

> "이는 내 사랑하는 아들이요 내 기뻐하는 자니 너희는 그의 말을 들으라"(마 17:5).

하지만 변화산에서의 충격 요법도 별반 효과가 없었다. 예수님이 재차 고난을 예고했을 때 제자들은 입을 다물었다. 첫 번째 고난 예고를 통해 차라리 입을 다무는 게 상책이라고 생각한 것이다. 그래도 예수님은 예루살렘에서 당하게 될 고난 예고를 멈추지 않았다. 하지만 예수님의 거듭된 가르침에도 제자들은 여전히 거듭된 실패로 화답했다.

이것이 저자 마가가 벳새다 맹인과 여리고 맹인 사이에 끼워 넣은 지루

하고도 갑갑한 스토리다. 마가는 여기서 무엇을 말하고 싶었던 것일까? 그것은 아마도 잘못된 메시아 신학을 수정하는 작업이 얼마나 어렵고 고통스러운 작업인지, 그리고 단번에 이루어지지 않고 단계를 거쳐 오랜 시간 동안 이뤄지는 것임을 보여 주고 싶었던 게 아닐까?

예수님 주변에는 수많은 무리가 있었지만 무리는 예수님이 자신들이 기대한 메시아와 전혀 다르다는 것을 깨닫고 미련 없이 떠나갔다. 마치 밀물처럼 우르르 밀려왔다가 썰물처럼 쫘악 빠져나가는 것처럼. 그리고 그 자리에 제자들만 남았다. 예수님은 이런 제자들에게 도전적인 질문을 던지셨다.

"너희도 가려느냐"(요 6:67).

그러자 제자들을 대표해서 베드로가 대답했다.

"주여 영생의 말씀이 주께 있사오니 우리가 누구에게로 가오리이까"(요 6:68).

제자들도 무리도 예수님을 잘 몰랐다. 하지만 둘 사이에는 분명한 차이점이 있는데 바로 무리는 미련 없이 예수님을 떠나갔지만, 제자들은 끝까지 예수님을 따랐다는 것이다. 비록 제자들은 여전히 부족하고 갑갑하고 미련하게 굴었지만 마침내 치유를 받았다. 마치 벳새다의 맹인이 처음에는 희미하게 보다가 나중에는 밝히 보게 된 것처럼, 제자들도 처음엔 도통 먹통처럼 말이 통하지 않았으나 나중에 예수님이 십자가에서 돌아가시고 부활하신 뒤, 더 구체적으로 말하면 오순절 성령 강림 사건을 경험하고 나서 눈이 밝히 떠졌다.

이것은 단지 주후 1세기의 제자들한테만 일어나는 것이 아니다. 현대 그리스도인들도 저마다 예수님을 메시아로 알고 따르지만, 그들이 메시아이신 예수님께 기대하는 것과 메시아이신 예수님이 그들에게 요구하시는 것 사이에는 엄청난 갭이 존재한다. 그리고 그 갭이 메워지는 데는 고통이 수반되는 반복된 가르침과 실패의 과정이 필요하다. 그제야 우리는 예수님이 원하시는 참된 제자로 빚어지는 것이다. 학문에는 왕도가 없는 것처럼 제자도에도 왕도가 없는 법이다.

Chapter 7-3

무리의 메시아, **제자**의 메시아

_유대에서의 고난, 죽음 그리고 부활

유대 사역: 마지막 일주일

예루살렘 근방 베다니에 도착하심 요 11:55-12:1, **토요일**

유월절 엿새 전에 예수님은 나사로의 집이 있는 베다니에 도착하셨다.

승리의 입성 막 11:1-11; 마 21:1-17; 눅 19:29-48; 요 12:12-19, **일요일**

예수님은 벳바게에서 나귀를 타고 예루살렘에 입성하여 성전을 청결하게 하신 후 다시 베다니에 있는 나사로의 집으로 돌아오셨다.

인자가 영광을 받을 때가 왔다 요 12:20-50

유월절 명절에 예배하러 예루살렘 성전에 올라온 사람 중에 그리스인 몇 명이 빌립을 통해 예수님을 만나고 싶다는 뜻을 전했다. 예수님은 이를 아시고 말씀하셨다.

> "내가 진실로 진실로 너희에게 이르노니 한 알의 밀이 땅에 떨어져 죽지 아니하면 한 알 그대로 있고 죽으면 많은 열매를 맺느니라"(요 12:24).

열매 없는 무화과를 저주하심 막 11:12-19; 마 21:18,19, **월요일**

다음날 예수님이 베다니에서 나오실 때에 잎사귀만 있고 열매를 맺지 못한 무화과나무를 보셨다. 예수님은 무화과를 저주하면서 이렇게 말씀하셨다.

"이제부터 영원토록 사람이 네게서 열매를 따 먹지 못하리라"(막 11:14).

열매 없는 무화과가 시든 것을 발견함 막 11:20-25; 마 21:20-22, **화요일**

나음날 아침 길을 지나다가 제자들은 무화과나무가 뿌리째 마른 것을 보고 놀랐다. 예수님은 놀란 제자들에게 말씀하셨다.

"하나님을 믿으라 내가 진실로 너희에게 이르노니 누구든지 이 산더러 들리어 바다에 던져지라 하며 그 말하는 것이 이루어질 줄 믿고 마음에 의심하지 아니하면 그대로 되리라"(막 11:22-23).

예수님의 권위에 대한 도전 막 11:27-12:12; 마 21:23-22:14; 눅 20:1-19

예수님이 성전 안을 거니실 때 대제사장과 서기관들과 장로들이 예수님께 와서 무슨 권위로 이런 일을 하는가 물었다. 하지만 예수님은 그들이 배척한 세례 요한의 권위가 하늘로서 난 건지 사람에게서 난 건지 역질문을 하셨다.

가이사에게 바치는 세금 논쟁 막 12:13-17; 마 22:15-22; 눅 20:20-26

이번에는 바리새인과 헤롯당이 연합해서 예수님을 올무에 빠뜨릴 질문을 가지고 찾아왔다.

"가이사에게 세금을 바치는 것이 옳으니이까 옳지 아니하니이까"(막 12:14).

언뜻 빠져나가기 쉽지 않은 질문 앞에서도 예수님의 대답은 모두를 놀라게 했다.

"가이사의 것은 가이사에게, 하나님의 것은 하나님께 바치라"(막 12:17).

부활에 대한 논쟁 막 12:18-27; 마 22:23-33; 눅 20:27-40

이번에는 사두개인 차례였다. 평소 부활을 믿지 않는 사두개인들이 부활의 교리를 부정하기 위한 나름의 난제를 들고 예수님께 찾아왔다. 하지만 예수님은 종교 지도자인 사두개인들이 성경에 무지하다고 지적하며 이렇게 말씀하셨다.

"하나님은 죽은 자의 하나님이 아니요 산 자의 하나님이시라 너희가 크게 오해하였도다"(막 12:27).

바리새인 율법사가 찾아옴 막 12:28-34; 마 22:34-40

사두개인들이 KO패 당하자 이번에는 바리새파에 속한 율법사가 예수님께 찾아와 모든 계명 중 첫째 되는 계명이 무엇이냐고 물었다. 사두개인과 달리 예수님을 찾아온 바리새인 율법사는 예수님의 대답에 동의를 표했고 예수님께 칭찬을 들었다.

"네가 하나님의 나라에서 멀지 않도다"(막 12:34).

적절한 질문으로 적들을 제압하심 막 12:35–44; 마 22:41–23:39; 눅 20:41–21:4

계속 질문 공세를 받던 예수님은 이번엔 서기관들에게 먼저 질문하셨다. 질문의 내용은 "서기관들이 어찌하여 그리스도를 다윗의 자손이라고 하느냐"는 것이었다. 예수님은 다윗이 그리스도를 주라고 불렀기 때문에 다윗의 자손이 될 수 없다고 말씀하셨다. 계속해서 예수님은 악한 동기를 갖고 있는 바리새인과 서기관들을 책망하셨다.

> "긴 옷을 입고 다니는 것을 원하며 시장에서 문안 받는 것과 회당의 높은 자리와 잔치의 윗자리를 좋아하는 서기관들을 삼가라 그들은 과부의 가산을 삼키며 외식으로 길게 기도하니 그들이 더 엄중한 심판을 받으리라"(눅 20:46–47).

감람산 강화 막 13:1–37; 마 24:1–51; 눅 21:5–38

예수님은 하루 종일 각계각층의 종교 지도자들과 설전을 마치고 성전에서 나오셨다. 이때 제자들이 석양이 비친 성전의 돌들을 보며 감탄사를 연발했다. 예수님은 제자들을 향해 성전 파괴에 대한 충격적인 예언을 하셨다.

> "네가 이 큰 건물들을 보느냐 돌 하나도 돌 위에 남지 않고 다 무너뜨려지리라"(막 13:2).

예수님은 제자들과 감람산 정상에서 성전을 내려다보면서 이 말씀을 하셨는데 제자들은 어느 때에 그러한 일들이 일어날 것인가에 대해 물었다. 예수님은 제자들의 질문에 대해 앞으로 성전이 무너질 것과 종말의 때에 이루어질 징조에 대해 말씀하셨다.

종교 지도자들이 예수님을 죽이기로 합의함

막 14:1–2; 마 26:1–5; 눅 22:1–2, 수요일

유월절을 이틀 앞두고 대제사장과 서기관들은 예수님을 흉계로 잡아 죽일 방도를 모색하지만 민란을 우려해 되도록이면 유월절은 피하기로 잠정 합의했다.

마리아가 예수님께 향유를 부음 막 14:3–9; 마 26:6–13; 요 12:2–8

예수님이 베다니에서 나병 환자 시몬의 집에 계실 때 한 여자가 향유 한 옥합을 가지고 와서 식사하시는 예수님의 머리에 붓는 돌발 사건이 벌어졌다. 이를 보고 제자들은 값비싼 향유를 허비한 여인을 비난하지만, 예수님은 곧 있을 자신의 죽음과 그에 따른 장례와 연결시키면서 여인의 행동을 칭찬하셨다.

> "이 여자가 내 몸에 이 향유를 부은 것은 내 장례를 위하여 함이니라 내가 진실로 너희에게 이르노니 온 천하에 어디서든지 이 복음이 전파되는 곳에서는 이 여자가 행한 일도 말하여 그를 기억하리라"(마 26:12-13).

유다가 배반을 모의함 막 14:10–11; 마 26:14–16; 눅 22:3–6

향유 사건 이후 가룟 유다는 은 삼십에 예수님을 대제사장들에게 넘겨

주기로 마음을 굳혔다.

유월절 식사 막 14:12–31; 마 26:17–35; 눅 22:7–39; 요 13:1–38, **목요일**

예수님은 무교절 첫날 곧 유월절 양 잡는 날이 되자 제자들과 함께 유월절 음식을 먹을 수 있는 장소를 준비하게 하셨다. 예수님은 제자들과 유월절 식사를 함께하는 자리에서 제자들의 발을 씻기셨고, 가룟 유다가 자신을 배반하게 될 것을 예언하셨다. 또한 제자들이 모두 예수님을 버리게 될 것을 예언하셨다.

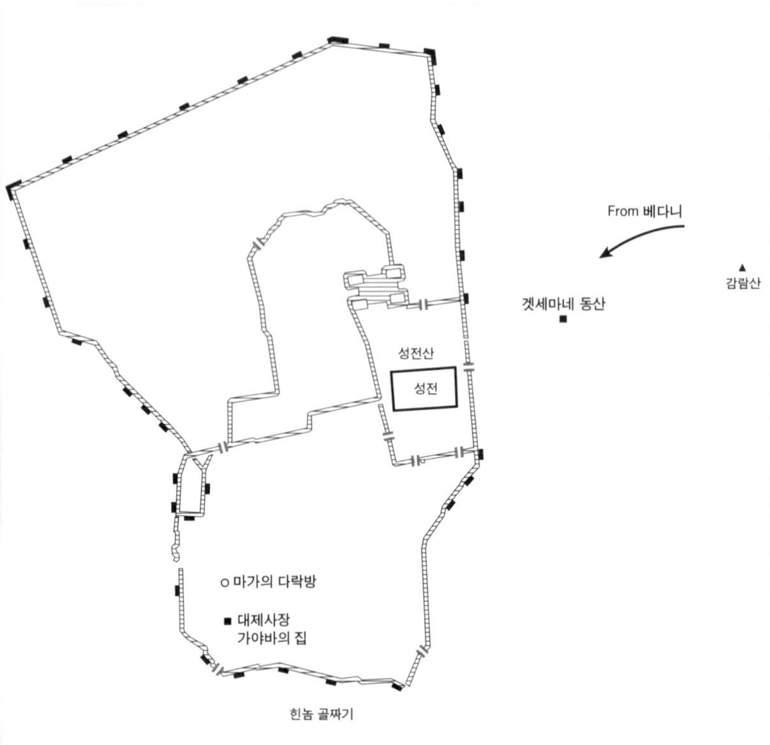

유월절 식사 중 마지막 고별 설교 요 14-17장

유월절 만찬 자리에서 예수님은 제자들에게 이 땅에서의 마지막 고별 설교를 하셨다. 예수님은 자신이 곧 제자들을 떠나게 될 것이고 예수님 대신 보혜사 성령님이 오실 것을 알려 주셨다. 또한 자신을 참포도나무로 비유하시면서 제자들이 늘 예수님의 말씀 안에 거하는 삶을 살도록 권면하셨다. 예수님은 대제사장적 기도로 고별 설교의 대미를 장식하셨다.

겟세마네 기도 막 14:32-42; 마 26:36-46; 눅 22:40-46; 요 18:1

예수님은 제자들과 유월절 만찬을 마치시고 겟세마네 동산에 가서 밤새도록 기도하셨다.

> "내 아버지여 만일 할 만하시거든 이 잔을 내게서 지나가게 하옵소서 그러나 나의 원대로 마시옵고 아버지의 원대로 하옵소서"
> (마 26:39).

유대 사역:
십자가 죽음

팔리고 체포됨 막 14:43-52; 마 26:47-56; 눅 22:47-53; 요 18:2-12, **금요일**

예수님이 겟세마네 동산에서 기도를 마치셨을 때 배반자 가룟 유다가 대제사장이 보낸 무장한 무리와 함께 예수님을 체포하러 왔다. 베드로의 순간적인 저항이 있었지만 제자들은 모두 두려움을 느낀 나머지 도망갔고

장소	요일	사건
베다니	토요일	베다니 도착
성전	일요일	승리의 입성
		인자가 영광을 받을 때가 왔다
베다니	월요일	열매 없는 무화과를 저주하심
성전 & 감람산	화요일	열매 없는 무화과가 시든 것을 발견함 ·대제사장 + 서기관 + 장로(권위) ·바리새인 + 헤롯당(세금) ·사두개인(부활) ·율법사(첫 계명) ·질문으로 적을 제압함(그리스도=다윗의 자손?)
베다니	수요일	감람산 강화 ·종교 지도자들이 예수님을 죽이기로 합의함 ·마리아가 예수님께 향유를 부음 ·유다가 배반을 모의함
마가의 다락방	목요일	유월절 식사
겟세마네 동산	금요일 새벽	겟세마네 기도와 체포

예수님의 마지막 일주일

예수님은 순순히 체포되셨다.

안나스에게 심문 받으심 요 18:13-14, 19-23

체포된 예수님은 그 해 대제사장인 가야바의 장인 안나스에게 끌려가 심문을 받으셨다. 심문 도중 대제사장의 하속 중 하나가 예수님을 때리자 예수님은 자신의 무죄를 주장하셨다.

> "내가 말을 잘못하였으면 그 잘못한 것을 증언하라 바른 말을 하였으면 네가 어찌하여 나를 치느냐"(요 18:23).

가야바에게 심문 받으심

막 14:53–15:1; 마 26:57–27:2; 눅 22:54–71; 요 18:15–18, 24–27

예수님은 안나스에게서 다시 가야바에게로 넘겨져 심문 받으셨다. 이때 예수님을 걱정한 베드로와 요한이 함께 가야바의 집 뜰까지 들어왔지만, 베드로는 계집종 앞에서 예수님을 세 번 부인하게 된다. 한편 대제사장들과 공회원들은 신성모독죄로 예수님을 죽일 증거를 찾지만 성공하지 못하자 예수님을 직접 심문하기 시작했다. 가야바는 예수님이 메시아냐고 다그쳐 물었고 이 질문에 예수님은 담대하게 대답하셨다.

> "내가 그니라 인자가 권능자의 우편에 앉은 것과 하늘 구름을 타고 오는 것을 너희가 보리라"(막 14:62).

산헤드린 공회는 유죄 판결을 내리고 예수님을 빌라도 총독에게 넘기기로 결정했다.

유다의 죽음 마 27:3–10

예수님이 최종적으로 유죄 판결을 받고 총독에게 넘겨지자 가룟 유다는 예수님을 배반한 것을 후회하고 대제사장들에게 가서 자신이 받은 은 삼십을 돌려준다. 하지만 가룟 유다의 제안은 거절당하고 결국 유다는 스스로 목을 매어 자살로 생을 마감한다.

빌라도 앞에 서심 막 15:2–5; 마 27:11–14; 눅 23:1–5; 요 18:28–38

빌라도는 "네가 유대인의 왕이냐"는 질문으로 예수님을 심문했고, 예수님은 "네 말이 옳도다"는 말로 이를 인정하셨다. 대제사장들이 여러 가지로 고발하는 가운데서도 예수님이 계속 묵비권을 행사하시자 빌라도는 이를 놀랍게 여겼다.

분봉왕 헤롯 안티파스 앞에 서심 눅 23:6–12

빌라도는 예수님이 갈릴리 사람인 것을 알고 때마침 유월절 명절을 맞아 예루살렘에 와 있던 헤롯 안티파스에게 예수님을 인계했다. 헤롯 안티파스가 갈릴리 지역의 공식적인 통치자였기 때문이다. 예수님은 헤롯 안티파스 앞에서도 여전히 묵비권을 행사했고 다시 빌라도에게 넘겨지셨다.

빌라도 앞에 다시 서심 막 15:6–15; 마 27:15–26; 눅 23:13–25; 요 18:39–19:16

빌라도는 예수님이 사형에 해당할 정도로 흉악한 죄인이 아님을 확신하고, 전례대로 유월절 사면령을 이용해 예수님을 풀어 주고자 했다. 하지만 대제사장들과 그가 사주한 측근들은 예수님 대신 바라바를 풀어 달라고 요구하며 예수님을 십자가형에 처하라고 소리 질렀다. 결국 빌라도는 민란이 일어날 것을 염려해 그들의 요구대로 십자가형을 최종 선고하고 예수님을 군병들에게 넘겼다.

로마 군병들에게 조롱 받으심 막 15:16-19; 마 27:27-30

로마 군병들은 예수님의 옷을 벗기고 홍포를 입히고 가시관을 엮어 머리에 씌우는 등 온갖 조롱을 하면서 침을 뱉고 예수님의 머리를 쳤다.

십자가를 지심 막 15:20-23; 마 27:31-34; 눅 23:26-33; 요 19:16-17

로마 군병들은 조롱을 마친 후에 홍포를 벗기고 예수님을 십자가에 못 박기 위해 끌고 나갔다. 도중에 구레네에서 온 시몬이란 자가 잠시 예수님을 대신해서 십자가를 지게 되었고 예수님은 골고다 언덕으로 향하는 십자가의 길을 걷게 된다.

십자가 위에서 처음 세 시간
막 15:24-32; 마 27:35-44; 눅 23:34-43; 요 19:18-27

오전 9시에 예수님은 십자가에 못 박히셨고 그 위에는 '유대인의 왕'이라는 죄패가 놓여졌다. 예수님의 좌우에 두 명의 강도가 함께 십자가 처형을 당했다. 지나가는 무리는 예수님을 향해 손가락질하며 조롱을 퍼부었다.

1968년 예루살렘 북쪽 건설공사 중 발견된 못에 박힌 발목의 뼈

> "아하 성전을 헐고 사흘에 짓는다는 자여 네가 너를 구원하여 십자가에서 내려오라"(막 15:29-30).

십자가에서 오후 세 시간 막 15:33-37; 마 27:45-50; 눅 23:44, 46; 요 19:28-30

정오 12시부터 오후 3시까지 어두움이 임했고 예수님은 "엘리 엘리 라마 사박다니"를 외치며 운명하셨다.

예수님의 죽음과 함께 일어난 현상들 막 15:38-41; 마 27:51-56; 눅 23:45, 47-49

예수님의 죽음과 함께 성소의 휘장이 위에서 아래로 찢어져 둘이 되었고 땅이 진동하고 바위가 터지고 무덤들이 열리며 죽은 성도들이 부활하는 놀라운 사건들이 연이어 벌어졌다. 십자가형을 집행한 로마 백부장은 심히 두려워하며 이렇게 고백했다.

> "이는 진실로 하나님의 아들이었도다"(마 27:54).

아리마대 요셉의 무덤에 안장되심

막 15:42-46; 마 27:57-60; 눅 23:50-54; 요 19:31-42

예수님이 십자가 위에서 운명하시자 아리마대 요셉은 담대하게 빌라도에게 찾아가 예수님의 시체를 달라고 요구해 장례를 치러 주었다.

무덤 곁의 여인들 막 15:47; 마 27:61-66; 눅 23:55-56

갈릴리에서 예수님과 함께 온 일단의 여인들은 예수님의 무덤과 시체를 어떻게 두었는지를 보고 돌아가 향품과 향유를 준비하여 율법을 좇아 안식일이 끝날 때까지 집에서 쉬었다.

유대 사역:
죽은 자의 첫 열매가 되시다

여인들이 예수님의 무덤을 방문함

막 16:1–8; 마 28:1–10; 눅 24:1–12 요 20:1–10

안식일이 끝난 후 첫날 새벽에 여인들은 미리 준비해 둔 향품을 가지고 예수님의 무덤으로 향했다. 무덤의 입구를 막고 있던 돌이 옮겨진 것을 보고 놀란 여인들에게 천사가 나타나 부활의 기쁜 소식을 전했다.

> "너희는 무서워하지 말라 십자가에 못 박히신 예수를 너희가 찾는 줄을 내가 아노라 그가 여기 계시지 않고 그가 말씀하시던 대로 살아나셨느니라 와서 그가 누우셨던 곳을 보라"(마 28:5–6).

여인들은 부활의 기쁜 소식을 듣고 사도들에게 전했지만 이들은 믿지 않았다.

막달라 마리아에게 나타나심 막 16:9–11; 요 20:11–18

부활하신 예수님은 일곱 귀신 들렸던 막달라 마리아에게 가장 먼저 나타나셨다.

파수꾼이 관원에게 예수님의 부활을 보고함 마 28:11–15

예수님의 부활은 무덤을 지키고 있던 파수꾼들에게 알려지고 이들은 급히 대제사장들에게 상황을 알렸다. 장로들은 급히 모여 군인들에게 돈을 많이 주어 제자들이 밤에 와서 예수님의 시체를 도둑질해 간 것으로 입을 맞추었다.

엠마오로 가던 두 제자에게 나타나심 막 16:12-13; 눅 24:13-35

부활하신 예수님은 엠마오로 내려가는 두 명의 제자에게 나타나셨고 성경을 자세히 풀어서 예수님의 죽음과 부활에 대한 가르침을 주셨다. 이들은 다시 예루살렘으로 돌아와 제자들에게 이 소식을 알렸다.

놀란 제자들에게 나타나 평강을 주심 막 16:14; 눅 24:36-43; 요 20:19-25

예수님은 부활의 소식을 듣고도 믿지 못하는 제자들에게 나타나 평강을 전하며 그들과 함께 식사도 하시면서 부활에 대한 확신을 주셨다.

도마에게 나타나심 요 20:26-31

예수님은 8일 후 다시 도마에게 나타나 평강을 전하셨고 눈으로 보고도 부활을 믿지 못하는 도마에게 손을 내밀어 옆구리를 만지도록 하심으로 그의 믿음을 강하게 하셨다. 믿지 못하던 도마의 입에서도 부활하신 예수님에 대한 확신의 고백이 나왔다.

> "나의 주님이시요 나의 하나님이시니이다"(요 20:28).

갈릴리에서 7명의 제자들에게 나타나심 요 21장

예수님은 갈릴리에서 어부 생활을 하고 있던 7명의 제자들에게 나타났는데, 여기서 예수님은 자신을 세 번 부인한 베드로에게 "네가 나를 사랑하느냐"는 질문을 세 번 하심으로 베드로와의 사랑의 관계를 회복하셨다.

갈릴리에서 제자들에게 지상 명령을 주심 막 16:15–18; 마 28:16–20

예수님은 갈릴리에서 제자들에게 지상 명령을 주셨다.

> "하늘과 땅의 모든 권세를 내게 주셨으니 그러므로 너희는 가서 모든 민족을 제자로 삼아 아버지와 아들과 성령의 이름으로 세례를 베풀고 내가 너희에게 분부한 모든 것을 가르쳐 지키게 하라 볼지어다 내가 세상 끝날까지 너희와 항상 함께 있으리라"(마 28:18-20).

제자들에게 나타나 다른 사명을 주심 눅 24:44–49; 행 1:3–8

예수님은 제자들에게 예루살렘을 떠나지 말도록 명령하셨다.

> "내가 내 아버지께서 약속하신 것을 너희에게 보내리니 너희는 위로부터 능력으로 입혀질 때까지 이 성에 머물라"(눅 24:49).

마지막 나타나심과 승천 막 16:19–20; 눅 24:50–53; 행 1:9–11

예수님은 제자들과 마지막 며칠을 함께하시고 감람산 정상에서 제자들이 보는 앞에서 승천하셨다.

Chapter 7-4

십자가의 **고난**, 숨 막히는 하나님의 **시나리오**

_예수님의 공생애 3년 유월절

예수님의 공생애 3년은 긴급조치 발동의 해(?)

예수님의 공생애 사역 3년째(또는 2년째) 유월절은 마케루스 감옥에 갇혀 있던 세례 요한의 처형으로 시작된다. 세례 요한을 처형한 헤롯 안티파스는 세례 요한의 뒤를 이어 수많은 군중을 몰고 다니며 메시아적 희망을 불러일으키고 있는 예수님을 주목하기 시작했다. 누가는 당시의 상황을 이렇게 기록하고 있다.

> "헤롯이 이르되 요한은 내가 목을 베었거늘 이제 이런 일이 들리니 이 사람이 누군가 하며 그를 보고자 하더라"(눅 9:9).

헤롯 안티파스가 '예수님을 보고자 했다'는 말을 우리나라 현대사의 어두운 시기에 빗대서 표현하면 다음과 같다. 박정희 전 대통령 당시 유신헌법이 통과되고 긴급조치가 발동되던 상황을 연상해 보자. 당시 수많은 재야 운동가들이 반대시위를 주도했는데, 이때 살 떨리는 중앙정보부 요원이 특정 인물을 보고자 찾아왔다고 하면 느낌이 어떨까? 이것은 완전히 등골이 오싹하고 모골이 송연해지는 섬뜩한 상황일 것이다. 세례 요한을 죽인 헤롯 안티파스가 사정의 칼날을 예수님께 향한 후 예수님을 보고자 했다는 것은 이런 의미가 있는 것이다.

공생애 사역 중 세 번째(또는 두 번째)로 맞는 유월절 즈음에 일어난 세례 요한의 처형과 이후부터 본격적으로 전개된 서슬 퍼런 공안정국으로 인해 예수님은 해마다 유월절이면 어김없이 하시던 예루살렘 순례도 포기하셔야 했다. 공생애 사역 마지막 유월절에는 예수님이 십자가에 처형되기 때문에 공생애 사역 세 번째(또는 두 번째) 해 전체는 그야말로 공안정국의 칼날을 피해 4차에 걸친 예수님의 은신으로 특징지어진다. 이것은 긴급조치 당시 시위 주동자들이 중앙정보부의 추격을 피해 도망 다니는 상황을 연상하면 된다.

1차 은신: 벳새다로
2차 은신: 두로, 시돈으로
3차 은신: 페니키아에서 헤르몬을 거쳐 데가볼리로
4차 은신: 다시 벳새다로

유대 땅이 로마의 통치로 넘어간 주전 63년부터 대봉기의 결과로 성전이 파괴되는 주후 70년까지 유대 땅에서는 메시아 대망 사상이 절정에 다다르며 열심당원들이 주도한 수차례의 봉기가 일어났다. 이런 시대적 분위기를 예수님의 사역과 연결시켜 정리하면 다음과 같다.

> 메시아 대망 사상 – 다윗과 같이 이방의 압제에서 이스라엘을 구원할 정치적 구원자를 갈망 – 자칭 메시아라고 주장하는 열심당 계열의 주동자를 중심으로 거듭되는 반란과 폭동 – 메시아적 소망을 일으키며 군중을 몰고 다니는 사람들에 대한 당국의 감시와 사정의 칼날 – 그 여파로 희생된 세례 요한 – 그 다음 표적은 예수님

예수님의 공생애 사역은 이처럼 역사적으로 가장 민감한 시기에 이루어진 것인데, 그중에서도 언제 터질지 모르는 폭풍전야와 같은 때가 세례 요한의 처형과 함께 맞는 공생애 마지막 해였다. 세례 요한이 처형된 후 갈릴리 북쪽과 페니키아, 데가볼리 지역을 다니며 4차례에 걸쳐 은신하신 예수님은 아마도 한 곳에서 두 번 이상 주무시지 못했을 것이다. 이것이 어쩌면 "여우도 굴이 있고 공중의 새도 집이 있으되 인자는 머리 둘 곳이 없도다"(눅 9:58)고 하신 예수님의 말씀 속에 숨어 있는 역사적 배경일 것이다.

또 하나 살펴볼 수 있는 것이 예수님이 제자들을 전도여행 보내셨을 때의 분위기다. 제자들을 처음 전도여행 보내실 때는 전대나 배낭을 가져가지 말라고 하셨다. 제자들은 유명했고 가는 곳마다 환영을 받았기 때문이다. 하지만 공생애 마지막 해에는 상황이 달랐다. 예수님은 제자들에게 전대와 배낭을 가져가도록, 심지어 겉옷을 팔아 칼도 지참하라고 말씀하셨다.

> "이제는 전대 있는 자는 가질 것이요 배낭도 그리하고 검 없는 자는 겉옷을 팔아 살지어다"(눅 22:36).

물론 이 말씀을 가지고 예수님이 열심당처럼 무력 봉기를 선동했다고 주장하는 것은 아니지만, 이 말씀은 분명 공생애 마지막 해의 살벌한 상황을 상기시키고 있다. 어찌 보면 긴급 수배령 1호(?)에 오른 예수님 일행과 연루되는 것은 당시 매우 위험했기 때문에 초기의 전도여행에서처럼 사람들은 제자들에게 전폭적인 손접대를 베풀기 힘들었을 것이다.

예수님의 사역지는 열심당 벨트의 한복판(?)

이런 시대적 분위기와 함께 우리가 주목해야 할 또 다른 주제가 있는데, 그것은 예수님의 사역이 집중된 갈릴리 지역 사람들의 기질과 성향이다. 갈릴리 지역은 주전 732년 디글랏빌레셀 3세 때 정복된 이후 600년 이상 '이방의 갈릴리'로 불리며 멸시받다가 주전 103년 마카비 왕조(아리스토불루스 1세)의 재정복을 통해 민족주의적이고 종교적인 성향이 강한 유대인들이 대거 이주하면서 유대화가 진행된 곳이다.

예수님이 탄생하시기 대략 1세기 전부터 진행된 갈릴리 지역의 유대화는 우리가 예수님의 공생애 사역 마지막 해의 서슬 퍼런 분위기를 이해하려고 할 때 반드시 주목해야 할 역사적 배경이다. 갈릴리 지역의 이러한 역사를 알 때 로마에 대항한 수차례의 봉기에서 매번 갈릴리 사람들이 그 선봉에 선 것이 자연스럽게 이해된다.

예수님의 사역이 집중된 갈릴리 지역은 히스기야-유다-야곱/시몬으로 이어지는 열심당 지도부의 고향이었고, 곳곳에 열심당(로마 편에서 보면 반란군) 운동의 전초기지가 있었다. 이 중에서 가장 유명한 열심당 본부인 감라와 아르벨 산은 우리가 지도와 함께 자세히 살펴볼 필요가 있다.

첫째, 감라다. 이곳은 히스기야의 아들인 유다의 고향으로 요세푸스 기록에 등장하는데 갈릴리에 있는 열심당 운동의 본부로서 명성을 떨쳤다.

둘째, 아르벨 산이다. 이곳은 헤롯에 대한 반란이 일어났을 때(주전 40~주전 37년) 갈릴리의 열심당원들이 마지막까지 저항하던 곳으로 요세푸스의 기록에 등장한다.

예수님이 공생애 기간 중 가장 많은 시간을 보내신 지역은 가버나움, 고

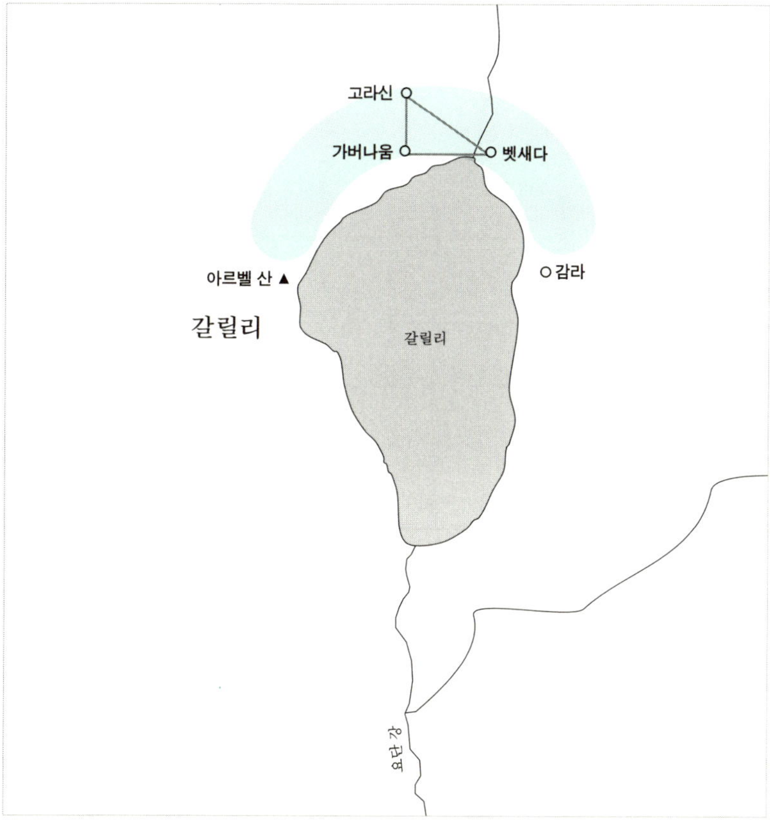

복음의 트라이앵글과 열심당 벨트

라신, 벳새다인데, 이 지역을 선으로 연결하면 삼각형을 이루기 때문에 흔히 '복음의 트라이앵글'이라고 불린다. 갈릴리 지역의 지도를 잘 살펴보면 복음의 트라이앵글은 아르벨 산에서 감라로 이어지는 열심당 전선의 한복판에 위치하고 있다. 무력 항쟁으로 로마 정부를 전복시킴으로써 메시아의 도래를 앞당기겠다는 열심당 운동의 극단주의 노선이 가장 팽배한 지역에서 예수님은 이렇게 설파하신 것이다.

"화평하게 하는 자는 복이 있나니 그들이 하나님의 아들이라 일컬음을 받을 것임이요"(마 5:9).

예수님의 메시지는 감라-아르벨 산을 잇는 열심당 벨트에서 울려 퍼지는 폭력 노선과는 대척점에 있는 설교였다. 비폭력-무저항을 골자로 하는 예수님의 메시지는 갈릴리 지역 청중들의 성향을 생각할 때 분명 쉽게 받아들이기 힘든 설교였을 것이다. 어쩌면 이들은 예수님의 말씀을 들으며 분을 삼키기 힘든 나머지 한껏 상기된 얼굴로 두 주먹을 불끈 쥐지 않았을까 싶다. 폭력이 용인되고 성스럽게 여겨지는 분위기에서 대놓고 비폭력, 무저항을 외친다는 것은 자칫 목숨을 거는 위험한 도박일 수 있다. 마틴 루터 킹 목사의 죽음이 그런 예이지 않은가.

예수님을 변호해 준 고위층 인맥들: 3루 베이스는 모두 만루(?)

예수님은 세례 요한이 체포된 이후부터 본격적으로 자신만의 공생애 사역을 시작하셨는데, 이미 수차례 언급한 바와 같이 이것은 당시의 정치적 분위기를 감안할 때 그리 적절한 행동이 아니었다. 당시 분위기로는 오히려 하던 사역도 잠시 접고 후일을 기약해야 할 판이었다. 소위 '이보 전진을 위한 일보 후퇴'가 딱 어울리는 상황이었던 것이다. 그런 가운데서 예수님이 사역할 수 있었던 데는 예수님을 전폭적으로 지지한 최고위층 인맥 삼인방의 역할을 무시할 수 없다. 그들은 다음과 같다.

첫째, 가버나움에 사는 왕의 신하다(요 4:46-54). 그는 아마도 티베리아스에 있는 헤롯 안티파스 왕궁에서 섬기는 고위직 신하였을 것이다. 그는 예수님이 유대 사역을 마치고 갈릴리 가나에 오셨을 때 아들의 병을 고쳐 달라며 예수님께 찾아왔다. 예수님은 그의 아들을 고쳐 주셨고, 그는 예수님을 믿은 초기 제자 중 한 명이 되었다. 그는 아마도 당시 자신의 사회적 위치에서 예수님의 사역을 지지하는 든든한 후원자가 되었을 것이다. 당시는 예수님이 아직 가버나움에 베이스캠프를 치고 본격적으로 공생애 사역을 펼치기 직전이었다. 이 사건 이후 예수님은 가버나움에 정착하셨는데, 이 결정에 가버나움에 사는 왕의 신하가 어느 정도 도움을 주었을 가능성도 배제할 수 없다.

둘째, 가버나움의 회당장인 야이로다(막 5:21-43). 회당장 야이로는 갈릴리에서 예수님의 공생애 사역이 한창 무르익고 있을 때 죽어 가는 자신의 딸을 고쳐 달라며 예수님께 찾아왔다. 예수님은 야이로의 집을 직접 방문하

셨고 안수하심으로 그의 딸을 고쳐 주셨다. 야이로 역시 예수님의 공생애 사역에서 외풍을 막는 든든한 방패막이가 되었을 것이다.

셋째, 가버나움에 주둔한 로마 백부장이다(마 8:5-13). 산상설교를 마치고 가버나움에 들어가셨을 때 백부장은 중풍병으로 고생하는 자신의 종을 고쳐 달라며 예수님을 찾아왔다. 예수님은 친히 백부장의 집을 방문하려고 했지만 백부장은 단지 말씀만으로 고쳐 달라 했고 예수님은 그의 놀라운 믿음을 칭찬하시며 최고의 찬사를 보내신 바 있다. 로마 백부장 역시 가버나움에서 예수님의 사역을 지지한 또 하나의 후원 세력이었을 것이다.

이상 가버나움의 최고위층 삼인방은 각각 유대 종교 세력(야이로), 로마 세력(백부장), 유대 정치 세력(왕의 신하)을 대표하는 인사들이었는데, 이들은 각자의 처소에서 예수님의 사역을 지지하고 보호하는 후원자 역할을 했을 것이다. 이 상황을 야구 용어로 표현한다면 1루에 야이로, 2루에 백부장, 3

루에 왕의 신하가 포진한, 그러니까 만루 베이스의 상황이라고 볼 수 있다.

예수님의 고위층 인맥을 언급할 때 빼놓을 수 없는 한 사람이 또 있다. 그는 바로 예수님이 2차 갈릴리 전도여행을 하실 때 재정적인 후원 그룹으로 등장하는 요안나라는 여인이다(눅 8:3). 요안나는 헤롯 안티파스 왕궁에서 청지기로 일하는 구사의 아내였다. 요안나는 아마도 앞에 언급한 왕의 신하와 친분이 있었을 것이다. 전적으로 추측에 불과하지만, 나는 이름이 등장하지 않는 가버나움의 왕의 신하와 요안나의 남편인 구사가 어쩌면 동일 인물일지도 모른다는 상상을 해보았다. 확실한 것은 없지만 유쾌한 상상인 것만은 분명하다.

열심당의 별명 두 가지: 횃불 & 강도

갈릴리 지역에서 맹위를 떨치던 열심당과 관련된 두 가지 별명이 있는데, 이것은 복음서의 난해 구절들을 이해하는 열쇠가 되기 때문에 충분히 논해 볼 가치가 있다.

열심당과 관련된 첫 번째 별명은 '강도'다. 유대인 역사가인 요세푸스는 열심당을 언급할 때 '강도'라는 표현을 즐겨 썼다. 이것은 열심당원들의 본부 중 하나인 아르벨 산과 관련된 표현이다. 아르벨 산은 아르벨 '절벽'(cliff)이라는 별칭에 걸맞게 깎아지른 듯한 절벽으로 이루어져 있는데, 절벽의 가파른 경사면에는 지금도 수많은 천연 동굴들이 있다. 이곳이 바로 예수님 당시에 '강도'로 불리는 열심당원들에게 천혜의 아지트를 제공한 곳이다.

열심당원들이 '강도'란 별명으로 불린 것은 이들이 낮에는 이 동굴 안에 숨어 있다가 밤이 되면 절벽 바로 밑에 있는 갈릴리의 수도인 티베리아스에 나타나 민가를 털었기 때문이다. 물론 이들이 주요 타깃으로 삼은 사람은 로마에 협력하는 친로마파 고위직 유대인들이었다. '강도=열심당'과 관련된 표현이 바로 성전 청결 사건 중 예수님이 하신 말씀 가운데 등장한다.

아르벨 절벽

"그들에게 이르시되 기록된 바 내 집은 기도하는 집이라 일컬음을 받으리라 하였거늘 너희는 강도의 소굴을 만드는도다 하시니라" (마 21:13).

여기에 나오는 '강도의 소굴'이 바로 예수님의 주된 사역지였던 갈릴리에서 횡행하던 열심당과 관련된 표현이다. 예수님은 성전에서 제수용품을 터무니없는 고가에 판매하며 부당이득을 취하고 있는 사제 귀족들을 열심당에 빗대어 호통치신 것이다.

이외에도 예수님이 십자가에서 처형당하실 때 그 좌우에서 함께 못 박힌 강도에 대한 이야기도 있다.

> "강도 둘을 예수와 함께 십자가에 못 박으니 하나는 그의 우편에, 하나는 좌편에 있더라"(막 15:27).

당시 로마법에서 현대적 개념의 강도 내지는 절도범은 오른쪽 손목을 자르는 처형을 했지 결코 십자가 처형을 하지 않았다. 십자가 처형은 로마 제국에 반기를 든 반란군의 수괴에게만 적용된 최고형이었다. 예수님의 좌우에 못 박힌 강도 역시 단순 절도범이나 글자 그대로의 강도가 아니라 열심당의 핵심 요원이었을 가능성이 높다.

열심당과 관련된 두 번째 별명은 '횃불'이다. 이것은 아르벨 절벽의 동굴에 살던 열심당원들이 밤이 되면 어김없이 횃불을 밝히고 내려와 민가를 털었던 데서 유래한 것이다. 횃불은 더 나아가 '선동자'로 의미가 확대되었는데, 이것은 열심당 극렬분자들이 중도적 입장에 있는 다수의 평화파 유대인들을 선동해 반란과 무장봉기를 일으켰기 때문이다. '열심당=횃불'과 관련된 표현도 사복음서에 등장한다.

> "푸른 나무에도 이같이 하거든 마른 나무에는 어떻게 되리요 하시니라"(눅 23:31).

이 말씀은 십자가를 지고 가시는 예수님이 예루살렘 성을 나오시자마자 자신으로 인해 울고 있는 여인들을 향해서 하신 말씀이다. 여기에 나오는 '푸른 나무'와 '마른 나무'도 열심당과 관련된 표현인데, 그러한 배경을 알지 못하면 상당한 난해 구절에 속한다. 횃불을 밝힐 때 물기가 없이 바싹 '마른 나무'가 불이 더 잘 붙게 마련이다. 반면, 아직 물기가 남아 있는 '푸른 나무'는 불이 잘 붙지 않는다. 예수님은 폭력의 자리로 대중을 선동하는 열심당원들을 '마른 나무'로, 평화주의적 설교로 손에서 무기를 내려놓게 하는 자신을 '푸른 나무'로 표현하신 것이다. 예수님은 로마 정부가 '푸른 나무'인 자신에게도 이같이 한다면(십자가 처형), '마른 나무'에게는 오죽하겠는가,라고 말씀하신 것이다. 이것은 예수님이 십자가에 처형되고 36년 후 열심당(마른 나무) 주도로 일어난 대규모 봉기와 그 여파로 성전이 파괴되고 유대 국가가 최종적인 파멸을 당하게 될 것에 대한 경고의 말씀으로 주신 것이다.

종려주일의 역사

예수님의 체포와 심문 그리고 죽음으로 이어지는 고난주간의 역사적 상황을 이해하려면 종려주일과 관련된 정치적 배경을 알아야 한다. 로마 제국 통치기에 이뤄진 유월절 행사는 정치적으로 매우 민감하고 긴장된 분위기를 자아냈다. 예수님이 유월절을 앞두고 예루살렘에 올라가려고 할 때 사람들은 극구 말렸다. 예루살렘이 속한 유대 지역으로 올라가려고 할 때 도마가 한 말은 종려주일을 둘러싼 일촉즉발의 위기감을 잘 보여 준다.

> "디두모라고도 하는 도마가 다른 제자들에게 말하되 우리도 주와 함께 죽으러 가자 하니라"(요 11:16).

이미 언급한 대로 예수님이 사역하신 주후 1세기는 메시아 대망 사상이 절정에 이르렀고, 이것은 종종 열심당이 주도한 반역으로 이어지곤 했다. 이러한 반역은 유월절에 집중되었는데, 그 이유는 아마 애굽의 노예 생활에서 해방된 것을 기념하는 유월절이 로마의 속박에 처한 정치적 현실을 상기시켰기 때문일 것이다.

주전 1세기부터 지중해에 인접한 문명 세계를 모두 통일한 로마 제국은 각 지역에 총독을 파견했고, 속주의 자율성을 최대한 인정하는 관용 정책을 폈다. 팍스 로마나가 추구한 관용 정책은 속주민들이 자신들의 전통적인 문화와 관습, 종교를 그대로 유지할 수 있도록 허용한 데서 잘 나타난다. 로마가 파견한 총독의 경우 많은 면에서 자율권이 있었는데, 임기 중 꼬리표처럼 따라다니는 단서 조항이 하나 있었다. 그것은 바로 자신이 통치하는 속주에서 반란이 일어날 경우 곧바로 삼진아웃(추방과 면직)되는 것이었다.

헤롯 대왕의 뒤를 이어 로마가 임명한 분봉왕으로 유대 땅을 통치하게 된 세 아들의 경우도 이 단서 조항은 여전히 유효했다. 특히 예수님이 주로 사역하신 갈릴리 지역의 통치자가 된 헤롯 안티파스는 즉위하자마자(주전 4년) 세포리스를 중심으로 한 반역이 일어나 매우 위험한 상황이었다. 로마는 임기 시작과 동시에 일어난 반란이기 때문에 한 번의 기회를 더 주었는데, 이로 인해 헤롯 안티파스는 극심한 스트레스와 함께 임기를 시작해야 했다. 특히 그의 통치 영역인 갈릴리는 반로마 투쟁의 선봉에 선 열심당의 전초기지들이 있었기 때문에 헤롯 안티파스는 메시아적 운동에 누구보다 민감할 수밖에 없었다. 이런 헤롯 안티파스 영토에서 늘 구름 떼처럼 군중들을 몰고 다니며 집회를 연 예수님의 사역은 당시 정치적 상황에서는 목숨을 걸 수밖에 없는 매우 대담하고 위험한 일이었다.

Chapter 7-5

인류의 운명을 바꾼 고난 주간 **드라마**

_예수님이 보내신 마지막 일주일

이 땅에서 예수님이 보내신 마지막 일주일의 시간을 흔히 '고난 주간'이라 부른다. 이 고난 주간에 있었던 여러 사건 중 사건과 날짜에서 학자들 간에 의견의 일치를 보이는 것은 다음 세 가지뿐이다.

예루살렘 입성과 백성들의 열렬한 환호 – 일요일
십자가 처형 – 금요일
영광스런 부활 –일요일

이것은 다른 말로 하면 고난 주간의 시작점과 종착점, 그리고 중간에 있는 십자가 사건을 제외하고는 사건과 날짜에서 통일된 의견이 없다는 얘기다. 고난 주간의 사건 중 가장 논란이 되는 것은 다음 두 가지다.

첫째, 예수님이 제자들과 가진 최후의 만찬이 유월절 식사였는가?
둘째, 예수님이 예루살렘 당국에 체포된 날이 금요일 아침인가?

나는 먼저 전통적인 견해를 제시한 후 이 견해를 따를 때 발생하는 문제가 무엇인가를 살펴보고자 한다. 전통적인 견해에 따르면, 최후의 만찬은 유월절 식사였으며 그날은 목요일 저녁이었다. 그리고 밤새 겟세마네 동산에서 기도하신 다음 금요일 새벽에 체포되어 일련의 심문 과정을 거친 뒤 십자가 처형을 당하셨다.

여기서 발생되는 두 가지 문제는 다음과 같다.

첫째, 공관복음이 주는 느낌은 최후의 만찬이 유월절 식사인 듯한 암시를 주기도 하지만(마 26:26; 막 14:22; 눅 22:15-17) 요한복음은 확실히 그렇지 않음을 말하고 있다.

> "그들이 예수를 가야바에게서 관정으로 끌고 가니 새벽이라 그들은 더럽힘을 받지 아니하고 유월절 잔치를 먹고자 하여 관정에 들어가지 아니하더라"(요 18:28).

이 말씀은 예수님을 대제사장인 가야바의 법정에서 유대 총독인 빌라도의 법정으로 인계하는 장면을 다루고 있다. 이들은 아직 유월절 식사를 먹기 전이었기 때문에 이교도의 법정에 들어갔다가 자칫 부정해지는 사태를 방지하기 위해 빌라도의 법정 안으로 들어가는 것을 꺼렸다. 결국 요한복음에 따르면, 예수님이 그 이전에 제자들과 가지신 최후의 만찬은 유월절 만찬이 아니라는 것이다.

둘째, 예수님이 금요일 새벽에 체포되신 후 금요일 아침에 십자가형을 언도받았다고 하면 다음과 같은 문제가 발생한다. 예수님이 십자가에 달리신 시간은 오전 9시였다. 그렇다면 금요일 새벽 체포된 시간이 대략 동틀 녘인 6시라고 할 때, 새벽 6시부터 아침 9시까지의 짧은 3시간 동안 다음에 나오는 모든 사건이 벌어져야 한다.

> 안나스의 심문 - 가야바의 심문 - 산헤드린의 유죄 판결 - 유다의 후회와 죽음 - 1차 빌라도의 심문 - 헤롯 안티파스의 심문 - 2차 빌라

도의 심문 - 십자가형 언도 - 로마 군병들의 조롱 - 십자가를 지고 골고다 언덕을 오르심 - 도중에 쓰러지고 구레네 시몬이 대신 십자가를 짐 - 마침내 십자가를 지고 골고다 언덕에 도착

아무리 보아도 짧은 3시간 안에 위에 언급한 수많은 심문과 사건들이 일사천리로 일어났다고 보기에는 확실히 무리수가 따른다. 우리는 예수님의 십자가 처형을 놓고 대제사장과 빌라도가 벌인 오랫동안의 줄다리기 과정을 알고 있다. 모두가 의기투합해서 위에 언급한 사건을 일사천리로 처리한다고 해도 3시간은 분명 부족하다. 그런데 빌라도와 대제사장 사이에 눈에 보이지 않는 실랑이가 오고갔기 때문에 시간은 더욱 지체되었을 것이다.

자, 그러면 위에 언급한 논란과 난제에 대한 해결책을 찾아보도록 하자. 지금부터 다룰 '고난 주간 드라마'는 앞서 언급한 바 있는 바르길 픽스너 박사의 참신한 견해를 따른 것임을 미리 밝혀 둔다.

고난 주간에 대한 새로운 조명:
에세네 달력 vs. 성전 달력

앞에서 에세네파에 대해 언급할 때 그들이 지키던 자체적인 에세네 달력에 대해 간단히 기술한 바 있다. 에세네파는 예수님 당시에 사독 계열의 대제사장 계보가 끊어지고 게다가 대제사장들의 타락상이 극도로 치닫자 성전의 희생제사를 부정하고 자체적인 공동체를 이루며 살았다. 특히 에세네파는 태음력에 기초한 성전 달력과는 별도로 태양력에 기초한 자체적인 에세네 달력에 따라 유월절을 비롯한 각종 절

기를 지켰다. 필로, 요세푸스 등 예수님과 동시대를 살던 유대인들의 기록에 따르면, 많은 유대 마을의 한쪽 구석에는 폐쇄적인 에세네파 공동체가 있었다고 한다. 이 중 가장 극단적인 형태를 띤 것이 유대 광야에 정착한 쿰란 공동체일 것이다.

에세네 달력에 따르면 해마다 유월절과 초막절 첫날은 수요일에 시작하는데, 이것은 천지창조 당시 해, 달, 별과 같은 하늘의 광명을 창조하신 날이 넷째 날(유대인들은 수요일을 넷째 날이라고 부른다)이기 때문이다. 중요한 절기의 시작을 수요일(하늘의 광명이 창조된 날)에 맞춘 것은 자신을 빛의 자녀라고 생각한 에세네파에게는 지극히 자연스런 발상으로 보인다.

이 에세네 달력을 가지고 바르길 픽스너 박사는 베다니에서 있었던 식사와 관련된 시간적 배경의 차이를 해결해 보고자 했다. 무척 흥미 있는 글이라 여기서 자세히 소개하려 한다.

"이틀이 지나면 유월절과 무교절이라"(막 14:1).

"너희가 아는 바와 같이 이틀이 지나면 유월절이라"(마 26:2).

"유월절 엿새 전에 예수께서 베다니에 이르시니"(요 12:1).

공관복음과 요한복음에 나타난 시간적 배경의 차이, 즉 같은 사건을 두고 유월절 이틀 전과 유월절 엿새 전으로 기록한 양자 간의 모순을 바르길 픽스너 박사가 제시한 '에세네 달력-성전 달력' 이론을 가지고 설명하면 다음과 같다.

본론에 들어가기 전에 베다니에서 있었던 식사를 앞선 성경 본문 연대기에서는 수요일 저녁에 있었던 사건으로 기록한 반면, 바르길 픽스너 박사는 일요일 저녁에 있었던 사건으로 추정했음을 미리 밝혀 둔다. 이처럼 고난 주간의 스토리를 날짜별로 재구성하는 것은 무척이나 난해한 작업이다.

바르길 픽스너 박사는 일요일 저녁에 가진 베다니에서의 식사를 수요일에 시작하는 에세네파 달력 유월절을 기준으로 하면 이틀 전이 되고, 토요일에 시작하는 성전 달력 유월절을 기준으로 하면 엿새 전이 되는 것으로 설명한다. 이것을 알기 쉽게 도표로 그려 보면 다음과 같다(P. 288).

예수님 당시에 존재하던 두 개의 서로 다른 달력, 즉 성전 달력과 에세네 달력을 알 때 예수님이 제자들과 가진 최후의 만찬이 유월절 식사인가 아닌가의 문제도 자연스레 해결될 수 있다. 공관복음에서 최후의 만찬을 유월절 만찬인 것처럼 묘사한 것은 아마도 예수님이 화요일 저녁에 에세네 달력에 따라 유월절 만찬을 가졌기 때문인 것으로 추정된다. 앞서 살펴본 요한복음의 말씀은 성전 권력의 핵심인 대제사장과 그 측근들 입장에서는 그 해 유월절 전야가 금요일이기 때문에 아직 유월절 만찬 전임을 나타내고 있는 것으로 보인다.

에세네 달력을 따를 때, 예수님이 제자들과 가진 최후의 만찬은 화요일 저녁에 있었고 이것은 에세네 달력에 따른 유월절 만찬이었던 것으로 보인다. 예수님은 화요일 저녁에 제자들과 최후의 만찬을 가지신 후 밤새 겟세마네 동산에서 철야 기도를 하시고 수요일 새벽에 대제사장이 보낸 하속들에게 체포되었을 것이다. 그러면 지금부터 예수님이 체포되는 수요일 새벽부터 십자가형을 당하는 금요일 오후까지의 시간을 흥미진진한 드라마로 재현해 보고자 한다.

일요일	월요일	화요일	수요일	목요일	금요일	토요일	일요일	
"이틀이 지나면 유월절이라…" (마 26:2)		유월절 만찬	나산월 15일					에세네 달력 (공관복음)
베다니에서 나병 환자 시몬과 식사		최후의 만찬			십자가 처형		부활	
"유월절 엿새 전에 예수께서 베다니에 이르시니…" (요 12:1)					유월절 만찬	나산월 15일		성전 달력 (요한복음)

체포에서 십자가 처형까지 그 숨 막히는 드라마

수요일

수요일 새벽, 겟세마네 동산에서 있었던 예수 체포 작전은 전광석화처럼 이루어졌고 일사천리로 끝났다. 여기에는 가룟 유다의 배신이 크게 한몫했다. 종교당국은 백성을 두려워했고 늘 수많은 무리에 둘러싸인 예수님을 무턱대고 체포할 수도, 그렇다고 마냥 내버려둘 수도 없었다. 이런 상황에서 가룟 유다가 예수의 은신처를 밀고해 줘 체포 작전이 한결 수월해졌다. 하지만 예수 체포 작전이 너무 빨리 끝나 버리자 놀란 사람은 누구보다 대제사장인 가야바 자신이었다.

체포 이후의 처리에 대해서 가야바 자신도 아직 준비되지 않았기 때문이다. 아마도 이런 이유로 인해 예수에 대한 1차 심문은 장인이자 전직 대제사장인 안나스에게 맡겨졌을 것이다. 그리고 가야바는 즉시 산헤드린 소집에 나섰다. 하지만 서두를 필요가 없었다. 유월절 명절까지는 아직 이틀이나 남았기 때문이다.

안나스는 예수님이 평소 가르친 교훈이 무엇인지에 대해 물었다. 하지만 예수님은 안나스의 질문에 퉁명스럽게 대답하셨고, 이를 본 대제사장의 하속 중 하나가 예수님을 때렸다. 예수님은 자신을 때리는 하속에게 항변하며 말씀하셨다.

> "내가 말을 잘못하였으면 그 잘못한 것을 증언하라 바른 말을 하였으면 네가 어찌하여 나를 치느냐"(요 18:23).

한편 요한과 베드로는 예수님이 끌려간 가야바의 집까지 쫓아갔지만, 베드로는 예수님을 세 번 부인하게 된다. 마침 안나스의 심문이 끝나고 예수님은 결박된 채 가야바에게로 넘겨졌는데 아마도 이때 자신을 부인하는 베드로와 눈이 마주쳤을 것이다(눅 22:61). 예수님의 눈빛은 베드로의 가슴에 비수처럼 꽂혔고, 베드로는 후회와 탄식의 눈물을 흘리며 통곡했다.

그럭저럭 시간이 지나 저녁이 되었다. 가야바는 이튿날 아침 소집할 산헤드린 준비를 마치고 예수에 대한 심문에 들어갔다. 먼저 죄인을 옭아매기 위해 몇 명의 증인들이 나섰다. 하지만 이들이 제시하는 증거는 서로 일치하지 않았다(막 14:56). 예수님은 계속 묵비권을 행사하셨다. 밤새 이루어진 사전 심문은 그렇게 뾰족한 결과물도 없이 시간만 축내고 있었다. 다음 날 산헤드린이 소집되기 전에 결정적인 증거를 찾아야겠다고 생각한 가야바는 자신이 직접 심문에 나섰다. 더 이상 지체하기에는 시간이 촉박했기 때문이다.

> "너는 아무 대답도 없느냐 이 사람들이 너를 치는 증거가 어떠하냐"(막 14:60).

예수님이 여전히 묵비권을 행사하자 가야바는 단도직입적으로 물었다.

> "내가 너로 살아 계신 하나님께 맹세하게 하노니 네가 하나님의 아들 그리스도인지 우리에게 말하라"(마 26:63).

하나님의 이름을 내건 가야바의 질문에 예수님도 더 이상 침묵하지 않고 분명하게 대답하셨다.

"내가 그니라 인자가 권능자의 우편에 앉은 것과 하늘 구름을 타고 오는 것을 너희가 보리라"(막 14:62).

이 말은 자신이 그리스도라는 가장 드라마틱한 선포였다. 예수님도 이 대답이 자신의 운명을 결정지을 확인 사살이 되리라는 것을 잘 알았다. 가야바는 어리석지 않았다. 가야바는 신성모독죄를 확증하는 의미에서 자신의 옷을 찢으며 말했다.

"우리가 어찌 더 증인을 요구하리요 그 신성 모독 하는 말을 너희가 들었도다 너희는 어떻게 생각하느냐"(막 14:63-64).

가야바의 지하감옥

가야바의 질문에 모인 무리가 이구동성으로 "마땅히 사형에 처해야 한다"고 대답했다. 물론 그 자리에 모인 소수의 무리는 모두 가야바와 한통속이었으니 무엇을 기대하겠는가. 밤샘 심문이 끝나고 예수님은 새벽 동이 틀 때까지 대제사장인 가야바의 집 지하에 있는 감옥에 갇혀 있어야 했다.

목요일

수요일 하루가 그렇게 숨 가쁘게 지나고 목요일 새벽이 밝아 왔다. 가야바가 소집한 산헤드린 회의를 위해 공회원들이 속속 모여들기 시작했다. 이 자리에는 사형 언도에 필요한 최소 정족수인 23명만 모이면 충분했다. 굳이 71명의 산헤드린 회원을 모두 소집할 이유가 없었다. 산헤드린은 서로 적대적인 사두개파와 바리새파로 구성되었는데, 이 날 공회에는 예수님께 호의적인 태도를 갖고 있던 바리새파는 부르지 않았을 것이다. 목요일 새벽의 공회는 71명이 모두 모인 정식 산헤드린 회의가 아니라 대제사장 가야바와 그 측근인 사두개파를 중심으로 최소 정족수인 23명만 모인 약식 공회였을 것이다. 역사가인 누가는 자신의 복음서에서 이 사실을 은근슬쩍 잘 드러내고 있다. 이 날 공회는 그야말로 '그들만의 공회'(their council)였던 것이다.

> "날이 새매 백성의 장로들 곧 대제사장들과 서기관들이 모여서 예수를 그 공회(their council)로 끌어들여"(눅 22:66).

하지만 예수님께 호의적인 바리새파 두 사람은 소문을 듣고 이 날 공회에 참석했던 것으로 보인다. 그 두 사람은 바로 아리마대 요셉과 니고데모였다. 이들은 짜고 치는 고스톱처럼 결론을 정해 놓고 몰아가는 심문에 강하게 이의를 제기했을 것이다. 하지만 공회에 모인 사람들의 절대 다수가 사두개파였기 때문에, 이들의 소수 의견은 전혀 참작되지 않았을 것이다.

"공회 의원으로 선하고 의로운 요셉이라 하는 사람이 있으니 그들의 결의와 행사에 찬성하지 아니한 자라"(눅 23:50-51).

목요일 새벽에 열린 산헤드린 공회는 요식 행위에 지나지 않았다. 이들은 사전에 신성모독죄로 예수를 처형하기로 모의를 마쳤기 때문이다. 신성모독죄는 유대법에 의하면 돌에 맞아 죽는 형벌이 기다리고 있었다. 하지만 문제는 유대 최고기관인 산헤드린은 성전 안뜰에 이방인이 함부로 들어가는 경우를 제외하고는 사형집행권을 박탈당했다는 것이다(요 18:31).

가야바는 예수 사건을 유대 총독인 빌라도에게 넘겨 로마법에 따라 처리하는 것으로 마음을 바꾸었다. 잘만 몰아간다면 예수 사건은 얼마든지 당시 열심당이 주도한 반란군의 수괴로 조작할 수도 있었다. 그렇다면 예수는 로마법에 따라 십자가형에 처해지게 된다. 그런 점에서 예수 사건은 '코에 걸면 코걸이 귀에 걸면 귀고리'였다.

예수 사건을 유대 법정이 아니라 로마 법정으로 이관하려는 것에는 이외에도 가야바의 심오한 계산과 의도가 숨어 있었다. 괜히 예수를 유대법에 따라 신성모독죄로 몰아 처형한다면 그를 따르는 수많은 민중이 폭동을 일으킬 가능성이 많았다. 구름 떼와 같은 군중을 몰고 다니던 예수가 아닌가! 가야바는 로마법에 따른 십자가 처형만이 이후에 발생할 수 있는 후폭풍을 미연에 방지할 수 있는 최고의 카드라 여겼을 것이다. 유대 율법(신

21:23)을 조금이라도 아는 사람이라면 십자가 처형은 가장 수치스럽고 경멸스런 죽음이라는 것을 알기 때문이다.

사형이 확정된 예수 사건은 문서로 작성되어 유대 총독 빌라도에게 전달되었다. 이 소문은 예루살렘 저잣거리에 빠르게 퍼져 나갔고 배반자 유다의 귀에까지 들어갔다. 갑자기 스승을 판 데 대한 자책이 밀려온 유다는 때마침 성전에서 나오는 가야바 일행에게 예수를 판 대가로 받은 은 삼십을 돌려주고자 했다. 하지만 그들도 찜찜한 돈을 받기를 거절했고, 결국 유다는 힌놈 골짜기로 내려와 나무에 목을 매 자살했다. 차라리 태어나지 않았으면 좋았을 유다의 인생은 그렇게 비참하게 끝이 났다.

한편 유대 총독 빌라도는 유월절을 맞아 예루살렘에 와 있었다. 평상시 유대 총독의 관저는 지중해 해변에 있는 가이사랴였다. 헤롯 대왕이 만든 신도시 가이사랴에는 호화로운 헤롯 왕궁이 있었고, 헤롯이 죽은 후에는 유대 땅에 파견된 로마 총독들의 관저로 사용되고 있었다. 하지만 유월절이 되면 로마 총독은 예루살렘에서 특별 근무를 해야 했다. 절기를 맞아 성전을 찾은 순례객들로 인해 예루살렘은 평상시보다 몇 배의 인파가 몰려들었고, 이들이 순식간에 반란의 무리로 바뀐 전례가 지겹도록 있었기 때문이다.

고난 주간 드라마의 하이라이트를 재구성하려고 할 때 또 다른 난제는 '빌라도 법정의 위치가 어디냐' 하는 문제다. 그 장소에 따라 예수님이 십자가를 지고 가신 비아 돌로로사(고난의 길을 뜻하는 라틴어)의 루트가 정해지기 때문이다. 여기에는 크게 세 가지 주장이 제시된다.

첫째, 안토니우스 요새다. '에케 호모'(보라 이 사람이로다) 아치가 있는 안토니우스 요새를 빌라도 법정으로 주장한 것은 십자군 전쟁 이후부터다. 이후 프란체스코 수도회를 중심으로 안토니우스 요새에서 골고다 언덕까지 향하는 십자가의 길을 14처로 만들어 순례하고 있는데, 이 전통은 지금까지도 이어지고 있다. 하지만 고고학자들은 에케 호모 수도원의 바닥과 아치가 하드리안 황제(주후 117~138년) 때 건축되었음을 새롭게 발견했고, 이로 인해 초기의 이론이 무너졌다. 그럼에도 관성의 힘은 무시할 수 없는지 지금도 순례자들은 안토니우스 요새에서 시작하는 십자가의 길을 순례하고 있다.

둘째, 헤롯 왕궁이다. 3개의 망대를 가진 이곳은 오늘날 다윗 망대로 불

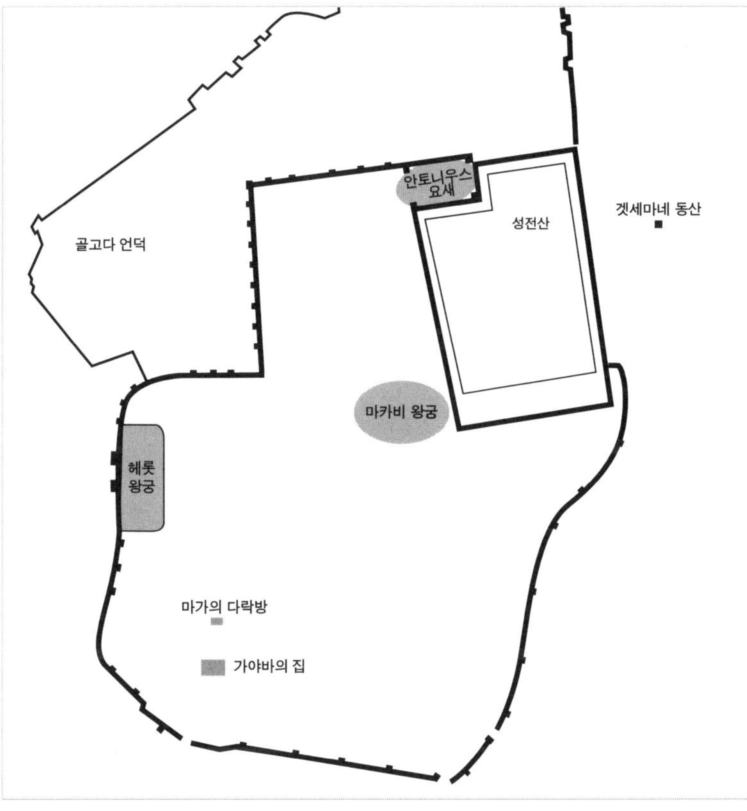

리는데 주후 70년 성전이 파괴된 이후 로마 제10군단의 본부로 사용된 곳이다. 이곳은 초기 전승도, 고고학적 증거도 없는 소수 의견에 불과하다.

셋째, 마카비 왕궁이다. 이곳에는 빌라도 법정을 뜻하는 관정 교회가 있었고, 현재는 그 자리에 성 소피아 교회가 있는데 빌라도 법정으로 가장 가능성이 높은 곳이다. 헤롯 대왕도 이곳을 법정으로 사용했고, 오래된 초기 전승도 이곳에서 십자가의 길이 시작되었음을 증거하고 있다.

나는 세 번째 주장인 마카비 왕궁을 빌라도의 법정으로 추정해 나머지 고난 주간 드라마를 완성하고자 한다.

빌라도는 부인과 함께 헤롯 왕궁에서 유숙했을 것이다. 전날 중요한 죄인의 심문이 있다는 말을 들은 빌라도는 아침 일찍 법정에 모이도록 통고한 후 법정이 있는 마카비 왕궁으로 향했다. 산헤드린의 파수꾼은 예수를 대제사장 가야바의 집에서 빌라도의 법정으로 인도해 왔다. 이후 산헤드린 공회원들이 속속 도착했다. 하지만 이들은 다음날 있을 유월절 식사로 인해 이교도의 공간인 빌라도의 법정으로 들어가기를 꺼려 했다. 자칫 의식상 부정해질 우려가 있었기 때문이다.

> "그들이 예수를 가야바에게서 관정으로 끌고 가니 새벽이라 그들은 더럽힘을 받지 아니하고 유월절 잔치를 먹고자 하여 관정에 들어가지 아니하더라"(요 18:28).

법정 안으로 들어올 수 없는 산헤드린 공회원들의 상황을 고려해 빌라도가 법정 밖으로 나와서 물었다.

> "그러므로 빌라도가 밖으로 나가서 그들에게 말하되 너희가 무슨 일로 이 사람을 고발하느냐"(요 18:29).

증인들의 고소를 들어 본 빌라도는 즉시 예수 사건이 로마법 관할 밖이라고 판단해 심리를 거부했다.

> "너희가 그를 데려다가 너희 법대로 재판하라"(요 18:31).

그러자 산헤드린 공회원들은 예수 사건을 교묘하게 로마법에 속하는 정치적 사건으로 둔갑시키며 말했다.

> "우리가 이 사람을 보매 우리 백성을 미혹하고 가이사에게 세금 바치는 것을 금하며 자칭 왕 그리스도라 하더이다"(눅 23:2).

이렇게 되면 상황이 복잡해진다. 로마는 메시아를 자칭한 열심당 운동에 매번 신속하고 잔인하게 대응했다. 당시는 열심당 주도의 반란이 너무 자주 일어나서(특히 유월절이 되면) 로마가 파견한 총독들은 열심당의 '열'자만 들어도 신경이 곤두섰다. 반란이 걷잡을 수 없을 정도로 확산되면 자신의 목도 날아가기 때문이다. 빌라도는 예수를 데리고 법정 안으로 들어가 심문하기 시작했다. 빌라도와 예수님 사이에는 하나님 나라, 진리 등을 주제로 상당히 진지한 대화들이 오고갔다(요 18:33-38).

빌라도는 심문 결과 예수가 열심당 반군의 괴수라기보다는 차라리 철학자요 무고한 이상주의자에 가깝다는 결론을 내렸다. 예수를 데리고 법정

밖으로 나온 빌라도는 산헤드린 공회원들에게 심문 결과를 공표하려고 했다. 바깥에 모인 산헤드린 공회원들은 사형 선고를 믿어 의심치 않았다. 하지만 유대인들을 적대시한 빌라도의 입에서는 전혀 예기치 않은 선고가 튀어나왔다.

"나는 그에게서 아무 죄도 찾지 못하였노라"(요 18:38).

무리는 고함과 함께 아우성을 쳐댔다. 빌라도는 예수님에게 항변할 기회를 주었다.

"그들이 너를 쳐서 얼마나 많은 것으로 증언하는지 듣지 못하느냐"(마 27:13).

하지만 예수님은 한마디도 대답하지 않으셨고, 이를 본 빌라도는 그저 기이히 여길 뿐이었다(마 27:14). 예수님을 향한 무리의 고소는 더욱 거세졌다.

"무리가 더욱 강하게 말하되 그가 온 유대에서 가르치고 갈릴리에서부터 시작하여 여기까지 와서 백성을 소동하게 하나이다"(눅 23:5).

이 말을 듣고 빌라도는 예수가 갈릴리 출신인 것을 알고, 마침 유월절을 맞아 예루살렘에 와 있는 헤롯 안티파스에게 예수님을 넘겼다(눅 23:7).

초대 교회 전승에 의하면, 헤롯 안티파스는 안토니우스 요새에 머물렀던 것으로 전해진다. 예수의 무죄를 확신하고 방면하고자 한 빌라도는 예수의 관할권에 속한 헤롯 안티파스의 승인만 떨어지면 곧 그렇게 집행할 참이었다. 예수를 인계 받은 헤롯 안티파스는 무척 기뻐했다. 한때 그는 예수를 죽이고자 했지만(눅 13:31), 이제는 생각이 바뀌어 예수가 행한다는 기적을 자신의 눈으로 직접 보기 원했다(눅 23:8). 하지만 예수님은 미신에 사로잡힌 헤롯 안티파스에게 일체의 기적도 행하지 않으셨을 뿐 아니라 어떤 대답도 하지 않으셨다.

예수님의 침묵은 헤롯 안티파스에게 모욕으로 느껴졌고, 그는 군인과 함께 예수님을 조롱했다. 헤롯 안티파스가 보기에도 예수님은 무죄였다. 예수님은 다시 빌라도에게 넘겨졌다. 헤롯 안티파스의 반응을 통해 빌라도 역시 예수님을 무죄 방면하려고 마음을 굳혔다. 빌라도는 고소자들을 다시 법정으로 소환했고 재심 결과를 알려 주었다.

> "너희가 이 사람이 백성을 미혹하는 자라 하여 내게 끌고 왔도다 보라 내가 너희 앞에서 심문하였으되 너희가 고발하는 일에 대하여 이 사람에게서 죄를 찾지 못하였고 헤롯이 또한 그렇게 하여 그를 우리에게 도로 보내었도다 보라 그가 행한 일에는 죽일 일이 없느니라 그러므로 때려서 놓겠노라"(눅 23:14-16).

빌라도는 법정 안으로 들어갔고 평소 유대인과 감정이 좋지 않던 그는 대제사장의 의도를 좌절시킨 것으로 인해 내심 콧노래를 불렀을 것이다. 하지만 갑자기 상황이 반전되었다. 바로 산헤드린의 대표들이 유월절 사면 문제를 들고 나온 것이다. 유월절 명절에 백성이 원하는 죄수 한 명을 방면해 주는 유월절 사면의 대상으로는 예수님과 바라바가 거론되었다. 그리고 둘 중 한 사람이 유월절 사면령에 따라 방면될 참이었다. 빌라도는 이미 시간이 늦었기 때문에 이 문제를 다음날 아침에 논의하자고 했다. 예수님은 다시 마카비 왕궁 지하 감옥에 갇혔다.

금요일

이튿날 아침이 밝았다. 이 날은 니산월 14일로 유대인들에게는 가장 바쁜 날이었다. 아침에는 전날 모아 둔 집안의 누룩을 성전에서 보내는 신호에 따라 일제히 태우는 예식을 행해야 했다. 그리고 저녁에는 성전에서 율법에 따라 도살한 유월절 양을 먹는 유월절 만찬을 준비해야 했기 때문에 대다수 유대인들에게는 이 날이 가장 정신없었다.

여느 로마 관리처럼 빌라도는 일찍 일어났다. 전날 밤은 아내가 있는 헤롯 왕궁에서 보내지 않고, 법정이 있는 마카비 왕궁에서 밤을 보낸 것으로 보인다. 빌라도가 법정에 있는 재판석에 앉아 유월절 사면을 논의하려고 할 때 헤롯 왕궁에 있던 아내가 사람을 보내 흥미로운 꿈 이야기를 전해 주었다. 아내는 간밤의 뒤숭숭했던 꿈 이야기와 함께 예수님을 해롭게 하는 판결을 하지 말라고 주의를 주었다(마 27:19). 빌라도는 아내의 말을 듣고는 예수를 무죄 방면하려던 계획을 다시금 확고히 했을 것이다.

하지만 상황은 빌라도의 계획대로 흘러가지 않았다. 예수님의 대적자들은 밤새 바라바를 풀어 달라고 외쳐댈 무리를 포섭해 둔 상태였다(마 27:20). 평소 예수님을 따르던 유대인 군중은 유월절 준비로 인해 눈코 뜰 새 없이 바빴기 때문에 그 자리에 모인 무리는 대제사장이 매수한 일단의 선동꾼과 폭도들뿐이었다. 결국 상황은 전혀 녹록치 않게 전개되었다. 빌라도는 유월절 사면으로 누구를 원하느냐고 물었다. 산헤드린 대표단은 바라바를 택했다. 빌라도는 "그렇다면 예수는 어떻게 처리하는 게 좋겠냐"고 물었다. 산헤드린 대표단과 그들이 매수한 무리는 일제히 고함을 치며 말했다.

"그를 십자가에 못 박게 하소서"(막 15:13).

빌라도는 어이가 없었다. 도저히 반란군의 수괴로는 보이지 않는 예수를 십자가에 못 박으라니. 빌라도는 예수를 풀어 주고자 했다. 하지만 산헤드린 대표단도 전혀 물러설 기미를 보이지 않았다. 이번에는 로마 총독인 빌라도의 최대 아킬레스건을 붙들고 늘어졌다.

"이 사람을 놓으면 가이사의 충신이 아니니이다 무릇 자기를 왕이라 하는 자는 가이사를 반역하는 것이니이다"(요 19:12).

이 말은 자칭 왕이라 주장하며 로마에 반역을 꾀한 열심당의 수괴를 풀어 주는 것은 그 반역에 동조하는 것과 마찬가지라는, 일종의 협박이었다. 당시 티베리우스 황제는 역모의 기미만 보여도 일벌백계를 위해 처참하고 잔인하게 응징했다. 당시는 빌라도를 유대 총독으로 천거한 세자누스의 몰락이 임박한 상황이라 이 말은 빌라도에게 비수처럼 꽂혔을 것이다. 산헤드린 대표단과 더 이상 실랑이를 벌이다간 자칫 자기의 목도 날아갈 위험에 처할 거라 여겼다. 힘없이 재판석에 주저앉은 빌라도는 더 이상의 줄다리기를 끝내고 예수의 십자가형을 최종 언도했다.

누가 예수님을 죽였는가? 모든 유대인들? 아니면 소수의 가야바 패거리들?

예수님의 고난 주간을 살펴보면서 우리는 마침내 '가장 중요한' 주제에 이르렀다. 그것은 바로 '누가 예수님을 십자가에 못 박았는가' 하는 질문이다. 물론 여기에 대한 신학적인 대답은 '우리의 죄로 인해 예수님이 십자가에서 죽으셨다'이다. 하지만 여기서는 역사적 관점에서 이 문제를 새롭게 고찰해 보려고 한다.

'누가 예수님을 죽였는가?'라는 주제에 들어가기에 앞서 영화 〈패션 오브 크라이스트〉에 대해 이야기해 보려고 한다. 할리우드 배우 멜 깁슨이 만든 〈패션 오브 크라이스트〉는 전 세계에서 상영된 영화이지만, 이스라엘에서는 상영 금지 조치를 받은 바 있다. 이유인즉슨 유대인들에 대한 반감, 즉 반유대주의(anti-Semitism)를 조장할 우려가 있다는 것이었다. 〈패션 오브 크라이스트〉는 유대인들이 예수를 죽였다고 하는 전통적인 신학에 기초해 그 리얼리티를 극적으로 살린 영화다. 영화를 보고 나면 예수님의 십자가 사건이 어제 일어난 것처럼 생생하게 느껴지는 동시에 유대인들의 잔인성이 강하게 부각되는 것이 사실이다. 나는 '누가 예수님을 죽였는가?'라는 제목과 함께 그에 대한 대답으로서 '모든 유대인들?' 아니면 '소수의 가야바 패거리들?'이라는, 약간은 도발적인 부제를 달았다. 이것이 예수님의 죽음과 관련된 크리스천들의 오해와 그 안에 숨어 있는 '불편한 진실'을 가장 잘 드러낼 수 있는 제목이라고 생각하기 때문이다. '누가 예수님을 죽였는가?'라는 주제는 다음 두 가지의 역사적 사실을 제대로 인식하는 데서 출발한다.

첫째, 예수님을 신성모독죄로 몰아 사형을 언도한 산헤드린 공회는 소수의 사두개파가 중심이 된 모임이었다.

우리는 고난 주간 드라마를 살펴볼 때 이 문제를 잠시 언급한 바 있다. 여기서는 이 문제를 조금 심화시켜 보고자 한다. 예수님 당시 유대 종파는 바리새파, 사두개파, 열심당, 에세네파로 불리는 4개의 종파로 이루어져 있었다. 이 중에서 산헤드린을 구성한 주요 종파는 바리새파와 사두개파였는데, 두 종파는 출발부터 오랜 경쟁 관계요 더 나아가 적대 관계를 유지해 왔다. 두 종파는 신학 노선 및 강령, 출신 성분 등 모든 면에서 이질적이어서 도저히 만날 수 없는 평행선과도 같았다. 하지만 여기서 중요한 것은 예수님의 공생애 사역 기간 중 두 종파가 보여 준 태도다.

우리는 바리새파가 예수님께 시종일관 적대적인 반응을 보인 것으로 알지만, 이것은 역사적 사실과 전혀 다르다. 일부 바리새파는 예수님께 호의적인 반응을 보였고, 예수님도 그들과 식탁 교제 등 우호적인 접촉을 가지셨다. 몇 가지 예를 들어 보자.

첫째, 니고데모와 아리마대 요셉은 공식적인 제자 그룹에는 속하지 않았지만 예수님의 사역에 상당한 지지를 보인 바리새인들이었다. 니고데모는 주후 29년 초막절 때 예수님을 지지하는 변론을 했고(요 7:50-51), 주후 30년 예수님의 십자가 처형 후에는 장례를 위해 침향과 몰약 100리트라를 가지고 왔다(요 19:39). 아리마대 요셉은 십자가에서 처형된 예수님의 시체를 가져다가 자신의 가족을 위해 준비해 둔 무덤에 장사를 지냈다(요 19:38).

둘째, 바리새인들은 종종 예수님을 초청해 식탁 교제를 가졌다(눅 7:36; 11:37).

셋째, 어떤 바리새인들은 헤롯 안티파스가 예수님을 죽이려 한다는 사실을 예수님께 알려 주며 즉시 피신할 것을 권했다(눅 13:31-33).

넷째, 바리새파에 속한 서기관은 예수님과 논쟁을 벌이던 중 예수님께 칭찬을 받았다(막 12:28-34).

다섯째, 예수님이 벳바게에서 나귀를 타고 입성하실 때 백성이 소리 지르며 환호하자 일부 바리새인들은 예수님께 찾아와 백성을 조용히 시키도록 조언했다(눅 19:39). 당시의 분위기로 볼 때 백성이 동요를 일으키면 예수님이 반란을 꾀한다는 구실로 체포될 수 있었기 때문이다. 바리새인의 조언은 진심으로 예수님을 위해서 한 것이었다.

바리새파 중에는 예수님께 호의적인 태도, 심지어 예수님의 제자로 불려도 손색이 없는 사람들까지(니고데모와 아리마대 요셉) 있었던 반면, 사두개파는 예수님의 사역 기간 중 시종일관 적대적인 태도를 취했다. 사두개파 중에는 한 사람도 예수님과 그의 사역에 호의적인 태도를 보인 사람이 없었다. 심지어 이들은 예수님의 사역이 왕성하게 일어나자 대제사장 가야바를 중심으로 회의를 열어 예수님을 죽이기로 사전 모의를 했다. 이 사전 모의는 예수님이 공생애 마지막 해에 베다니에서 죽은 나사로를 살리는 기적을 베푼 것이 계기가 되었다.

다음은 당시 가야바가 주재한 사전 모의에서 오고간 대화 내용이다.

공회원들: "이 사람이 많은 표적을 행하니 우리가 어떻게 하겠느냐 만일 그를 이대로 두면 모든 사람이 그를 믿을 것이요 그리고 로마인들이 와서 우리 땅과 민족을 빼앗아 가리라"(요 11:47-48).

대제사장 가야바: "너희가 아무 것도 알지 못하는도다 한 사람이 백성을 위하여 죽어서 온 민족이 망하지 않게 되는 것이 너희에게 유익한 줄을

생각하지 아니하는도다"(요 11:49-50).

이들의 대화 내용을 살펴보면 대제사장 가야바를 중심으로 한 사두개파 세력들이 처한 당시의 상황을 알 수 있다. 당시 유대 국가는 로마의 직속 통치를 받았고, 대제사장을 의장으로 하는 산헤드린은 로마가 인정하는 유대인 자치기관이었다. 로마 당국과 산헤드린 간의 정치적 밀월 관계는 산헤드린이 로마의 통치에 최대한 협력한다는 조건 아래서만 유지되었다.

이런 이유로 로마의 통치 아래 살던 유대인들은 산헤드린의 대표인 대제사장과 사제 귀족들에게 적대감을 가질 수밖에 없었는데, 이것은 마치 일제 시대에 친일파 지도자들에게 느낀 백성의 적대감과도 흡사하다. 바리새파의 일부도 산헤드린의 멤버였지만, 대제사장과 사제 귀족들로만 구성된 사두개파와 달리 바리새파는 그 출신 성분이 대부분 평민들이었기 때문에 이들은 평민들의 전폭적인 지지를 받고 있었다. 대제사장과 사제 귀족들에 대한 민중의 적대감은 주후 66년 로마에 대한 대규모 봉기가 발생했을 때 예루살렘을 접수한 반란군들이 제사장들을 표적 살인한 데서도 잘 드러난다. 당시 대제사장을 중심으로 한 사제 귀족들은 '민중의 적'으로 인식되었던 것이다.

로마 당국과 산헤드린의 정치적 밀월 관계를 알 때 공회원들과 가야바(대제사장이자 산헤드린 의장) 사이에 오고 간 대화의 정치적 의미를 이해할 수 있다. 공회원들은 예수님을 따르는 자들이 민란을 일으킬 경우 로마가 산헤드린을 통해 허락한 자치권이 박탈될 것을 염려하며 발을 동동 굴렀다. 그러자 가야바는 논란의 종지부를 찍는 최종적인 발언으로 회의를 종료했다.

"더 이상 뭘 고민할 게 있는가? 어쩔 수 없다. 예수 한 사람을 희생시켜 유대 민족 전체가 공멸의 위기에 처하는 상황만큼은 막아야 하지 않겠는가? 대를 위해 소를 희생하는 걸세."

산헤드린 의장으로서 가야바는 이 말을 마치고 의사봉을 땅! 땅! 땅! 두드렸을 것이다.

예수님의 사역이 왕성해지고 그를 따르는 자들이 걷잡을 수 없이 늘어날수록 산헤드린 의장인 가야바로서는 예수님을 죽이고 유대 민족을 구해야 한다는 정치적 결정을 할 수밖에 없었다. 이것이 대제사장 가야바를 중심으로 한 사두개파의 입장이었다. 따라서 예수님을 신성모독죄로 최종 판결할 당시 소집된 공회원들의 주류는 사두개파 사제 귀족들이었다.

둘째, 종려주일에 종려나무 가지를 흔들며 예수님을 환호하던 무리와 십자가형 선고 직전에 예수님을 십자가에 못 박으라고 아우성친 무리가 같지는 않았다.

이것은 '누가 예수님을 죽였는가?'란 주제를 살펴볼 때 반드시 알아야 하는 역사적 사실이다. 여기에 언급한 두 무리는 결코 같은 무리가 아니었다. 같은 무리라면 모든 유대인이 예수님을 적대하고 십자가에 못 박도록 다그친 것이지만, 만약 이들이 전혀 다른 무리라면 상황은 180도 달라진다. 종려주일에 종려나무 가지를 흔들며 예수님을 환호한 무리는 예루살렘을 들썩거릴 정도의 엄청난 군중이었다. 당시의 상황은 예수님이 자칫 반란의 주모자로 몰릴 것을 염려한 일부 바리새인들이 군중을 조용히 시켜야 한다고 예수님께 조언할 정도로 대단했다. 하지만 며칠 후 예수님을 십자가에 못 박으라고 외쳐댄 사람들은 소수의 무리였을 뿐이다. 우리말 성경에 '군중'으로 번역된 헬라어는 '오클로스'(ὄχλος)인데, 이것은 결코 대규모 군중을 가리키는 단어가 아니다. 이것은 근처에 있는 소수의 무리를 가리킨다. 예수님을 십자가에 못 박으라고 외쳐댄 소수의 무리는 분명 가야바를 중심으로 한 사두개파 사제 귀족들에게 매수된 일단의 불량배들이었을 뿐이다. 불과 며칠 전만 해도 예수님을 열렬히 환호하던 군중이 갑자기 태도를 바꿔 예수님을 십자가에 못 박으라고 아우성친 것이 결코 아니라는 얘기다.

Chapter 7-6

본디오 빌라도는 **굿맨**(선한 사람) 인가?

_역사에서 만나는 빌라도

유대 속주에 파견된 7명의 초기 총독 가운데 가장 유명한 인물은 뭐니 뭐니해도 본디오 빌라도다. 주후 26~36년까지 유대 총독으로 다스린 본디오 빌라도의 재임 기간 중에 예수님의 십자가 처형이 이루어지는데(아마도 주후 30년), 이로 인해 복음서에서 유일하게 등장하는 로마 총독이 바로 본디오 빌라도다. 본디오 빌라도는 예수 사건의 의미를 정확히 파악할 정도로 영리한 인물이었다. 즉 예수의 재판이 대제사장들과 일부 종교 지도자들의 시기심 때문에 유발된 것이지 십자가형에 처할 만한 사건이 아님을 파악한 것이다.

본디오 빌라도는 마침 예루살렘을 방문한 헤롯 안티파스에게 예수의 재판에 대해 자문을 구했고, 산헤드린이 다루어야 할 '뜨거운 감자'를 자신이 건드리길 원치 않았기 때문에 되도록이면 손을 씻고 빠져나오려고 했다. 본디오 빌라도는 예수 재판의 최종 결론을 다음과 같이 내렸다.

"나는 죄를 발견하지 못했다."

복음서에 등장하는 빌라도의 모습은 꽤나 괜찮은 사람(nice guy, good man)이요, 어떻게 보면 진리의 추종자(seeker of truth)로까지 보인다. 특히 요한복음에 나오는 빌라도 부인의 모습까지 합쳐지면 사도신경을 통해 뭇 성도들로부터 저주를 받는 본디오 빌라도가 때론 안쓰럽고 억울하게 느껴지기도 한다. 하지만 빌라도의 진면목은 복음서에 나오는 몇 구절만으로 평가하기에는 분명 한계가 있다. 여기서는 빌라도와 관련된 역사적 문헌들을 살펴봄으로써 그에 대한 균형 잡힌 평가를 내려 보고자 한다.

로마 군기 게양 사건

빌라도는 임기 첫 주에 한밤중을 이용해 황제의 화상이 새겨진 로마 군기를 앞세워 예루살렘으로 행진해 왔다. 이것은 유대 백성을 깔아뭉개려는 일종의 도발적인 행동으로서 그의 전임자 중 어느 누구도 시도하지 않던 행동이었다. 로마 제국은 속주민들의 전통 종교를 최대한 인정하는 관용 정책을 통치 코드로 삼았기 때문에 빌라도의 이런 행동은 분명 로마의 종교 정책에도 위반되는 것이었다.

아침이 되고 나서야 유대인들은 거룩한 도성 예루살렘에 황제의 화상이 새겨진 깃발이 게양된 것을 보고 기겁을 했다. 유대인들은 "깃발을 내리라!"는 구호와 함께 총독 관저가 있는 가이사랴로 5,000명의 시위대를 조직해 몰려 갔다. 빌라도는 처음부터 대화와 타협보다는 공권력을 앞세워 고압적인 자세로 나왔다. 빌라도는 유대인 시위대를 모두 경기장 안에 몰아넣고 말 탄 군인들이 경기장 주변을 돌게 하면서 협박했다.

"예루살렘으로 돌아가든지 여기서 목을 내놓든지, 둘 중에 하나를 선택하라!"

율법에 열심이 있는 유대인 시위대도 물러서지 않았다. 시위대는 일제히 바닥에 드러누워 자신들의 목을 길게 내밀었다. 목을 베려면 베라는 자세였다. 빌라도는 첫 임기부터 5,000명을 죽일 수 없었다. 만약 그랬다가는 감당할 수 없는 대규모 폭동으로 이어질 것이 뻔했기 때문이다. 빌라도는 시위대의 요구를 받아들여 예루살렘에 세워 둔 로마 군기를 내릴 수밖에 없었다. 이것은 분명 빌라도가 자신의 총독 부임과 함께 의도적으로 유대인 길들이기에 나선 것으로 그의 진면목을 보여 주는 사건이었다.

가이사랴 경기장

금방패 게양 사건

유대인을 길들이려다 오히려 굴욕감만 느낀 빌라도는 여기서 멈추지 않고 유대인들의 종교적인 감정을 건드리는 도발을 계속했다. 빌라도는 금으로 씌운 방패를 만들어 총독 관저가 있는 가이사랴의 이교 신전에 봉헌했다. 하지만 빌라도는 이번에도 야음을 틈타 로마 신이 새겨진 금방패를 예루살렘 성벽의 서쪽 성문에 버젓이 걸어 놓았다. 이튿날 유대인들은 이교의 신이 새겨진 방패를 보고 다시 기겁했고, 이번에도 5,000명의 시위대가 "방패를 내리라"는 구호와 함께 가이사랴로 몰려갔다. 빌라도는 시위대를 경기장에 몰아넣은 채 "가이사랴에서 좋은 시간을 보내고 가라"며 조롱했다. 다음날 벌어진 협상에서 빌라도는 한 발짝 뒤로 물러서는 듯한 제스처를 보였다.

"로마 군기가 문제가 된다는 것은 알겠는데 방패도 그러리라고는 생각하지 못했다. 즉시 내리겠다. 하지만 그 방패는 황제(티베리우스)에게 봉헌된 것이다. 지금 그것을 내린다면 황제에 대한 도전이 된다. 미안하다. 어쩔 수가 없다."

시위대는 결국 사절단을 뽑아 로마로 보냈고 몇 주 후에 티베리우스 황제가 보낸 훈령이 도착했다.

"친애하는 빌라도여, 방패를 내리시오. 유대인들을 사랑으로 품으시오."

다시 한 번 빌라도가 유대인들에게 굴욕을 당하는 순간이었다.

예루살렘 수로 건설 사건

빌라도와 예루살렘 지도자들 간의 충돌은 수로 건설 문제를 빌미로 또 다시 발생했다. 남쪽 고지대에서 예루살렘 성 안으로 물을 운반하는 이 수로의 건설은 어떻게 보면 빌라도가 예루살렘에 베푼 은혜로 볼 수도 있다. 특히 성전은 수로 건설로 인해 확실한 혜택을 입었다. 왜냐하면 성전은 제사장들을 위한 정결예식과 제사장의 뜰에서 쉴 새 없이 도살되는 희생제물로 인해 늘 많은 급수가 요구되었기 때문이다.

빌라도는 수로 건설로 인해 성전이 가장 큰 혜택을 입는 것을 이유로 들며 수로 건설의 제반 경비를 성전 헌금에서 모두 지불하라고 명령했다. 성전 관리자들은 세속적인 목적을 위한 건설 사업에 하나님께 드려진 헌금을 사용하는 것은 신성 모독이라며 강하게 반발했다. 그러자 빌라도는 디아스포라 세계의 모든 유대인 성인 남자들이 해마다 예루살렘 성전에 바치는 반 세겔의 헌금을 기습적으로 압류했다. 분노한 유대인 군중은 거세게 항의했지만, 이들의 시위는 총독이 파견한 군대에 의해 강제로 해산되었다. 이때 빌라도의 군대는 성전 뜰에 모인 수많은 갈릴리 출신 순례자들을 공격했고, 그들의 피가 희생제물의 피와 섞이게 되었다. 이 사건이 아마도 누가복음 13장 1절과 관련된 것으로 보인다.

"그때 마침 두어 사람이 와서 빌라도가 어떤 갈릴리 사람들의 피를 그들의 제물에 섞은 일로 예수께 아뢰니"(눅 13:1).

그런데 여기서 문제는 시위 진압 때 희생당한 갈릴리 출신 순례자들은 빌라도가 통치하는 관할의 백성이 아니라는 것이다. 이들은 명절을 맞아 예루살렘 성전을 방문했기 때문에 일시적으로 빌라도의 관할인 유대 지역에 들어갔을 뿐, 사실상 갈릴리 지역의 통치자인 헤롯 안티파스 관할에 속한 백성이었다. 유대인 군중에 대한 과잉 진압과 이로 인한 갈릴리 백성의 희생은 빌라도와 헤롯 안티파스 사이에 충돌과 알력, 더 나아가 개인적인 반감으로까지 이어진 것으로 보인다. 이것이 아마도 예수님의 재판 당시 헤롯 안티파스와 빌라도의 관계에 대해 언급한 누가의 기록과 관련 있을 것이다. 이들은 이전에는 서로 원수였지만 예수님을 심문하는 과정에서 앙금을 풀고 친구가 된 것이다.

"헤롯과 빌라도가 전에는 원수였으나 당일에 서로 친구가 되니라"(눅 23:12).

실로암 망대 붕괴 사건

누가는 갈릴리 순례자들의 희생을 언급한 직후 실로암 망대가 무너져 18명이 희생된 사건을 기록하고 있다.

"또 실로암에서 망대가 무너져 치어 죽은 열여덟 사람이 예루살렘에 거한 다른 모든 사람보다 죄가 더 있는 줄 아느냐"(눅 13:4).

실로암 망대 붕괴 사건은 흔히 볼 수 있는 자연재해가 아니었다. 무장한 반란군(열심당)들이 로마에 대항해 모반을 시도할 목적으로 실로암 망대를 점거해 농성을 벌였는데, 빌라도는 이 반란을 신속하고 잔인하게 진압했다. 이때 빌라도는 반란군들이 점거한 실로암 망대를 아예 무너뜨렸고 이로 인해 18명의 사상자가 발생했다. 이것은 빌라도의 잔인성이 다시 한 번 드러나는 부분이다.

사마리아인 학살 사건

1961년 이탈리아 발굴팀에 의해 가이사랴에서 발견된 빌라도 비문

빌라도는 유대 지역 외에 사마리아 지역에서도 대규모 학살을 자행했다. 자칭 선지자 행세를 하던 한 사마리아인이 모세가 숨겨 놓은 거룩한 기명(성막에서 사용되던 그릇)을 보여 주겠다는 말로 사마리아인들을 선동해 많은 무리를 그리심 산에 불러 모았다. 빌라도는 즉시 기병대와 함께 기동타격대를 보내 모인 무리를 해산시켰는데, 이 과정에서 대규모 사상자가 발생했다. 사마리아 지도자들은 시리아 총독 비텔리우스(주후 35~39년)에게 대표를 파견해 빌라도의 폭정을 고발했고, 결국 이 사건은 빌라도에게 최후의 사건이 되었다. 비텔리우스는 빌라도를 로마로 소환하고, 그의 비행과 폭정에 대한 보고서를 황제에게 보냈다. 하지만 빌라도가 수도 로마에 도착할 무렵 티베리우스 황제가 죽었고(주후 37년 3월 16일), 새 황제인 가이우스는 빌라도를 폐위하고 마룰루스를 유대 지역의 새 총독으로 임명했다.

Chapter 7-7

에세네파의 배경에서 살펴본 예수님의 사역

_예수님과 에세네파

예수님의 고난 주간에 대한 공관복음과 요한복음 간의 불일치는 성서 고고학의 발전과 그에 따른 에세네 달력의 존재를 통해 조금이나마 규명되고 있다. 여기서는 주제를 좀 더 확대해 에세네파 배경에서 예수님의 생애 전체를 재조명해 보고자 한다. 이 부분 역시 바르길 픽스너 박사의 책을 참고했음을 밝혀 둔다.

예수님의 어머니 마리아와 관련된 전승

마리아가 태어난 예루살렘 성전 북쪽의 베데스다 근처의 마을은 에세네파의 영향력이 강한 곳이었다. 성적 순결과 독신을 추구하던 에세네 신앙은 마리아의 경건 생활과 금욕 생활에도 영향을 끼쳤을 것이다. 마리아는 10대의 나이에 순결 서약을 했는데, 마리아의 아버지 요아킴은 딸의 순결 서약을 지켜 준다는 조건하에서 다윗 가계의 후손인 나사렛의 요셉과 결혼을 시켰다.

마리아가 성전에서 만난 시므온과 안나 눅 2:25, 36-38

마리아가 산모의 정결례와 초태생 속전을 위해 성전을 방문했을 때 아기 예수를 안고 축복해 준 시므온과 안나 역시 곧 임할 하나님 나라를 기다리던 경건한 에세네파였을 가능성이 높다.

나사렛 친족들 마 2:23

나사렛에 사는 친족 공동체 역시 에세네파의 영향이 강하게 지배하던 곳이었다. 나사렛 친족들은 다윗의 혈통을 자랑하며 자기들만의 폐쇄적인 공동체를 이루고 살았다. 예수님은 사생애 기간 동안 친족들의 영향권 아래 살다가 공생애 사역을 시작하심과 동시에 나사렛 친족 공동체의 폐쇄성이 앞으로 펼쳐질 자신의 사역에 위험과 방해가 될 것을 아시고 가버나움으로 이주하신 듯싶다.

나사렛 친족들에게 끼친 에세네파의 영향은 예수님을 열광적으로 환영했다가 이내 낭떠러지에서 밀어뜨려 죽이려고 하는 적대감으로 변하는 다혈질적 성정에서도 엿볼 수 있다. 에네세파는 이방인에 대한 극도의 적대감을 보였는데, 예수님이 나사렛 회당에서 말씀을 선포하시던 중 이방인(나아만 장군, 사렙다 과부)을 옹호하는 듯한 발언을 하자 이들은 순간 감정이 폭발하여 격노했다.

에세네파 영향권이 강한 나사렛에서 예수님은 가버나움으로 옮기셨는데, 이곳은 바리새파와 열심당의 영향권에 속한 곳이었다. 이곳에서 예수님은 열심당의 무력 투쟁 노선에 반대하며 비폭력, 무저항으로 대표되는 평화주의적 설교를 하셨고, 많은 바리새파 사람들과 뜨거운 논쟁을 벌였으며, 때로는 식탁 교제를 통해 우호적인 관계를 맺기도 했다. 당시 바리새파는 힐렐파와 샴마이파로 나뉘었는데, 예수님의 설교는 다분히 힐렐파에 우호적이었고 샴마이파에 적대적이었다.

1차 성전 청결 사건을 열렬하게 환영한 사람들 요 2:23

공생애 사역을 시작하고 처음 맞는 주후 28년 유월절 때 예수님은 성전을 청결하게 하는 대담한 행동을 통해 이스라엘 사회에 데뷔하셨다. 이후 예수님은 여러 가지 기적들을 행하셨는데, 예루살렘에서 많은 사람들이 예수님을 믿게 되었다.

> "유월절에 예수께서 예루살렘에 계시니 많은 사람이 그의 행하시는 표적을 보고 그의 이름을 믿었으나"(요 2:23).

예수님 당시 타락한 대제사장들로 인해 희생제사를 거부하고, 성전 달력과는 별도로 자체적인 달력을 만들어 절기를 지키던 사람들이 에세네파였다. 이들에게 예수님이 행하신 성전 청결 사건은 특별히 강렬하게 어필했을 것이 분명한데, 요한이 기록한 예루살렘에서의 추종자들은 아마도 에세네파에 속한 사람들일 가능성이 높다. 이들은 예수님께 에세네파 특유의 열광적인 환호를 보내며, 자기들 그룹의 리더(의의 교사)로 스카우트하려고 했을 것이다. 하지만 예수님은 그들에게 자신을 의탁하지 않으셨다. 예수님은 이미 에세네파가 어떤 부류의 사람인지 잘 알고 계셨기 때문이다.

> "예수는 그의 몸을 그들에게 의탁하지 아니하셨으니 이는 친히 모든 사람을 아심이요"(요 2:24).

주후 29년 초막절 준수를 위한 실랑이 요 7:8

요한은 주후 29년 초막절 준수를 위해 예루살렘에 내려가는 문제로 예수님과 형제들 사이에 실랑이가 벌어진 사건을 기록하고 있다. 형제들이 와서 예루살렘에 함께 가자고 제안하자, 예수님은 내 때가 아니라면서 거절하셨다.

"너희는 명절에 올라가라 내 때가 아직 차지 못하였으니 나는 이 명절에 아직 올라가지 아니하노라"(요 7:8).

하지만 예수님은 며칠 후 은밀히 예루살렘으로 내려가시는데 어떻게 보면 예수님의 행동이 오락가락하는 것처럼 보인다.

"그 형제들이 명절에 올라간 후에 자기도 올라가시되 나타내지 않고 은밀히 가시니라"(요 7:10).

예수님의 형제들은 에세네 달력을 따라 초막절을 지키기 위해 예루살렘으로 향한 듯하다. 반면 사생애 동안은 나사렛 친족들의 영향으로 인해 에세네 달력에 따라 절기를 지키신 예수님은 공생애 사역 이후 열광적이고 폐쇄적인 에세네 영향권에서 벗어나 성전 달력에 따라 절기를 지키신 듯하다. 주후 29년 초막절 준수를 놓고 예수님과 형제들이 벌인 실랑이도 아마 에세네 달력과 성전 달력 간의 절기 준수 차이에서 비롯된 것이 아닐까 싶다.

주후 29년 수전절을 지키신 예수님 요 10:22-23

예수님은 수전절을 지키기 위해 예루살렘 성전을 방문하시던 중 솔로몬 행각을 거니셨다. 수전절은 마카비 왕조의 성전 재봉헌을 기념하는 절기인데, 예수님이 수전절 절기를 지키기 위해 예루살렘 성전에 방문하신 것은 예수님이 에세네파의 영향력에서 완전히 벗어나 있음을 보여 주는 좋은 예다. 왜냐하면 에세네파는 사독 계열의 대제사장직만을 인정했고 일반 제사장 가문으로서 왕과 대제사장직을 겸직한 마카비 왕조의 정통성을 부인했기 때문이다.

최후의 만찬을 위한 비밀스런 접선 막 14:13-15

유월절 만찬장을 준비하기 위해 예수님은 베드로와 요한을 보내시며 알쏭달쏭한 말씀을 하셨다.

> "성내로 들어가라 그리하면 물 한 동이를 가지고 가는 사람을 만나리니 그를 따라가서 어디든지 그가 들어가는 그 집 주인에게 이르되 선생님의 말씀이 내가 내 제자들과 함께 유월절 음식을 먹을 나의 객실이 어디 있느냐 하시더라 하라 그리하면 자리를 펴고 준비한 큰 다락방을 보이리니 거기서 우리를 위하여 준비하라"(막 14:13-15).

이 장면은 마치 간첩이 비밀리에 접선하는 모습을 연상시킨다. 예수님은 아마도 가룟 유다의 배반을 아시고 가룟 유다가 모르는 가운데 제자들과 가질 최후의 만찬을 준비하신 것으로 보인다. 보통 때 같으면 만찬장 준비는 전대를 맡은 가룟 유다가 해야 했지만, 이번만큼은 가룟 유다 대신 베드로와 요한을 보낸 것에서도 이를 유추할 수 있다. 예수님은 베다니에서 두 제자를 보내면서 성으로 들어가 물동이를 든 남자를 찾으라고 했는데, 그 사람은 쉽게 눈에 띄었을 것이다. 보통 물동이를 들고 가는 사람은 여자이기 때문이다. 두 제자는 실로암 연못에서 물동이에 물을 싣고 마을로 들어가는 한 남자를 만났을 것이다.

그러면 이 남자는 왜 물동이를 나르고 있었을까? 그는 아마도 에세네파에 속한 독신 남자였던 것으로 보인다. 그는 성전 남쪽에 있는 에세네 게이트로 들어가 유유히 사라지려고 했는데, 베드로와 요한은 에세네파 회원이 아니기 때문에 그 안으로 들어갈 수 없었다. 두 제자는 예수님의 말씀을 전해 주었고, 게이트를 무사통과해 최후의 만찬장을 준비할 수 있었다.

> "선생님의 말씀이 내가 내 제자들과 함께 유월절 음식을 먹을 나의 객실이 어디 있느냐 하시더라."

예수님은 사생애의 대부분을 에세네파 영향권에서 사셨기 때문에 예루살렘에 있는 에세네파 공동체와 전혀 무관하지 않았을 것이다. 또한 초기 사역 당시 성전 청결 사건에 열광적인 환호를 보낸 무리도 주로 이곳에 사는 에세네파였을 것이기 때문에 예수님의 말씀을 전한 두 제자를 흔쾌히 마을 안으로 맞아들였을 것이다.

마가의 다락방과 초대 예루살렘 교회

예수님이 최후의 만찬을 가진 곳으로 전해지는 마가의 다락방은 이후 오순절에 성령 강림과 함께 초대 교회가 탄생한 곳이기도 하다. 이곳은 예루살렘 성 남쪽에 위치한 에세네 쿼터(공동체)와 지리적으로 무척 가까운데, 우리는 여기서 초대 기독교 공동체와 에세네 공동체간의 유사성을 어느 정도 규명할 수 있을 듯싶다.

초대 교회는 자신의 소유를 팔아 공동체에 기부하고 물건을 서로 통용했는데, 이는 예수님이 제자들에게 명령하신 사항이 아니었다. 새롭게 탄생한 초대 교회 공동체는 아마도 근처의 에세네파 공동체에서 조직 관리와 규율 등을 배운 게 아닌가 싶다. 초대 교회 공동체가 소유에 집착하지 않고 원시 공산사회 형태를 이룬 것은 그들이 가지고 있던 임박한 종말론적 사고가 큰 역할을 했다. 임박한 종말론 역시 에세네파의 중심 사상이었다.

오늘날 시온 산 근처에서 발견된 에세네 쿼터에는 수많은 정결탕이 있는데, 아마도 초기 기독교인들이 세례를 베푸는 데 사용했던 것으로 보인다. 베드로의 설교로 3,000명이 동시에 회심했을 때(행 2:41) 에세네 쿼터에 있는 정결탕이 요긴하게 사용되었을 것이다.

오순절 성령 강림으로 인해 탄생한 초대 교회에는 수많은 제사장들이 들어왔는데(행 6:7), 이들은 아마도 이전에 에세네파 회원들이었던 것으로

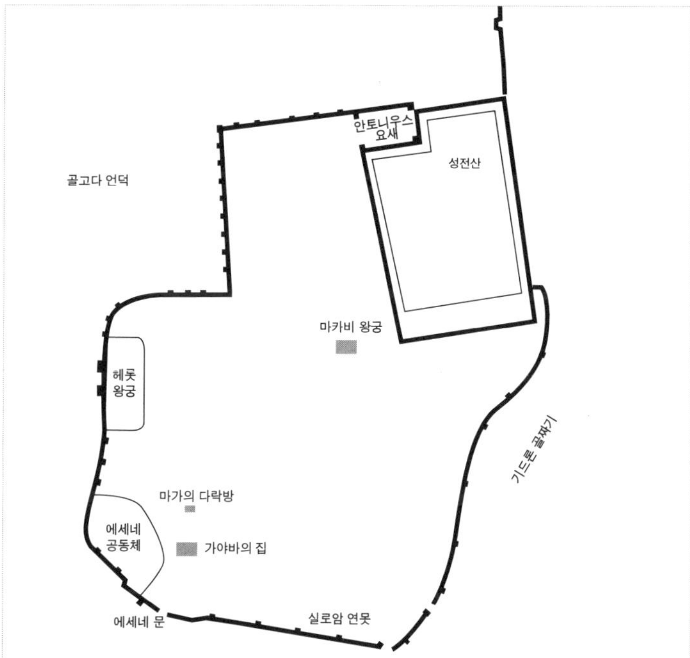

보인다. 에세네파 회원들이 대부분 기존의 성전 희생제사의 정통성을 부인하는 제사장과 레위인들로 구성되었기 때문이다.

오순절 당시 성령이 임하는 모습으로 묘사된 '불의 혀'라는 표현은 에세네파의 대표 기록물인 쿰란 문서에서도 동일한 표현이 등장한다.

이상에 언급한 여러 정황들을 종합해 볼 때 초기 기독교 공동체와 에세네 공동체는 거리상의 근접성 외에도 조직이나 교리 면에서도 서로 유기적으로 교류하면서 발전한 것으로 보인다.

예수님의 친족들과 제자들, 그들 사이에 보이지 않는 역학관계

예수님의 사역에서 지근거리에 있던 두 그룹이 있었으니 하나는 육신의 가족이요, 다른 하나는 영적인 가족이었다. 육신의 가족은 예수님의 가족을 중심으로 한 나사렛의 친족 공동체였고, 영적인 가족은 열두 제자를 중심으로 한 예수님을 따르는 무리였다. 여기서는 두 그룹 간에 있었던 줄다리기와 실랑이, 반목과 질시 그리고 그 속에 보이지 않는 역학관계를 주제로 살펴보고자 한다.

이 주제는 두 그룹 간에 하모니가 나타나는 두 분기점을 중심으로 살펴보는 것이 좋을 듯하다. 다음 두 시기와 장소에서 예수님의 가족과 제자 그룹 사이에는 이상적인 조화와 협력의 모습이 나타났다.

첫째, 예수님의 공생애 사역 초기에 있었던 가나 혼인잔치와 가버나움 정탐 여행에서.

"그 후에 예수께서 그 어머니와 형제들과 제자들과 함께 가버나움으로 내려가셨으나 거기에 여러 날 계시지는 아니하시니라"(요 2:12).

둘째, 예수님의 십자가 죽으심과 부활 승천 후 마가의 다락방에서.

"여자들과 예수의 어머니 마리아와 예수의 아우들과 더불어 마음을 같이하여 오로지 기도에 힘쓰더라"(행 1:14).

3년 정도의 간격이 있는 두 시기를 분기점으로 예수님의 가족과 제자 그룹 사이에 있었던 보이지 않는 역학관계를 살펴보도록 하자.

나사렛의 고고학 발굴 결과 나사렛은 24가정 내외의 씨족 중심으로 살아가던 인구 150~200명 내외의 작은 마을임이 밝혀졌다. 이곳에서 다윗 가계에 속한 요셉과 그의 친족들이 살았는데, 이들은 가난하고 미약한 씨족이었지만 이사야 선지자가 예언한 다음 두 구절의 말씀이 이들에게 강한 긍지와 희망을 심어 주었다.

"이새의 줄기에서 한 싹이 나며 그 뿌리에서 한 가지가 나서 결실할 것이요"(사 11:1).

"네 백성이 다 의롭게 되어 영원히 땅을 차지하리니 그들은 내가 심은 가지요"(사 60:21).

강력한 메시아 예언에 속하는 두 구절에서 '가지'는 히브리어로 '네쩨르'라고 하는데, 이것은 '나사렛'과 같은 어원을 가지고 있다. 다윗의 자손으로 오실 메시아에 대한 소망은 나사렛에 사는 친족들 사이에서 특별히 강했다. 이들은 다윗 왕가 출신인 스룹바벨이 포로기에 유다 총독으로 부임하면서 다윗의 무너진 장막이 회복될 소망을 보게 되었다. 학개와 스가랴 선지자도 성전 재건을 독려하면서 그 책임자인 스룹바벨을 메시아적 견지에서 찬양한 바 있다.

하지만 성전 공사와 함께 스룹바벨은 바람과 함께 사라져 버렸다. 학자들은 학개와 스가랴 선지자의 도발적인(페르시아 제국 입장에서는) 설교로 인해 성전 재건뿐 아니라 유대 국가 회복의 기운이 싹터 오르자 스룹바벨이 페르시아 당국에 의해 쥐도 새도 모르게 암살된 것이 아닌가 추측하고 있다. 스룹바벨 이후에도 나사렛에 모인 다윗 가계의 친족들은 이사야 선지자가 예언한 '다윗 가계를 통한 메시아의 도래'를 누구보다 간절히 소망했다.

그런데 요셉의 아들 예수를 통해 오랜 기다림과 소망이 실현될 한 줄기 빛을 보게 되었다. 예수는 주후 28년 유월절에 있었던 성전 방문에서 성전을 청결하게 하는 사건과 몇 가지 기적을 베풀었는데, 이것은 친족들의 메시아적 소망을 한껏 달구어 놓기에 충분했다. 이사야가 예언한 그 순간이 바로 지금이란 말인가?

"그 작은 자가 천 명을 이루겠고 그 약한 자가 강국을 이룰 것이라 때가 되면 나 여호와가 속히 이루리라"(사 60:22).

하지만 예수님은 나사렛 친족들의 폐쇄적인 분위기를 떠나 가버나움으

로 옮겨 공생애 사역을 위한 베이스캠프를 치셨다. 이때부터 예수님은 나사렛 친족들과 점차 멀어지고 긴장감이 고조되기 시작했다. 물론 여기에는 나사렛에서 있었던 친족들과의 극단적인 충돌도 원인이 되었다(눅 4:16-30). 예수님은 '가문의 영광'이 아니라 '하나님의 영광'을 위해 일하시기 위해 친족들의 아우라가 강력하게 미치는 나사렛을 떠나 가버나움으로 이주하셨을 것이다.

예수님이 가버나움에서 열심히 사역하고 있을 때 친족 공동체를 대표해 마리아와 형제들이 찾아온 적이 있다. 이때 예수님이 하신 말씀은 나사렛의 친족과 분명한 선을 긋는 동시에 새로운 가족 개념을 선포한 것이었다.

> "누가 내 어머니이며 동생들이냐 하시고 둘러 앉은 자들을 보시며 이르시되 내 어머니와 내 동생들을 보라 누구든지 하나님의 뜻대로 행하는 자가 내 형제요 자매요 어머니이니라"(막 3:33-35).

예수님의 사역 기간 내내 고조되던 가족과 제자 그룹 간의 긴장감은 십자가와 부활, 그리고 오순절 성령 강림 사건을 통해 극적으로 해소된다. 이후부터는 제자 그룹의 대표로서 베드로가, 가족 그룹의 대표로서 야고보가 각각 초대 교회를 이끌면서 두 기둥 역할을 하기 때문이다.

단원평가문제

01 다음 중 오병이어 기적이 일어났을 때 시간적 배경은 언제인가?
(1) 유월절 (2) 칠칠절
(3) 초막절 (4) 수전절

02 다음 중 베드로의 신앙고백 사건이 일어난 곳은 어디인가?
(1) 변화산
(2) 가이사랴 빌립보
(3) 가이사랴
(4) 가버나움

03 다음 중 성전세 논쟁이 일어난 곳은 어디인가?
(1) 변화산
(2) 가이사랴 빌립보
(3) 가이사랴
(4) 가버나움

04 다음 중 예수님이 맹인 바디매오를 고쳐주신 곳은 어디인가?
(1) 사마리아 (2) 여리고
(3) 예루살렘 (4) 벳새다

05 다음 중 갈릴리 지역에서 열심당 지도부가 있었던 곳은 어디인가?
(1) 가버나움 (2) 세포리스
(3) 감라 (4) 마사다

06 다음 중 칠병이어 기적이 일어난 곳으로 추정되는 곳은 어디인가?
(1) 텔 하다르 (2) 구쉬 할라브
(3) 게네사렛 (4) 벳새다

07 다음 중 바리새인들이 예수님께 하늘에서 오는 표적을 구한 곳은 어디인가?
(1) 게네사렛 (2) 벳새다
(3) 달마누다 (4) 가버나움

정답
01. 1, 02. 2, 03. 4, 04. 2, 05. 3, 06. 1, 07. 3,

08 다음 중 예수님이 죽은 나사로를 살리신 곳은 어디인가?

(1) 베다니 (2) 벳바게
(3) 예루살렘 (4) 감람산

09 열심당원들의 두 가지 별명을 쓰시오. (주관식)

(,)

10 다음 중 강도의 굴혈과 관련이 있는 곳은 어디인가?

(1) 가버나움
(2) 벳새다
(3) 고라신
(4) 아르벨 절벽

08. 1, 09. 횃불·강도, 10. 4

참고
문헌

· Fleming, James W. *The Context of Holy Week*, Jerusalem: Biblical Resources, 1998

· Pixner, Bargil. *With Jesus in Jerusalem*, Jerusalem: Corazin, 2005

· Pixner, Bargil. *With Jesus through Galilee according to fifth Gospel*, Jerusalem: Corazin, 2005

· Stern, David H. *Jewish New Testament Commentary*, *Clarksville*, Maryland: Jewish New Testament Publications, INC. 1992

· Young, Brad H. *Jesus, The Jewish Theologian, Peabody*, Massachusetts: Hendrickson Publishers, 2007

·《두란노 성서지도》, 토머스 브리스코, 두란노, 2008

·《로마인 이야기》, 시오노 나나미, 한길사, 1995

·《마지막 일주일》, 마커스 보그, 존 도미닉 크로산 지음, 오희천 옮김, 다산초당, 2012

·《바울》, F.F. 브루스 지음, 박문재 옮김, 크리스천 다이제스트, 1993

·《성경역사, 지리학, 고고학 아틀라스》, 앤슨 레이니, 스티븐 나틀리 지음, 강성열 옮김, 이레서원, 2010

·《신구약 중간사》, 레이몬드 설버그 지음, 김의원 옮김, 기독교문서선교회, 2004

·《신구약 중간사》, 마틴 헹엘 지음, 임진수 옮김, 살림, 2009

·《신약사》, F.F. 브루스 지음, 나용화 옮김, 기독교문서선교회, 2010

·《신약서론》, 도널드 거스리 지음, 김병국 정광욱 옮김, 크리스천 다이제스트, 2010
·《아가페 성서지도》, 미카엘 아비요나, 요하난 아하로니 지음, 문창수 옮김, 아가페, 1988
·《어, 성경이 읽어지네》, 이애실, 성경방, 2008
·《역사로 읽는 성서》, 베르너 켈러 지음, 조원영 장병조 옮김, 중앙북스, 2009
·《예수 복음서 사전》, 조엘 B. 그린, 스콧 맥나이트, 하워드 마샬, 요단, 2008
·《예수님의 행적》, 김홍전, 성약, 2010
·《예수시대의 예루살렘》, 요아힘 예레미아스, 한국신학연구소, 2008
·《요세푸스》, 요세푸스 지음, 김지찬 옮김, 생명의말씀사, 2000
·《유대인 바로보기》, 류모세, 두란노, 2010
·《유대적 배경에서 본 복음서》, 이진희, 컨콜디아사, 2002
·《유세비우스의 교회사》, 유세비우스 팜필루스 지음, 엄성옥 옮김, 은성, 2008
·《이스라엘 역사》, 존 브라이트, 박문재 옮김, 크리스챤 다이제스트, 1993
·《이야기 세계사》, 구학서, 청아출판사, 1994
·《초대교회 배경사》, 에버렛 퍼거슨 지음, 박경범 옮김, 은성, 1993
·《이스라엘의 선지자》, 레온 우드 지음, 김동진 옮김, 기독교문서선교회, 2007
·《초대교회 역사》, F.F. 브루스 지음, 서영일 옮김, 기독교문서선교회, 2011